AF608772

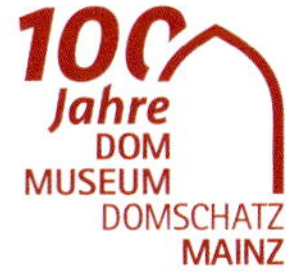

WINFRIED WILHELMY (HG.)

INNEN!

ANSICHTEN MAINZER KIRCHEN UM 1800

FORSCHUNGSBEITRÄGE DES BISCHÖFLICHEN DOM- UND DIÖZESANMUSEUMS 5

Kabinett-Ausstellung und Forschungsheft wurden ermöglicht durch die freundliche Unterstützung der Verlagsgruppe Rhein Main

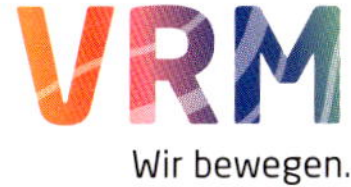

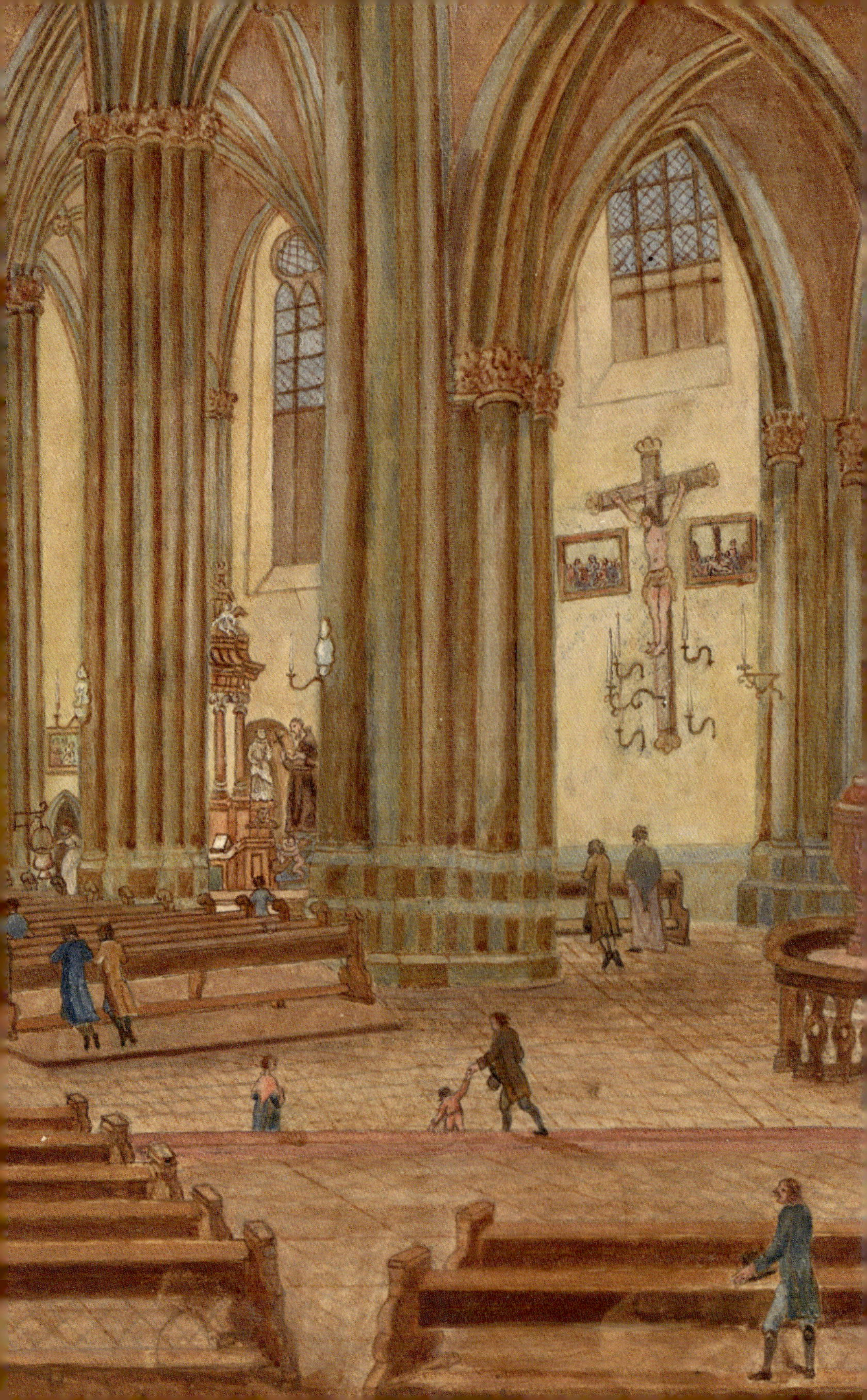

IMPRESSUM

Diese Publikation erscheint anlässlich der Kabinett-Ausstellung Innen! Ansichten Mainzer Kirchen um 1800, im Bischöflichen Dom- und Diözesanmuseum Mainz, vom 30. Oktober bis zum 22. Dezember 2024

Ausstellung
Idee und Konzeption: Dr. Winfried Wilhelmy
Ausstellungsaufbau und restauratorische Betreuung: Paul Engelmann
Graphische Gestaltung in der Ausstellung: Druckerei Ess (Bad Kreuznach), Thomas Hutsch (Frankfurt am Main)

Forschungsheft
Herausgeber: Dr. Winfried Wilhelmy
Katalogredaktion: Dr. Gerhard Kölsch unter Mitwirkung von Prof. Dr. Mechthild Dreyer und Dr. Winfried Wilhelmy
Bildredaktion: Dr. Gerhard Kölsch, Dr. Winfried Wilhelmy
Layout, Graphik und Satz: Thomas Hutsch (Frankfurt am Main)
Illustrationen: Rebekka Degott (Darmstadt), Thomas Hutsch (Frankfurt am Main)
Druck und Bindung: Printed in EU

Autorinnen und Autoren
Dr. Luzie Bratner, Gernot Frankhäuser, Dr. Joachim Glatz, Dr. Peter Karn
Dr. Gerhard Kölsch, Dr. Winfried Wilhelmy

Bibliografische Information der Deutschen Nationalbibliothek
Die Deutsche Nationalbibliothek verzeichnet diese Publikation in der Deutschen Nationalbibliografie; detaillierte bibliografische Daten sind im Internet über http://dnb.dnb.de abrufbar.

1. Auflage 2024
Der Katalog erscheint im Verlag Schnell & Steiner, Regensburg, ISBN 978-3-7954-3949-1,

Weitere Informationen zum Verlagsprogramm erhalten Sie unter:
www.schnell-und-steiner.de

Titelblatt ◀◀
Detail aus Taf. 1: Hoch- und Kreuzaltar in St. Christoph

Abb. ◀
Detail aus Taf. 7: Kirchgänger in St. Stephan

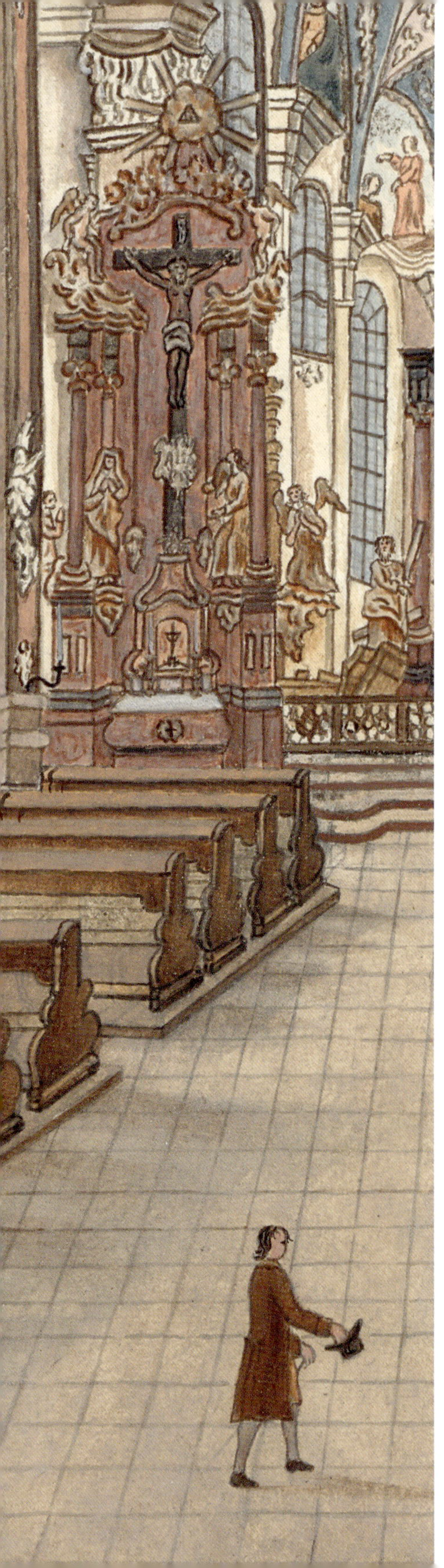

DANKSAGUNG

Wir danken allen, die zum Gelingen von Ausstellung und Begleitpublikation beigetragen haben:

Michael Bermeitinger, Mainz
Dr. Luzie Bratner, Mainz
Dr. Thomas Brockmann, Mainz
Prof. Dr. Wolfgang Dobras, Mainz
Prof. Dr. Mechthild Dreyer, Mainz
Dr. Diana Ecker, Mainz
Paul Engelmann, Wiesbaden
Carl C. Englisch, Mainz
Sandra Ess, Bad Kreuznach
Jutta von Essen, Mainz
Gernot Frankhäuser, Mainz
Dr. Joachim Glatz, Mainz
Dorothee Glawe M. A., Mainz
Thomas Hutsch, Frankfurt
Dr. Georg Peter Karn, Mainz
Dr. Susanne Kern, Mainz
Dr. Gerhard Kölsch, Mainz
Joachim Liebler, Mainz
Dr. Stephan Pelgen, Nierstein
Marcel Schawe, Frankfurt
Dr. Bettina Schmitt, Frankfurt
Marion Singer M. A., Mainz
Dr. Hedwig Suwelack, Mainz
Felix Weiland M. A., Regensburg
Regina Zölßmann, Mainz

Abb. ◀
Detail aus Taf. 5: Kreuzaltar aus St. Peter mit spätgotischem Kruzifixus

INHALT

6–9 VORWORT

Winfried Wilhelmy
10–19 ZUR PROVENIENZ DER GRAPHIKEN

Gerhard Kölsch
20–35 DAS KIRCHENINTERIEUR IN DEN NIEDERLANDEN, IN FRANKFURT UND IN MAINZ – EIN KURZER ÜBERBLICK

Gernot Frankhäuser
36–47 JOHANN CONRAD (1755–1835) – EINIGE NACHRICHTEN ÜBER IHN UND EBENSO VIELE MUTMASSUNGEN

KATALOG

Johann Conrad
50–65 INNENANSICHT DER PFARRKIRCHE ST. CHRISTOPH

Johann Conrad
66–83 INNENANSICHT DER PFARRKIRCHE ST. EMMERAN

Johann Jacob Hoch
84–95 INNENANSICHT DER EHEMALIGEN STIFTS- UND SPÄTEREN PFARRKIRCHE LIEBFRAUEN (ST. MARIA AD GRADUS)

Johann Peter Jung
96–109 INNENANSICHT DER MEMORIE DES MAINZER DOMES

Johann Conrad
110–127 INNENANSICHT EHEMALIGEN KOLLEGIATSSTIFTS- UND SPÄTEREN PFARRKIRCHE ST. PETER

Johann Conrad
128–149 INNENANSICHT DER PFARRKIRCHE ST. QUINTIN

Johann Conrad
150–169 INNENANSICHT DER EHEMALIGEN STIFTS- UND HEUTIGEN PFARRKIRCHE ST. STEPHAN

171–174 QUELLEN/LITERATUR

175 BILDNACHWEIS

VORWORT

Die hier vorgestellten sieben Graphiken der heute fast vergessenen Mainzer Künstler Johann Jacob Hoch, Johann Peter Jung und Pater Johann Conrad sind sicherlich keine „hohe Kunst“. Doch sie bestechen zum einen durch ihren naiven Charme, etwa in der Wiedergabe der liturgischen Handlungen, der im Gebet versunkenen Gläubigen oder der Darstellung des Alltagslebens mit spielenden Kindern und umhertollenden Hunden, wie es in den Kirchen der Frühen Neuzeit, die ja auch als gesellschaftliche Treffpunkte dienten, gang und gäbe war. Zum anderen bilden die zwischen 1796 und 1819 entstandenen Blätter das Innere der jeweiligen Kirchen in ihrem authentischen, über Jahrhunderte historisch gewachsenen Zustand ab, der heute weitgehend verloren ist. Hierin liegt ihre eigentliche Bedeutung, denn gerade das Innere der Mainzer Kirchen war, wie die Bilderstrecken in diesem Forschungsheft belegen, zwischen 1800 und heute massiven Veränderungen unterworfen. Zunächst fiel im 19. Jahrhundert vor allem die barocke Ausstattung den Purifizierungen des Historismus zum Opfer, bevor im Zweiten Weltkrieg Sprengbomben und Feuer auch den Bauten selbst schwerste Schäden zufügten. Damit sind diese (prä-)romantischen Kircheninterieurs sowohl für die Mainzer Stadt- als auch für die Bistums- und Kunstgeschichte eine historische Quelle ersten Ranges.

Kurz nach dem Zweiten Weltkrieg erwarb die Mainzer Verlagsanstalt die Graphiken, um mit diesen lokalen Motiven ihre der Öffentlichkeit zugänglichen Bereiche zu schmücken. Heute befinden sie sich im Eigentum der Verlagsgruppe Rhein Main (VRM), die die Graphiken dem Dom- und Diözesanmuseum im Frühjahr 2024 uneigennützig als Dauerleihgabe zur Verfügung gestellt hat. Hierfür sei der VRM nachdrücklich gedankt, insbesondere Geschäftsführer CEO Joachim Liebler sowie CFO Carl C. Englisch und allen mit dem Vorgang betrauten Mitarbeiterinnen und Mitarbeitern, namentlich Herrn Helmut Kartz als Ansprechpartner vor Ort sowie Herrn Michael Bermeitinger, der sich publizistisch der Blätter annahm und sie nach und nach im Sommer 2024 der Stadtbevölkerung in der *Allgemeinen Zeitung Mainz* vorstellte – was, wie die Abrufzahlen belegen, ganz offensichtlich auf ein breites Interesse stieß.

So entstand spontan die Idee zu einer Kabinett-Ausstellung, denn die im Detail hochinteressanten Blätter sind es allemal wert, erstmals im Original der breiten Öffentlichkeit präsentiert zu werden. Sie zeigen nicht nur die vergangene Pracht der Mainzer Kirchen, sie sind auch ein wichtiges Hilfsmittel für die Forschung. Hierzu ein Beispiel: Die Herkunft zweier hochbarocker

Gemälde aus dem Bestand des Dommuseums, die eine hl. Ursula im Kreis ihrer Begleiter ***(s. Abb. 83)*** sowie einen hl. Nikolaus zeigen, war bislang unbekannt. Unterlagen hierzu existieren nicht, und die Objekte selbst geben keinen näheren Hinweis zu ihrer Provenienz, etwa über angebrachte Inschriften oder Aufkleber von Vorbesitzern oder Rahmenhandlungen. Betrachtet man aber die Graphik der Innenansicht von St. Quintin mit der Lupe – oder vergrößert sie (der modernen Technik sei Dank) am PC in einer hochaufgelösten Detailansicht –, so findet man dort diese beiden Gemälde in minutiöser Wiedergabe ***(s. Abb. 82)*** als zentrale Mitteltafeln zweier Altäre, die 1715/16 den hll. Ursula und Nikolaus geweiht wurden. Das Ursula-Gemälde sowie einige weitere Ausstattungsstücke, die sich heute im Depot des Dom- und Diözesanmuseums befinden, werden in der Kabinett-Ausstellung ebenfalls präsentiert und ergänzen so jene Graphiken, auf denen sie wiederum abgebildet sind. Da dies aus Platzgründen aber nur bei einigen wenigen und auch nur kleinformatigen Stücken möglich ist, entstand, parallel zur Ausstellung, auch die Idee einer breiter angelegten Publikation der Innenansichten. Denn nur sie kann in der Detailabbildung den direkten Vergleich der in den Interieurs dargestellten Ausstattung mit den teils immobilen und allzu oft auch mittlerweile zerstörten Skulpturen, Gemälden und Kirchenmöbeln bieten.
Als Grundlage eines solchen Forschungsheftes mussten die Graphiken selbstverständlich erst einmal wissenschaftlich bearbeitet werden, idealerweise im Kontext einer Überblicksdarstellung des frühneuzeitlichen Kircheninterieurs. Hierfür stellten sich uneigennützig die im Impressum und in den Katalogeinträgen genannten Autorinnen und Autoren zur Verfügung, die auf den „Hilferuf" des Unterzeichners spontan ihre Bereitschaft zur Bearbeitung der Blätter erklärten. Denn ihre wissenschaftliche Neugier war nun geweckt, kannte man das geheimnisvolle Konvolut zwar „irgendwie" vom „Hörensagen", aber nicht aus eigener Anschauung und schon gar nicht in Umfang und Inhalt. Dank der Expertise dieses rasch zusammengerufenen Forscherkreises war es möglich, im Frühsommer 2024 die mittlerweile ausgerahmten und konservatorisch gesicherten Graphiken zu begutachten, wissenschaftlich zu bearbeiten und die Ergebnisse fristgerecht zu verschriftlichen; parallel dazu halfen alle mit, eine möglichst reiche Vergleichsbebilderung zu ermitteln und zu besorgen. Dies alles musste in kürzester Zeit geschehen. Denn zum einen war im Dommuseum Frankfurt seit langer Zeit just für Ende Oktober unter dem Titel *Raumwunder. Frankfurter*

Maler entdecken das Kircheninterieur eine Sonderausstellung zu einem ganz ähnlich gearteten Thema geplant, und sicherlich werden sich die beiden zeitgleich laufenden Projekte nun aufs Trefflichste ergänzen. Zum anderen begeht das Bischöfliche Dom- und Diözesanmuseum Mainz im Jahr 2025 seinen 100. Geburtstag und die gesamte Sonderausstellungsfläche des Hauses ist ab Beginn des kommenden Jahres bereits seit Langem verplant. Daher stellen wir diese Kabinett-Ausstellung kurzerhand dem eigentlichen Jubiläumsjahr voran und feiern bereits ab November 2024 unser Centenarium. Und was könnte dafür besser geeignet sein als eine Auftakt-Ausstellung mit „Moguntinen", war Mainz doch über Jahrhunderte eine Stadt unter erzbischöflicher Herrschaft, die gerade im Barock zu jener besonderen Blüte in Kunst und Kultur führte, welche sich auch in den hier vorgestellten Innenansichten aufs Schönste ablesen lässt.

Jubiläumsjahr und Frankfurter Begleitausstellung führten daher zu einer Terminierung der Arbeiten an diesem Forschungsheft, die nolens volens nur in einem Kraftakt zu bewältigen war. Dass die teils im Berufsleben stehenden Kolleginnen und Kollegen sich dem unterworfen und teilweise sogar vorfristig (!) geliefert haben, dafür gebührt ihnen nicht nur größter Respekt, sondern auch mein persönlicher und herzlichster Dank - ihr ward großartig! Ähnliche Herkules-Aufgaben stemmten auch der beteiligte Photograph Marcel Schawe, der mit der Redaktion der Beiträge befasste Kollege Dr. Gerhard Kölsch sowie der mit der Gestaltung des Forschungsheftes beauftragte Graphiker Thomas Hutsch - auch ihnen sei an dieser Stelle ebenso herzlich gedankt wie dem Verlag Schnell & Steiner/Regensburg für die Aufnahme dieser Publikation in sein Verlagsprogramm.

Mit diesem Forschungsheft liegt nun in Text und vor allem Bild eines der wichtigsten Konvolute zur Innenausstattung der Mainzer Sakralbauten vor. Dass wir es ausstellen und publizieren dürfen, verdanken wir der Großzügigkeit der VRM. Ihre Rechtsvorgänger waren zum Zeitpunkt der Übergabe der Bilder an das Dommuseum als vorherige Eigentümer der Bilder bekannt. Doch erst die ausstehende Provenienzrecherche ergab, dass das Konvolut vor dem Zweiten Weltkrieg Anna Maria Aloysia Eichhorn (1858–1943), der Tochter von Ludwig Metternich (Darmstadt 1817–1870) gehörte. Dieser wiederum war unter dem Großherzog von Hessen und bei Rhein zunächst Großherzoglicher Kreisbaumeister und von 1865 bis 1867 auch Mainzer Dombaumeister gewesen. Er dürfte dieses Konvolut einst zusammengestellt und an die in Mainz lebende Tochter weitergegeben haben. Mit der Dauerleihgabe der VRM an das Bischöfliche Dom- und Diözesanmuseum kehren die Blätter also letztendlich wieder dorthin zurück, wo sie einst als „Arbeitsmaterial“ des Dombaumeisters zusammengestellt wurden. Dieses Konvolut am Anfang unserer Jubiläumsfeierlichkeiten ausstellen und darüber hinaus langfristig als Dauerleihgabe hüten zu dürfen, ist ein wunderbarer Auftakt für "100 Jahre Bischöfliches Dom- und Diözesanmuseum Mainz".

Dr. Winfried Wilhelmy
Direktor des Bischöflichen Dom- und Diözesanmuseums Mainz

Bilder aus dem Besitz der "Allgemeinen Zeitung" Mainz, vermutlich ehemals bei Sanitätsrat E i c h h o r n .

==========

9) Inneres des Domes. → Dom PA 6830
Aquarell von Conrad inf.1818. Hauptsächlich braune Farbe mit graubraunen Gurtbogenrippen und Pfeilern und Halbsäulen. In die Blendfelder, wo die Veit'schen Gemälde sitzen, ist eine Ballustrade hineingemalt. Grösse: 33,5 x 41 cm.

10) St. Christoph. → Christoph
Signiert IC. inf. 1818. Braune Wände und Gewölbe, rote Architekturteile, der Chor ist weiss gestrichen mit offenbar vergoldeten Stuckornamenten. Hochaltar blau. Die anderen Barockaltäre sind braun, Kanzel braun mit weissen Rändern und Ornamenten. Höhe: 36,3 Breite: 30 cm.

11) St. Stephan. → zu Stephan
Signiert Conrad inf. 1818. Die hinteren Wände sind wieder braun, beide Schiffswände gelblichbraun, Pfeiler und Gewölberippen grau, braune Altäre. Die beiden Figuren Johannes der Täufer und Sebastian in den Seitenaltären sind weiss. Höhe: 36,5, Breite: 48 cm.

12) St. Peter. → Peter
Aquarell. Signiert IC. inf.1818. Interessant ist die Angabe, wo das Grabmal des Grafen Wolkenstein stand. Farben sind ja im allgemeinen bekannt, nur dass die Pilaster graue Kanten haben. Höhe: 35,5, Breite 48,5 cm.

13) St.Emmeran. → Emmeran
I.C. inf. 1819. Braune Wände, graue Pfeiler und Architekturteile. Kanzel rötlich mit weissen Figuren. Höhe: 37 Breite: 48,5 cm.

14) Aquarell von Liebfrauen. → Liebfrauen
In zarten grauen Tönen, Altäre gold und weiss. Offenbar war die Kirche einheitlich grau gestrichen. Signiert Jacob Hoch fecit. Höhe: 40, Breite: 52

Mainz, den 15. November 1950

Arens

Abb. 1 ◀
Zweiseitige Bestandsliste (im Bild als Auszug) der im Besitz der *Allgemeinen Zeitung Mainz* befindlichen Graphiken, verfasst 15.11.1950 von Denkmalpfleger Fritz Arens, Dom- und Diözesanarchiv Mainz

WINFRIED WILHELMY

ZUR PROVENIENZ DER GRAPHIKEN

Die sieben hier vorgestellten Graphiken umgab bislang ein gewisses Mysterium. Zwar waren der bisherigen Forschung stets einige der Blätter bekannt. Doch wen man im Kollegenkreis auch fragte: Im Original gesehen hatte sie niemand. Zwar war die Innenansicht von St. Stephan ***(Kat. 7)*** stets bekannt: Das Blatt mit dieser Mainzer Stiftskirche war bereits mehrfach und sogar in Farbe publiziert worden.[1] Das Aquarell mit dem Interieur von St. Christoph ***(Kat. 1)*** existierte immerhin in einer allerdings am Bildrand beschnittenen Schwarz-Weiß-Abbildung[2] und das Aquarell mit dem Interieur von St. Emmeran ***(Kat. 2)*** war mit seinen wichtigsten Objektdaten immerhin gelistet worden,[3] desgleichen die 1879 im Kurfürstlichen Schloss ausgestellte Innenansicht der Mainzer Christophskirche. Für dieses Blatt ist im begleitenden Katalog auch der einzige ins 19. Jahrhundert zurückreichende Besitznachweis angegeben, nämlich Prälat Friedrich Schneider (1838–1907).[4]

Im Zuge der Vorbereitung der Sonderausstellung *Vom Bombenkrieg gezeichnet. Vergessene Fragmente erzählen Geschichte*[5] ergab sich im Frühjahr 2024 der Wunsch, ja die Notwendigkeit, die Blätter mit den Innenansichten von St. Christoph und St. Stephan einmal im Original zu betrachten. Denn sie bieten wichtige Informationen zu Fragmenten der heute weitestgehend zerstörten Innenausstattung dieser Kirchen, die heute im Dom- und Diözesanmuseum aufbewahrt werden. Als Eigentümerin der Ansichten verzeichnete Fritz Arens 1961 in seiner Denkmaltopographie von St. Christoph und St. Emmeran die Mainzer Verlagsanstalt und Druckerei Will und Rothe KG, die heute in der Verlagsgruppe Rhein Main (VRM) aufgegangen ist. Auskunft

1 Glatz 1990, Abb. S. 70; Kern 2017, Abb. S. 17.
2 Arens 1961, S. 153, Abb. 91.
3 Ebd., S. 191, Nr. 5.
4 AK Mainz 1879, S. 83, Nr. 605: „Innere Ansicht der St. Christophskirche, Aquarell, J. C(onrad). inv. 1818 – Besitzer: Friedrich Schneider".
5 Der Begleitband zur Ausstellung erscheint im Februar 2025.

zu möglichen Ansprechpartnern dort bei der VRM konnte dankenswerterweise Dr. Susanne Kern von der Akademie der Wissenschaften und Literatur Mainz geben, die im Rahmen ihrer Publikation zu den Inschriften von St. Stephan Kontakt zur VRM gehabt hatte. Eine erste Anfrage dort ergab, dass man zwar ad hoc keine Auskunft zu diesen Graphiken geben könne, sich aber gerne auf die Suche mache. Und tatsächlich: Nur wenige Tage später kam die Nachricht, man sei in der Tat fündig geworden. Beim anschließenden Besuch vor Ort stellte sich heraus, dass nicht nur die Innenansichten von St. Christoph und St. Stephan aufgetaucht waren: Darüber hinaus fanden sich auch das bisher nicht abgebildete Interieur von St. Emmeran sowie zwei Innenansichten von St. Peter ***(Kat. 5)*** und St. Quintin ***(Kat. 6)***! Die Freude über diesen so unerwarteten Fund, dessen Bedeutung für die Mainzer Kunst- und Kirchengeschichte nicht hoch genug einzuschätzen ist, wurde aber noch gesteigert, denn nur einige Tage später folgte die nächste Überraschung: Es gäbe zusätzliche Graphiken, darunter auch drei weitere Innenansichten von Mainzer Kirchenräumen! Zwar zeigte eines dieser Blätter ein bereits bekanntes und mehrfach publiziertes Motiv, nämlich Domenico Quaglios 1823 zu datierende Lithographie mit einer *Innenansicht der Memorie des Domes*,[6] doch das andere Blatt gab diesen ehemaligen Kapitelsaal der Kathedrale in einem älteren Zustand und zwar aus dem Jahr 1796 wieder ***(Kat. 4)***. Sogar die einst dort aufgehängten Totenschilde, die wenige Jahre nach der Entstehung der Graphik vernichtet wurden, sind dort dargestellt. Und auch das Interieur der im frühen 19. Jahrhundert zerstörten Mainzer Liebfrauenkirche ***(Kat. 3)*** war bislang der Forschung nur in einer unzureichenden Abbildung bekannt.[7]

Aber woher kam dieses einmalige und – mit Ausnahme der Memorien-Darstellung – in gleichartige Bilderrahmen gerahmte Konvolut und wer stellte es wann mit welcher Absicht zusammen? Weder die Blätter selbst, noch ihre Passepartouts oder die verklebten Rückseiten der Rahmen geben hierüber Auskunft. Letztere weisen in roter Farbe geschriebene Zahlen zwischen „22“ und „158“ auf, was offensichtlich auf ein großes, über 150 Nummern umfassendes Konvolut von Graphiken oder anderen Kunstwerken hinweist, das vielleicht im Rahmen einer Eröffnungsbilanz oder Ähnlichem erfasst

6 Hinkel/Wilhelmy 2009, Abb. S. 58.
7 Zuletzt Hoch-Gimber 2010, Bd. 2, S. 127, Abb. 106; mit weiterer Lit.

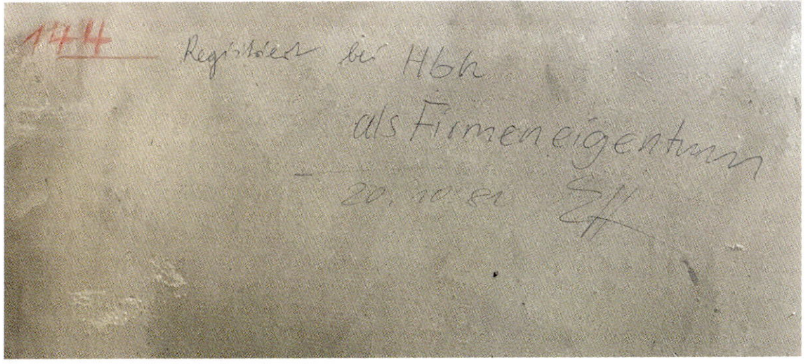

Abb. 2 ▲
Rückseite der Innenansicht von St. Emmeran *(Kat. 2)* mit Besitzeintrag des Hauptbuchhalters

und gelistet wurde. Hierauf lässt der in Kugelschreiber getätigte Eintrag auf der Verklebung des Emmeran-Blattes schließen, der diese Graphik als „Registriert bei H[aupt]b[uch]h[alter][8] / Firmeneigentum / 20.10.81 K[?] H" vermerkt ***(Abb. 2)***. Auch auf den Rückseiten der ausgerahmten Blätter selbst finden sich, diesmal in blauer Farbe, Registrierungsnummern in arabischen und römischen Zahlzeichen, die auf eine ältere Bilanzierung schließen lassen. Doch weder die der blauen noch der roten „Phase" zugehörenden, konkordierenden Gesamtlisten haben sich bisher gefunden; vermutlich wurden sie nach Überschreiten der gesetzlich vorgeschriebenen Aufbewahrungsfristen entsorgt. Auch die mehrfach auf den Bildrückseiten aufgebrachten Aufkleber mit dem Aufdruck „Josef Heinrich II [bzw. Eugen Schierling], feine Einrahmungen und Glaserei, Kirschgarten 9", die aufgrund ihrer graphischen Gestaltung in die 1950/60er Jahre zu datieren sind, geben keine weiteren Auskünfte zur Provenienz, sondern verweisen nur auf eine einheitliche Einrahmungskampagne mit den heutigen historisierenden Bilderrahmen im Stil des Biedermeier.

Ergiebiger waren hingegen die Befragungen älterer Mitarbeiter der Verlagsgruppe, die sich erinnerten, dass in den Fluren und Büros der in der VRM aufgegangenen Mainzer Verlagsanstalt dekorativer Wandschmuck mit Stadtmainzer Motiven hing. Vor dem Zweiten Weltkrieg residierte die Mainzer Verlagsanstalt an der Großen Bleiche, doch die Gebäude waren am

8 Offizielle Abkürzung für Hauptbuchhalter, s. Werlin 1971, S. 123.

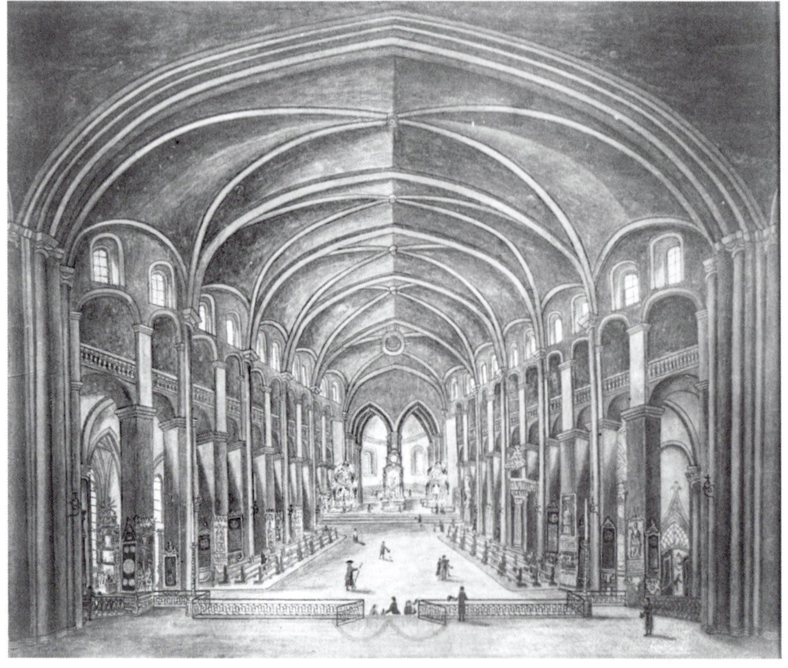

Abb. 3 ▲
Johann Conrad, *Innenansicht des Mainzer Domes nach Osten*, ehemals Besitz der Allgemeinen Zeitung Mainz, verschollen

Ende des Krieges völlig zerstört. Dass die Graphiken bereits dort gehangen haben könnten, war also trotz deren potentieller Transportabilität wenig wahrscheinlich. Der Neubau der Verlagsgruppe am selben Standort war bereits 1948/49 fertiggestellt und Mainzer Motive wie die Kirchen-Innenansichten erschienen sicherlich zur Zierde der teilweise auch der Öffentlichkeit zugänglichen Räume als besonders geeignet. Dass sie einst tatsächlich dort hingen, belegt eine heute noch erhaltene zweiseitige Bildliste ***(Abb. 1)*** im Dom- und Diözesanarchiv Mainz,[9] das den schriftlichen Nachlass von Fritz Arens (1912–1986) aufbewahrt. Der städtische Denkmalpfleger erfasste hier am 15. November 1950 siebzehn „Bilder aus dem Besitz der Allgemeinen Zeitung Mainz" und listet unter den Nummern 10–14 mit genauer

9 Dom- und Diözesanarchiv Mainz, Nachlass Arens, ohne Inv.-Nr.

Beschreibung die Innenansichten von St. Christoph, St. Stephan, St. Peter, St. Emmeran und Liebfrauen auf. Das Blatt mit der Innenansicht von St. Quintin hingegen fehlt, dafür beschreibt Arens als Nr. 9 unter dem Titel „Inneres des Domes“ eine bislang unbekannte Innenansicht des Domes – ebenfalls 1818 von Pater Conrad signiert und datiert! Dieses Blatt ist bislang verschollen, doch glücklicherweise haben sich die Photographien, die Arens seinerzeit von allen Objekten der Liste anfertigte, auch heute noch erhalten, so dass diese überaus wichtige Darstellung immerhin in einer Abbildung überliefert ist ***(Abb. 3)***.

Arens gibt darüber hinaus weitere wertvolle Auskünfte über die Provenienz der aufgeführten Werke, denn als deren Vorbesitzer nennt er im Titel seiner Bilderliste, dass sie sich „vermutlich ehemals bei Sanitätsrat Eichhorn“ befanden. Dr. Peter Eichhorn (Mainz 16. Oktober 1853 – ebd. 19. Dezember 1922)[10] war ein Mainzer Mediziner, der sich als engagiertes Mitglied des Vorstands des Deutschen Alpenvereins dauerhaften Ruhm erwarb.[11] Daneben besaß er offensichtlich auch eine reiche Kunstsammlung, denn in Joseph Zenkers Adressbuch der Kunst- und Antiquitätensammler von 1914 wird er vorgestellt als „Sammler von Gemälden, Kunstgewerbe, Ansichten von Mainz: Lithographien, Stiche, Federzeichnungen etc“.[12] Aus seiner Ehe mit Anna Maria Aloysia geb. Metternich (Darmstadt 6. April 1858 – Mainz 31. Dezember 1943) ging mindestens eine Tochter hervor: Anna Maria Rosalie Franziska Eichhorn (Mainz 9. August 1884 – Lorch am Rhein 29. Mai 1954). Die Familie wohnte in der Liebfrauenstraße. In den Mainzer Adressbüchern ist die Witwe hier noch bis 1942 verzeichnet; in jenem Jahr wurde ihr Wohnhaus zerstört.[13] Aus der Not der Kriegsjahre heraus könnte Anna Maria Aloysia in den Jahren vor ihrem Tod Teile der Sammlung ihres Mannes an die Verlagsgruppe verkauft haben. Dies würde aber nicht

---

10 Die biographischen Angaben zu Dr. Eichhorn und seiner Familie lieferte die Provenienzforscherin Dorothee Glawe M. A. (GDKE – Landesmuseum Mainz), der an dieser Stelle sehr herzlich für diese wichtigen Hinweise gedankt sei!

11 Als Vorstandsmitglied bzw. Beisitzer des Deutschen Alpenvereins unterstützte er tatkräftig den Bau der sogenannten Mainzer Hütte (auch Schwarzenberghütte genannt) sowie die Einrichtung des „Mainzer Weges“ dorthin mit dem nach ihm benannten Rastplatz „Eichhorn-Ruh“; s. Peter Skoda: 125 Jahre Sektion Mainz - (k)eine Chronik?!; online-Text auf der Seite des Deutschen Alpenvereins: https://www.dav-mainz.de/unseresektion/historie/chronik (Zugriff 09.07.2024).

12 Zenker 1914, S. 260.

13 Freundlicher Hinweis Herr Michael Bermeitinger, Mainz.

erklären, wie die Kunstwerke sowohl den Bombentreffer des Wohnhauses Eichhorn als auch die Zerstörung der Geschäftsräume der Verlagsanstalt 1944/45 überstanden haben. Wahrscheinlicher ist daher, dass die Sammlung bei ihrer Tochter im sicheren Lorch überdauerte. Eher als ihre Mutter kommt daher Franziska (so ihr Rufname lt. Sterberegister) als Verkäuferin der bei Arens gelisteten siebzehn Werke in Frage. Wann die unverheiratet gebliebene Tochter nach Lorch übersiedelte, ist unbekannt. Ihre Sterbeurkunde, ausgestellt am 31. Mai 1954, gibt als Wohnadresse die Rittergasse 3 in Lorch an.[14] Dort befand sich damals das Carl-Altenkirch-Stift, ein von den Dernbacher Schwestern geführtes Pflege- und Altersheim. Zur Schwesternschaft kann die Katholikin nicht gehört haben, da sie - im Gegensatz zu der die Sterbeurkunde unterzeichnenden Ordensschwester - als „berufslos" bezeichnet wird. Ihre Todesursache Herzmuskelschwäche könnte auf eine angegriffene Konstitution und (längere?) Pflegebedürftigkeit hindeuten. Trat die bereits Erkrankte vor November 1950 in das Pflegeheim der Dernbacher Schwestern ein und trennte sie sich zu diesem Zeitpunkt - aus Platzgründen oder auch finanzieller Not? - von jenem 17 Nummern umfassenden Konvolut, das Arens damals verzeichnete? Behielt die im unmittelbaren Schatten des Domes aufgewachsene Ex-Mainzerin, deren Pfarrkirche St. Quintin gewesen sein dürfte, als Erinnerung an ihre Heimat mit der Ansicht dieser Kirche sowie jener der Memorie ganz bewusst gerade die Interieurs jener beiden Kirchenräume, mit denen sie persönlich besonders verbunden war? Hinweise hierauf gibt eine bislang unbeachtete Notiz im Kunstdenkmäler-Band zum Mainzer Dom. In dem 1919 von Rudolf Kautzsch und Ernst Neeb herausgegebenen Kompendium heißt es, dass „Herr Dr. Eichhorn in Mainz noch zwei Innenansichten der Memorie (besitzt), ein Aquarell und eine Bleistiftzeichnung (von Kolb 1848)".[15] Die Ansicht der Memorie war Kautzsch-Neeb offensichtlich (im Gegensatz zu der Zeichnung von Kolb) aus eigener Anschauung unbekannt, da sie ansonsten, wie üblich, sicher zumindest die Maße sowie den deutlich signierenden Künstler und das Jahr der Entstehung genannt hätten. Dass dieses Blatt identisch ist mit der hier ausgestellten Darstellung ***(Kat. 4)***, darf mehr als wahrscheinlich gelten. Unterstützt wird dies auch dadurch, dass Kautzsch-Neeb eine weitere Innenansicht des

---

14 Standesamt Lorch am Rhein, Sterbenebenregister 1954, Hessisches Staatsarchiv Marburg, Best. 919, Nr. 2884, Eintrag Nr. 15.

15 Kautzsch-Neeb 1919, S. 372.

Domes im Besitz von Dr. Eichhorn bekannt war, und zwar eine 7,8 x 12,5 cm große Lithographie, die den Zustand des Langhauses vor 1862 mit vorgeschobener Choranlage zeigte.[16] Allerdings, und dies wird ausdrücklich vermerkt, in Richtung *Westen!* Es kann sich somit also keinesfalls um die von Arens im Bild überlieferte Innenansicht ***(Abb. 3)*** handeln, denn sie zeigt das Langhaus des Domes in Richtung *Osten*. Wieder einmal beweist diese zeitgenössische Überlieferung, dass die Sammlung Eichhorn nicht nur die üblichen, in der Druckgraphik multipel überlieferten Moguntinen besaß. Sie enthielt darüber hinaus auch hochkarätige Unikate mit seltenen Innenansichten der wichtigsten Stadtmainzer Kirchen und, was besonders zu betonen ist, gleich drei (!) der so seltenen Innenansichten des Domes bzw. der Memorie. Dies kann kein Zufall sein, sondern lässt auf ein übergeordnetes Interesse schließen.

Bislang war stets von der Sammlung Dr. Peter Eichhorn die Rede, aber nun gilt es, einen Blick auf seine Ehefrau zu werfen, Anna Maria Aloysia geb. Metternich. Die Familie Metternich (nicht verwandt mit dem gleichnamigen Adelsgeschlecht) gehörte seit dem späten 18. Jahrhundert zum gehobenen Bürgertum von Mainz. Ihr bekanntester Sohn ist Mathias Metternich (Steinefrenz bei Montabaur 8. Mai 1747 - Mainz 28. Oktober 1825), Professor für Mathematik und Physik an der Universität Mainz, Publizist, revolutionärer Politiker und Mitbegründer des Mainzer Jakobinerklubs. Aus seiner 1808 geschlossenen Ehe mit Sophie Friederike Treffz (1773–1846) gingen zwei Töchter und zwei Söhne hervor. Während der 1811 geborene Sohn Germain sich im Vormärz und der Revolution von 1848 politisch diskreditierte und in die Vereinigten Staaten von Amerika entfloh, wo er 1862 starb, blieb Sohn Ludwig (Darmstadt 1817 - Mainz 1870) im Lande. Benannt nach seinem Taufpaten, Großherzog Ludewig I. von Hessen und bei Rhein, der gemeinsam mit dem Vater Mathias ein Mitglied der Darmstädter Freimaurerloge war, stieg er vermutlich durch dessen Protektion zunächst zum Großherzoglichen Kreisbaumeister auf. Nach dem Tod von Dombaumeister Joseph Laské im Jahr 1865 wurde er als dessen Nachfolger auch in dieses Amt berufen, das er allerdings nur bis 1867 innehatte, bevor er von Josef Wessicken abgelöst wurde. Vermutlich hat Ludwig Metternich daher die Ansichten von Dom und Pfarrkirchen aus „dienstlichen Gründen“ gesammelt.

16 Ebd., S. 16.

Abb. 4 ▶
Detail aus Taf. 1: Betender vor dem Heilig-Kreuz-Altar in St. Christoph

Metternichs Gattin war Franziska Hellermann. Der Ehe entstammten (mindestens) zwei Kinder: Johann Baptist Metternich,[17] der später in Mainz als Arzt amtierte sowie die am 6. April 1858 in Darmstadt geborene Anna Maria Aloysia Metternich. Sie - und nicht ihr Mann Peter Eichhorn - hat also sicherlich diese Zusammenstellung von Innenansichten in die Sammlung ihres Ehemannes eingebracht.

Der Ursprung dieses Konvolutes ist vielleicht bei Mathias Metternich zu suchen, dem Vater von Ludwig Metternich. Er, ein Zeitgenosse von Pater Conrad, Johann Jacob Hoch und Johann Peter Jung, war 1773/74 Elementarschullehrer an den Pfarrschulen von St. Emmeran und St. Quintin. Hatte er, der während der Clubistenzeit flammende Reden gegen den Klerus gehalten hatte, vielleicht kurz vor dem Ende seines Lebens Frieden mit der Geistlichkeit geschlossen und die Aquarelle dieser beiden Kirchen (oder gar weitere der heute noch erhaltenen Innenansichten) in Auftrag gegeben? Diese Frage bleibt weiteren Forschungen vorbehalten.

17 Aus dessen Ehe mit Maria Rau ging Tochter Franziska hervor, die Mutter des späteren Mainzer Historikers und Archivdirektors Dr. Ludwig Falck.

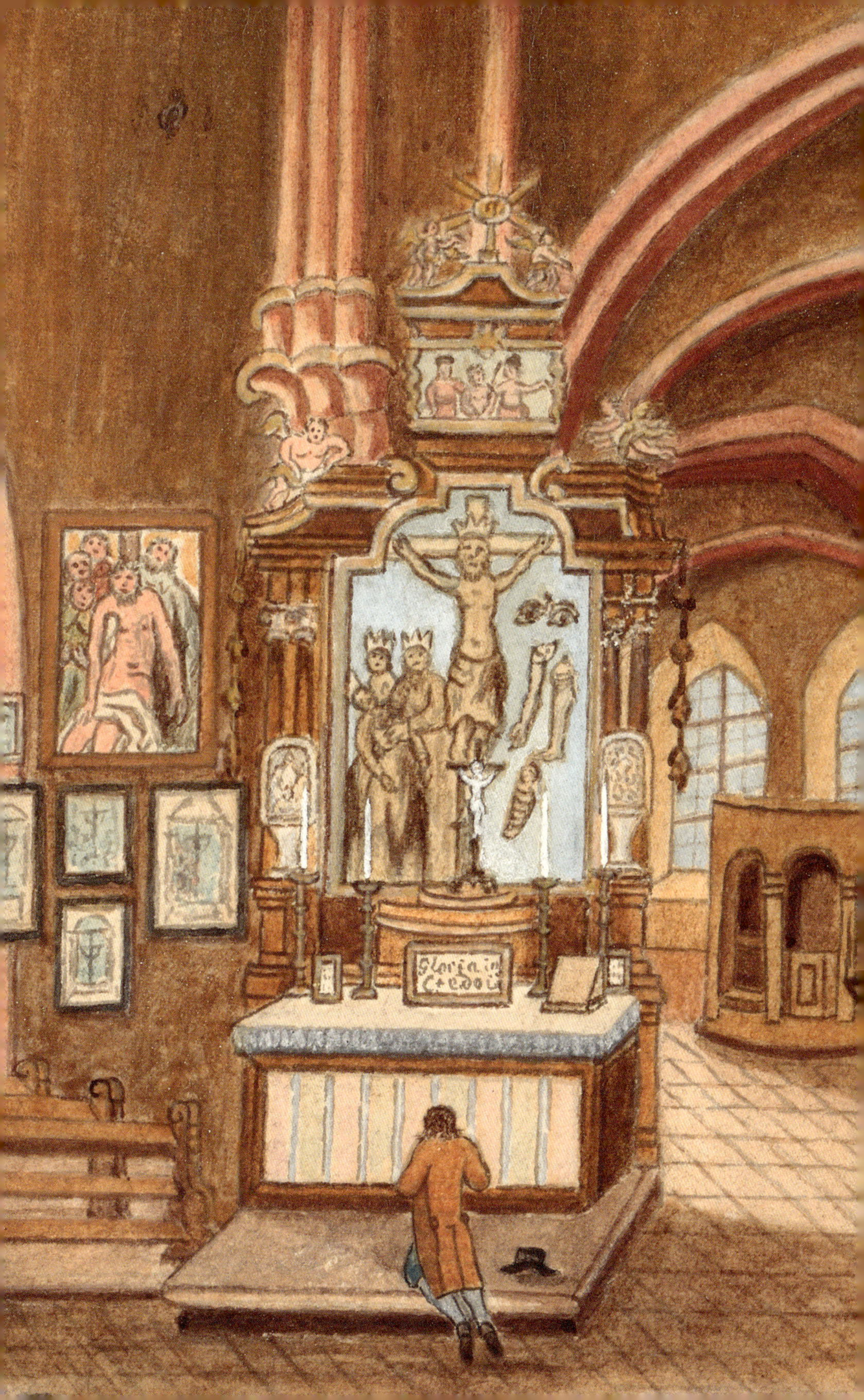
Gloria in

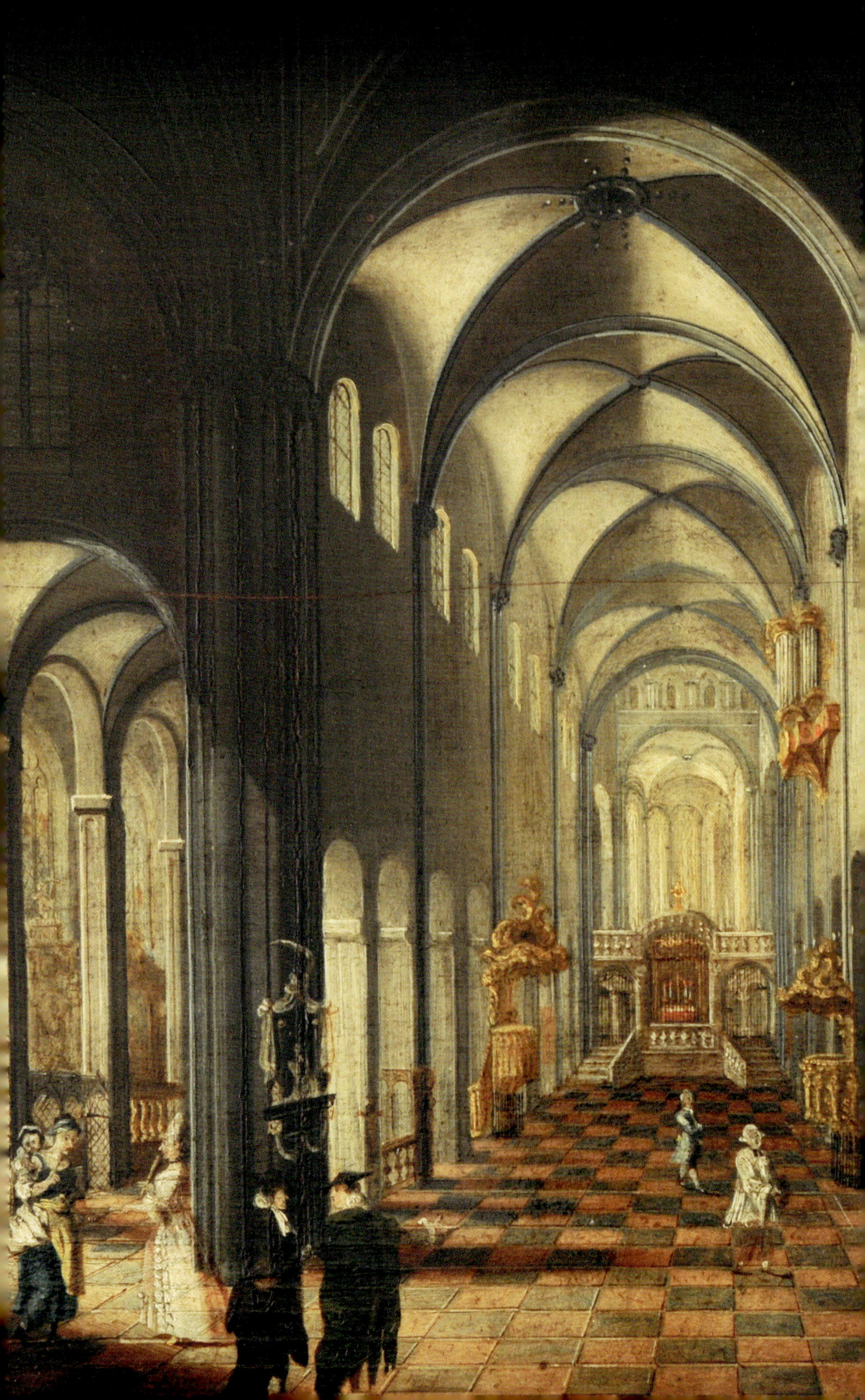

Abb. 5 ◀
Michael Schlier, *Innenansicht des Mainzer Domes nach Westen* (Detail aus Abb. 10)

GERHARD KÖLSCH

DAS KIRCHENINTERIEUR IN DEN NIEDERLANDEN, IN FRANKFURT UND IN MAINZ – EIN KURZER ÜBERBLICK

Die Entwicklung des Kircheninterieurs, also gemalter und gezeichneter Darstellungen von Kircheninnenräumen zu einem eigenständigen Bildthema, vollzog sich vor allem in den Niederlanden.[1] Bereits Jan van Eyck platzierte seine *Madonna in der Kirche*[2] um 1437/40 in ein gotisches Kircheninneres nach der Phantasie, und Rogier van der Weyden nutzte in seinem Triptychon der *Sieben Sakramente* von 1440/45 ***(Abb. 6)*** die drei Schiffe einer gotischen Kathedrale in staunenswerter perspektivischer Wiedergabe als Handlungsraum eines komplexen religiös-symbolischen Bildthemas. Bis in das 17. Jahrhundert hinein bildeten Kircheninnenräume oft die Kulisse biblischer Themen wie *Christus und die Ehebrecherin* oder *Christus vertreibt die Wechsler aus dem Tempel.*[3]

Bahnbrechend für die weitere Entwicklung war der Maler, Kunsttheoretiker und Architekt Hans Vredeman de Vries (1527 – nach 1604), der nicht nur zahlreiche profane, hoch komplexe Phantasiearchitekturen malte, sondern vor allem 1604/05 ein reich illustriertes Lehrbuch der Perspektivdarstellung publizierte, das größte Wirkung entfalten sollte. In Antwerpen schufen Pieter Neefs d. Ä. (wohl 1578–1656) und sein Sohn gleichen Namens Innenansichten der dortigen Kathedrale, wobei sie ein mehr oder weniger genaues „Porträt" der Architektur intendierten, deren Ausstattung jedoch oft veränderten und teils neu erfanden.[4] Kennzeichnend für das

1 Haak 1984, bes. S. 152–155, weitere Lit. S. 517. – Zur Entwicklung des Themas auch Held 1936.

2 Gemäldegalerie Berlin; Zenker 2001.

3 Etwa Hans Jurriaensz. van Baden (1604–1677), *Kircheninterieur mit Christus und der Ehebrecherin,* Privatbesitz; AK Schwerin 2006, S. 26f., Nr. 3 (Ursula Härting).

4 Pollmer-Schmidt 2024.

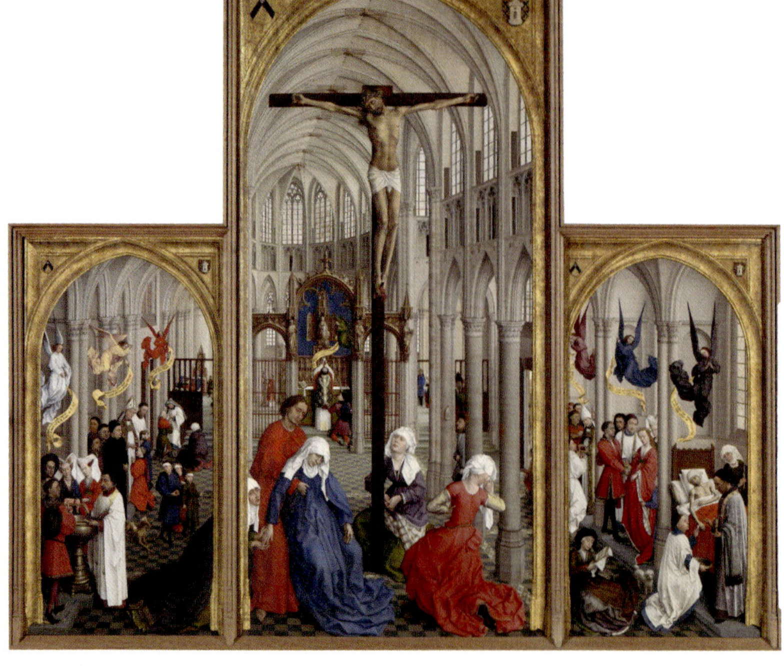

Abb. 6 ▲
Rogier van der Weyden, *Altar der Sieben Sakramente*, um 1440/45, Koninklijk Museum voor Schone Kunsten Antwerpen, Inv.-Nr. 393-395

flämische Kircheninterieur ist der mehr oder weniger zentrierte, auf den Chor gerichtete Blick, wobei eine freie Mittelachse durch eng gestellte Pfeilerreihen flankiert wird. Dies erzeugt den Eindruck eines streng und etwas schematisch gegliederten Einheitsraumes. In den nördlichen Niederlanden hingegen verlief die Entwicklung anders. Hier fokussierte zunächst Pieter Saenredam (1597–1665) aus Haarlem in den 1630er Jahren seine Darstellungen auf den sehr unmittelbaren Raumeindruck nach eigener Beobachtung, bei fast pedantischer Umsetzung der Perspektive und reduzierter heller Farbigkeit.[5] Zu einem Zentrum der Kircheninterieur-Malerei wurde ab etwa 1650 dann Delft, wo Maler wie Gerrit Houckgeest (um 1600–1661), Hendrik van Vliet (1611/12–1675) und Emmanuel de Witte (um 1616/17–1692)

5 Haak 1984, S. 249–252 et passim, weitere Lit. S. 522.

eine Vorliebe für raffinierte Schräg- und Durchblicke vom Seiten- ins Hauptschiff der Kirche entwickelten. Dies ergab eine besondere Herausforderung in der Perspektivdarstellung, und unübersehbar ist der ausgeprägte Sinn für das wechselnde Spiel von Licht und Schatten.[6] Eingefügt wurden Kirchenbesucher verschiedenen Alters, und häufig dargestellt auch das Ausheben eines Grabes, das an die Vergänglichkeit des Menschen erinnert und den Betrachter zu einem religiös-sittsamen Leben ermahnt. Noch präsenter ist das Gedenken an Verstorbene, assoziiert durch zahlreiche Wappenschilde oder Epitaphien. Auffallend häufig finden sich Darstellungen des monumentalen Grabmals Wilhelm I. von Oranien in der *Nieuwe Kerk* zu Delft, was ganz sicher auch als Selbstvergewisserung eines niederländisch-protestantischen Patriotismus zu verstehen ist.[7] Das holländische Kircheninterieur hatte sich auf diese Weise vom realitätsnahen Architekturbild zu einem vielschichtig erfahrbaren und deutbaren Bildthema entwickelt, das gleichermaßen konfessionelle wie politische Stellungnahmen enthalten konnte.[8]
Bei der frühen Verbreitung der neuen Bildgattung in deutschen Gebieten nahm die Malerfamilie Steenwijck eine Schlüsselrolle ein. Deren Oberhaupt, Hendrik van Steenwijck d. Ä. (1550–1603) war in Kampen/Overijssel gebürtig; er weilte zunächst in Aachen und Antwerpen, kam 1586 nach Frankfurt, hielt sich zwischenzeitlich in Karlsruhe und Prag auf und kehrte wieder nach Frankfurt zurück. Der dort geborene Sohn Hendrik van Steenwijck d. J. (1580–1640) verbrachte die Gesellenjahre in Antwerpen und zog über Aachen nach London und schließlich nach Den Haag und Leiden.[9] Auch seine Ehefrau Susanna geb. Gaspoel (nach 1604–1664?) malte Innenansichten verschiedener Kirchen. Die meist nach der Phantasie komponierten, qualitätvollen Gemälde der Steenwijcks folgen dem Antwerpener Typus und sind oft mit liturgischen Handlungen, wie etwa einer Taufprozession staffiert ***(Abb. 7)***. Ihre Werke und generell die Schöpfungen niederländischer Kirchenmaler lassen sich in Frankfurt sowohl bei Kunsthändlern wie auch in Sammlungen des frühen 17. bis 19. Jahrhunderts nachweisen, erfreuten sich also lange großer Beliebtheit.

6 Ebd., S. 438–440; Pollmer-Schmidt 2017.

7 Etwa Hendrik van Vliet, *Das Innere der Nieuwe Kerk in Delft*, 1663, Anhaltische Gemäldegalerie Dessau; Bauer 2005, S. 229–231.

8 Hierzu ausführlich Pollmer-Schmidt 2017.

9 Gerson 1942, S. 264 et passim; Howarth 2009; Pollmer-Schmidt 2024.

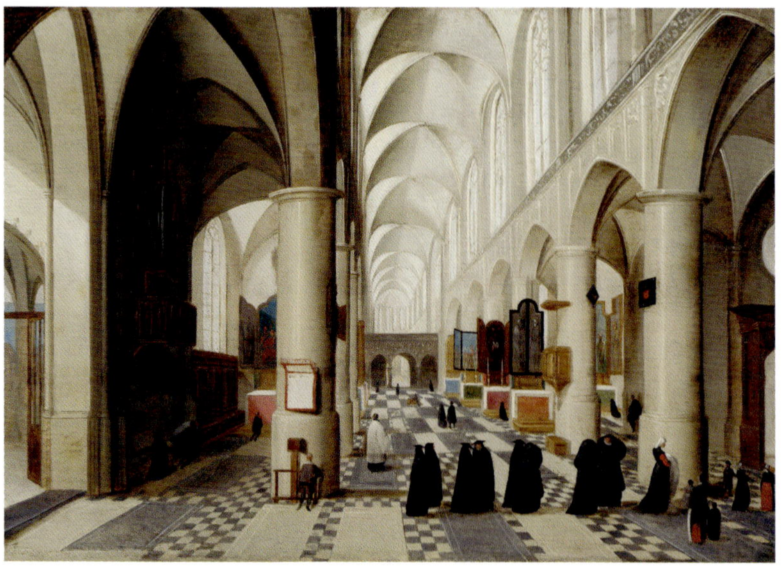

Abb. 7 ▲
Hendrik van Steenwijck d. J., *Interieur einer gotischen Kirche mit Taufprozession*, Historisches Museum Frankfurt, Inv.-Nr. B.1940.44

Diese Wertschätzung der Kircheninterieurs bei Frankfurter Sammlern und die Präsenz entsprechender Werke in der Stadt und auf dem lokalen Kunstmarkt begründeten eine Wiederbelebung dieser Bildgattung in Frankfurt und Umgebung, die sich Mitte des 18. Jahrhunderts bis in die 1820er Jahre vollzog und im deutschen Gebiet ihresgleichen sucht.[10] Das Anknüpfen Frankfurter Maler an ältere niederländische Bildtraditionen war Teil einer regelrechten „Holländermode" und bewegte sich im Spannungsfeld zwischen dem spezifischen Geschmack lokaler Kunstsammler, einem überregional agierenden Kunstmarkt mit großen Auktionen und der aktuellen Produktion ortsansässiger und hierauf spezialisierter Maler.[11] Für das Kircheninterieur machte der sonst als Schöpfer idealer Flusslandschaften berühmte Christian Georg Schütz d. Ä. (1718–1791) den Anfang. Schütz schuf vom Frankfurter Dom zwei 1757 sowie 1758 datierte Innenansichten und

10 Im Überblick: AK Frankfurt 2024.
11 Im Überblick Kölsch 2021, mit weiterer Literatur.

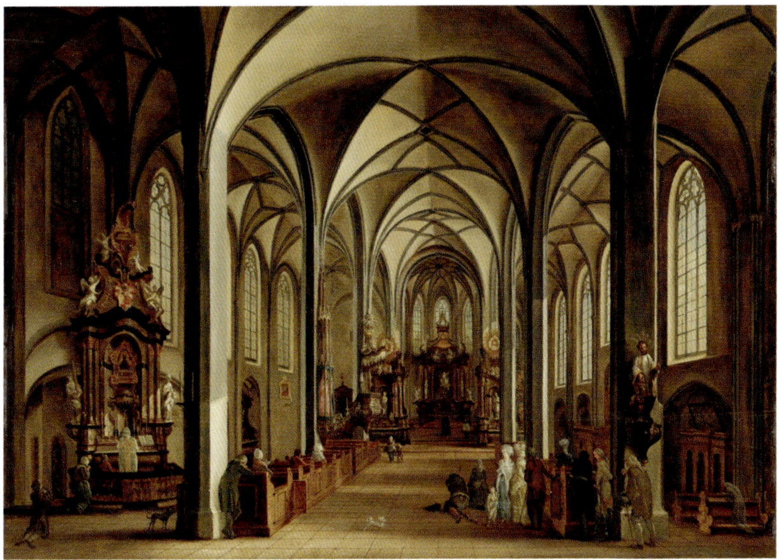

Abb. 8 ▲
Christian Georg Schütz d. Ä., *Innenansicht der Liebfrauenkirche in Frankfurt*, 1781, Historisches Museum Frankfurt, Inv.-Nr. B1352

wiederholte die *Innenansicht der Liebfrauenkirche in Frankfurt* in den Jahren 1758, 1768, 1769 und 1781 ***(Abb. 8)***.[12] Alle diese Gemälde „porträtieren" den Kirchenraum regelrecht, auch wenn die Perspektive nicht immer ganz stimmig gerät und eine gewisse Harmonisierung des geschönten Ganzen auffällt. Ein sehr hoher Realitätsgehalt der Darstellungen manifestiert sich jedoch im Detail, etwa bei der Wiedergabe vieler Ausstattungsstücke; und so lässt sich am Beispiel der Liebfrauenkirche und im Vergleich mit schriftlichen Dokumenten zeigen, welch hohen Quellenwert diese Gemälde besitzen.[13] Auch bei der Darstellung liturgischer Handlungen ist Schütz und den nachfolgenden Frankfurter Malern eine genaue Beobachtung und Wiedergabe zeitüblicher Riten zu attestieren.[14]
Christian Stöcklin (1741–1795), in Genf gebürtig, als Perspektiv- und Theatermaler ausgebildet und seit 1764 in Frankfurt ansässig, schuf spätestens ab

12 Einzelnachweise vgl. Kölsch 2024.
13 Hierzu ausführlich Lütkenhaus 2024.
14 Hierzu ausführliche Bärsch 2024.

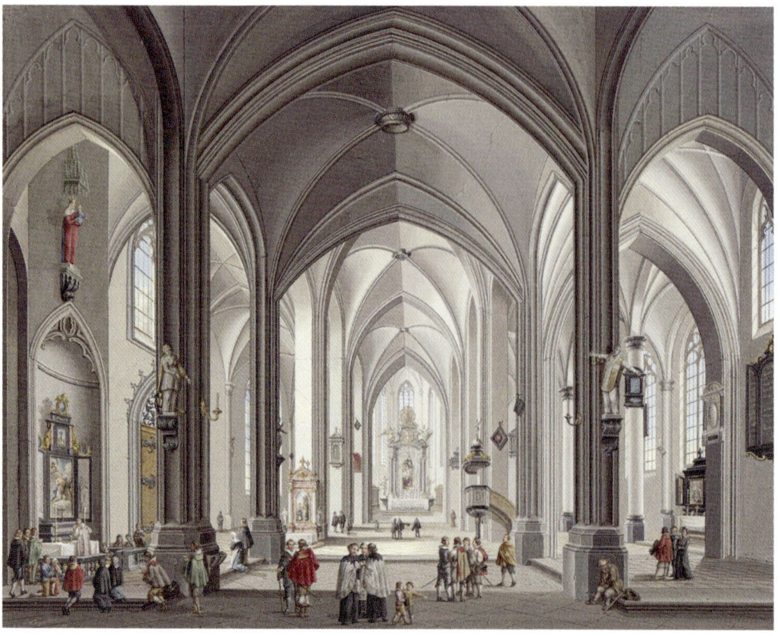

Abb. 9 ▲
Johann Ludwig Ernst Morgenstern, *Interieur einer gotischen Kirche*, 1790, Städel Museum Frankfurt, Graphische Sammlung, Inv.-Nr. 1520 Z (1790 von Johann Georg Grambs für 110 Gulden erworben)

1773 ebenfalls Kircheninterieurs, die einen großen Teil seines bislang kaum erschlossenen Œuvres ausmachen. Bekannt sind Innenansichten des Frankfurter Domes, der Liebfrauenkirche, der Katharinenkirche und von St. Leonhard sowie eine verschollene Innenansicht der Deutschordenskirche. Die meisten seiner Kirchenbilder komponierte Stöcklin indes nach freier Phantasie. Er stattete sie oft mit monumentalen Grabdenkmalen aus und behandelte Licht und Farbe in einer lebhaft-schnell gesetzten, fast „impressionistischen" Malweise. Ganz anders hingegen die Werke von Johann Ludwig Ernst Morgenstern (1738–1819) aus Rudolstadt. Dieser hatte sich nach seiner Lehr- und Wanderzeit 1772 endgültig in Frankfurt niedergelassen und fertigte Kircheninterieurs in einer höchst akribischen, feinmalerischen Manier. Als Morgenstern 1776 zu seinem „Meisterstück" ein Kircheninterieur „im gothischen Geschmack" wählte, dürfte er eine sehr bewusste Entscheidung

getroffen haben, um hiermit eine Marktlücke in Frankfurt zu füllen[15] – und der bis zum Lebensende anhaltende Erfolg seiner Kirchenbilder gab dem Maler Recht! Da Morgenstern zudem ein gewissenhafter Buchhalter war, haben sich zwei umfangreiche Listen seiner Kircheninterieurs erhalten. Diese nennen jeweils Entstehungsjahr, Größe, Käufer und Preis seiner Werke und gestatten damit eine Identifizierung der Einträge mit zahlreichen erhaltenen Gemälden. Sie beleuchten als einzigartige Quelle das Interesse und den Geschmack zeitgenössischer Kunstsammler und deren Austausch mit dem Maler.[16] Ebenfalls erhalten hat sich ein stattliches Konvolut von Vorzeichnungen und Gemäldeabklatschen, das genaue Aussagen über die Genese der Kircheninterieurs sowie über eine Zweitverwendung einiger Motive zulässt.[17] Neben Gemälden – bei denen unter den bezeugten Beispielen nur knapp 13 Prozent Frankfurter Sakralbauten ausmachen, während die übrigen nach der Phantasie gemalt sind[18] – fertigte Morgenstern großformatige, gemäldehaft ausgearbeitete, aquarellierte Zeichnungen. Ebenfalls für Sammler bestimmt, wurden sie entsprechend teuer verkauft. Diese nach der Phantasie gebildeten *Kircheninterieurs* ***(Abb. 9)*** bestechen durch ihre klare und sehr plastische Räumlichkeit und die detaillierte Darstellung aller (erfundenen) Ausstattungsstücke. Da vergleichbare Graphiken von anderen Künstlern sonst kaum bekannt sind, ist gut denkbar, dass auch Pater Conrad entsprechende Blätter Morgensterns kannte und zum Vorbild nahm.
Unter den weiteren Malern, die vereinzelt Kircheninterieurs schufen oder nur zeitweise in Frankfurt tätig waren – wie Johann Vögelin, Franz Hochecker, Johann Andreas Herrlein oder Jean François Gout[19] – sei allein der Stöcklin-Schüler Michael Schlier (1744–1807) hervorgehoben. Im Hauptberuf Stadtschultheiß in Königstein, führte Schlier wohl ab 1767 Ruinenlandschaften und Kircheninterieurs aus, die in alten Auktionskatalogen zahlreich genannt und bis heute häufig gehandelt werden. Zwischen 1777 und 1793 entstanden zwei Innenansichten des Trierer und des Mainzer Domes ***(Abb. 5, 10)***, die viele, heute zum Teil verlorene Ausstattungsstücke genau wiedergeben und daher hohen Quellenwert besitzen. Sie modifizieren

15 Cilleßen 2023, auch zum Lebensweg Morgensterns.
16 Ausführlich Cilleßen 2024, mit Quellennachweisen.
17 Cilleßen/Damaschke 2024.
18 Cilleßen 2024.
19 Kölsch 2024, jeweils mit Werkbeispielen.

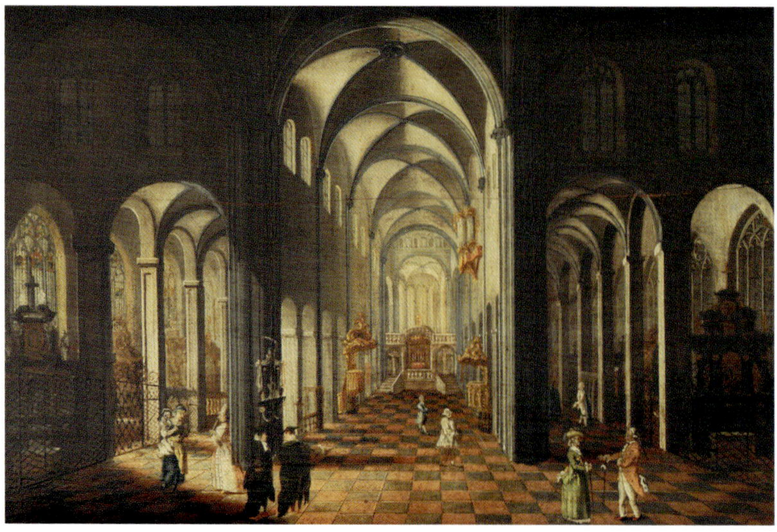

Abb. 10 ▲
Michael Schlier, *Innenansicht des Mainzer Domes nach Westen*, zwischen 1777 und 1793, Museum am Dom Trier, Inv.-Nr. M 26 (Dauerleihgabe im Bischöflichen Dom- und Diözesanmuseum Mainz)

jedoch den tatsächlichen Baubestand mit großer Freiheit oder erfinden sogar gänzlich neue Architekturelemente.[20]

Schliers Interieur des Mainzer Domes nimmt eine Sonderstellung ein. Denn von der Kathedrale sind, ungeachtet ihrer Bedeutung, bis weit ins 18. Jahrhundert kaum Innenansichten überliefert.[21] Dies gilt auch für die übrigen Mainzer Kirchen. Erst die Beschießung der französisch besetzten Stadt Mainz durch preußisch-alliierten Truppen im Juli 1793 brachte einen Wandel: Von den beschädigten oder gänzlich zerstörten Gotteshäusern, wie dem Dom und der Liebfrauenkirche, der Jesuitenkirche, der Schlosskapelle

20 Gerhard Kölsch: Katalognummer in: Winfried Wilhelmy (Hg.): Von Albrecht von Brandenburg zu Abraham Röntgen. Meisterwerke des Bischöflichen Dom- und Diözesanmuseum Mainz, Bd. 2, Regensburg 2025 (in Vorbereitung).

21 Eines der wenigen Gegenbeispiele, die Federzeichnung mit Blick in den Ostchor des Domes von Johann Andreas Papst (ehem. Stadtbibliothek Mainz, Kriegsverlust), hatte 1743 die Weihe des Erzbischofs Ostein zum Anlass; AK Mainz 1879, S. 47f., Nr. 311; Abb. in: AK Mainz 2011, S. 119. – Zu Papst Hellmann 2023, Bd. 2, S. 280. – Vgl. auch die unten genannten Beispiele von Johann Jacob Hoch.

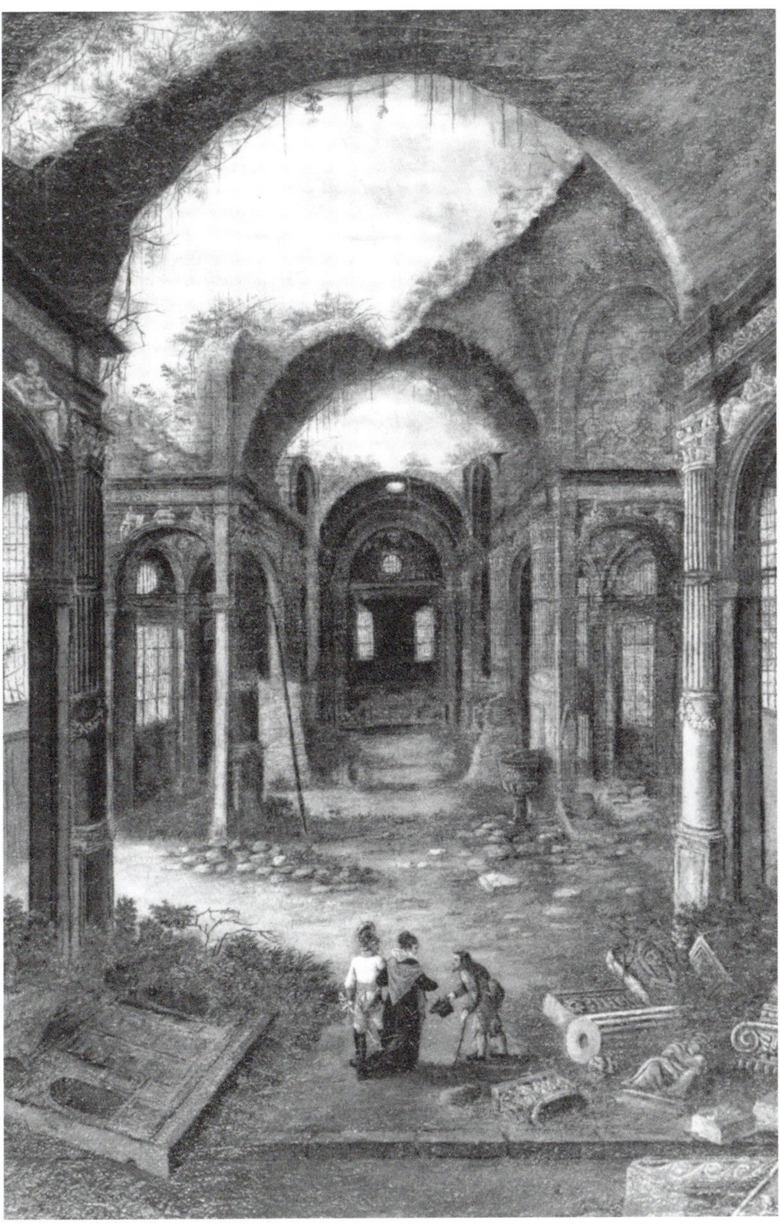

Abb. 11 ▲
H. Cöntgen, *Innenansicht von St. Gangolph in Mainz als Ruine*, um 1814 (?), Privatbesitz Köln

St. Gangolph, der Dominikanerkirche oder der außerhalb der Stadt gelegen Stiftskirche Hl. Kreuz schufen Mainzer Künstler nun nicht nur zahlreiche Außenansichten, sondern zum Teil auch Einblicke in das Innere der Ruinen – ein Phänomen, das eine eigene Untersuchung verdient hätte, zumal bei einigen Darstellungen eine präromantische Ruinenbegeisterung anzuklingen scheint.[22] Unübersehbar ist dabei das bewusste Erinnern an den gerade vergehenden Glanz der kurfürstlichen Residenz. Das Bestreben, diesen für die Nachwelt festzuhalten, wird sichtbar in den Mainzer Veduten des Domherren Franz von Kesselstatt (1753–1841), der jedoch ausschließlich Außenansichten von Kirchen in ihrem städtebaulichen Kontext aquarellierte, zum Teil auch retrospektiv in deren unzerstörtem Zustand.[23] Eine pointierte, wohl auch bildkünstlerisch überhöhte und „dramatisierte" Sicht auf das Vergangene und Verlorene entwirft schließlich eine wenig bekannte *Innenansicht von St. Gangolph in Mainz als Ruine* **(Abb. 11)**, deren Nähe zu pittoresken römischen Ruinencapricii frappiert.[24]
Verschiedene Mainzer Kirchenruinen stellten insbesondere Johann Caspar Schneider (1753–1839) und sein jüngerer Bruder Georg Schneider (1759–1843) dar.[25] Sie strebten nicht nur eine genaue Erfassung der Architekturen an, sondern nutzen darüber hinaus deren Einbettung in die stadttopographische oder landschaftliche Umgebung für die Komposition. Diese Ruinenbilder stehen hierdurch den idealisierten Landschaften der Brüder Schneider in der Tradition eines Schütz nahe, in denen sich zum Teil ebenfalls Ruinen finden.[26] Eine Ostansicht der zerstörten Liebfrauenkirche von außen ging durch die Radierung von Carl Kuntz und nachfolgende Reproduktionen in das kollektive Bildgedächtnis der Stadt Mainz ein. Georg Schneiders großformatige Federzeichnung *Innenansicht der Mainzer Liebfrauenkirche* **(s. Abb. 53)** zeigt indes den Blick in den Innenraum des Sakralbaus, wobei rechts außen ein Gewölbejoch und ein Stück Mauer eingestürzt sind, wodurch der

22 Etwa Johann Caspar Anton Dillenius (1791–1869), *Die Ruinen von Hl. Kreuz in Mainz,* um 1801/06, GDKE – Landesmuseum Mainz, Inv.-Nr. GS 0/325; AK Mainz 1993, S. 286, Nr. 157 (Abb. und weitere Lit.).

23 AK Mainz 2014.

24 Ribbert 1989/1990, welche die „H. Cöntgen" signierte Ansicht dem Kupferstecher Heinrich Joseph Samuel Cöntgen zuschreibt. – Zu diesem Hellmann 2023, Bd. 1, S. 84.

25 AK Mainz 1998, S. 161–164, Nr. 64, 65, 67 und 68, S. 176, Nr. 79, S. 248, bei Nr. 131. – Ebd. passim zum Leben der Malerbrüder.

26 Georg Schneider stellte mehrfach u. a. die Ruine von Kloster Rupertsberg/Nahe dar: AK Mainz 1998, S. 202, Nr. 96; S. 225, Nr. 115; S. 230–232, Nr. 120, fol. 36r.

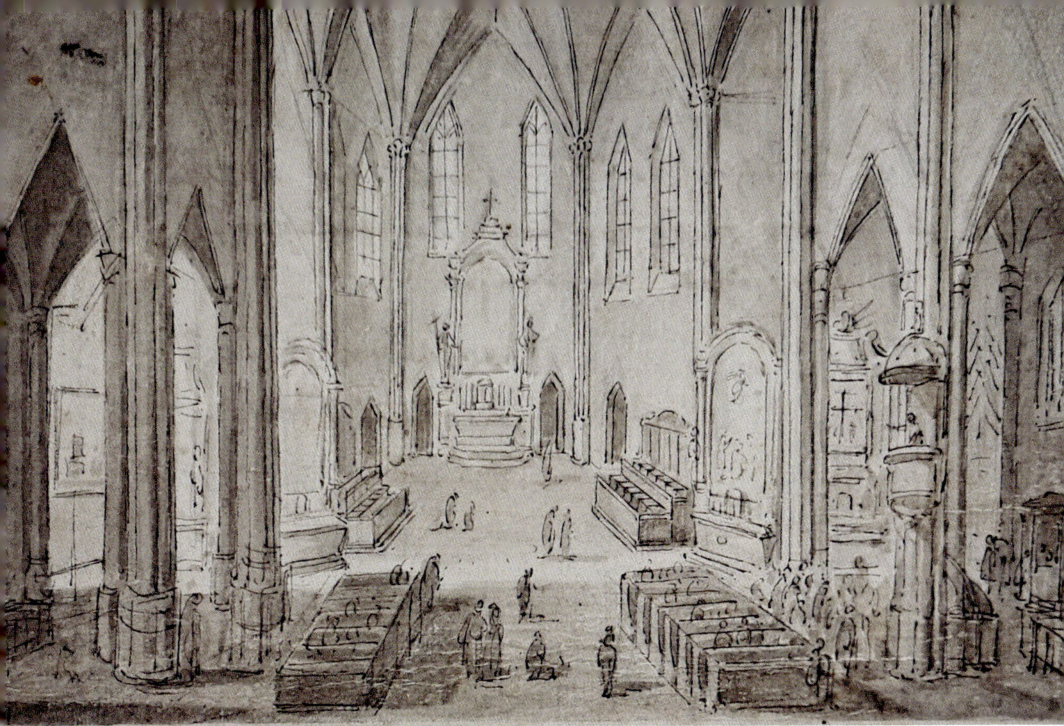

Abb. 12 ▲
Johann Jacob Hoch, *Innenansicht von Hl. Kreuz in Mainz*, 1789, GDKE – Direktion Landesmuseum Mainz, Inv.-Nr. GS 1983/40

Himmel sichtbar wird. Auch ist das gegenüber dem tatsächlichen Baubestand zu gedrückte Gewölbe überall von tiefen Rissen durchzogen, sodass man fast meint, die Kirche „in letzter Minute" vor ihrem Einsturz zu erleben. Schneiders *Innenansicht der Liebfrauenkirche* zeigt sich bei aller Ausarbeitung der Details einem malerischen Bildkonzept verpflichtet – ganz anders als jene Innenansicht, die Johann Jacob Hoch (1750–1829) ebendort noch vor der Zerstörung schuf ***(Taf. 3)***. Der Spross einer Mainzer Malerfamilie war mit Unterstützung des Erzbischofs Friedrich Karl Joseph von Erthal 1778 zuerst zur Ausbildung nach Wien und 1783 dann nach Paris weitergezogen. 1788 zurück in Mainz, schuf Hoch kleinformatige Kabinettstücke, Miniaturbilder, Gouachen und Zeichnungen aus allen Gattungen der Malerei und in stattlicher Zahl.[27] Hoch hatte bereits 1779 den Grundriss der Liebfrauenkirche sowie 1782 deren Außenansicht gezeichnet. 1789 folgten eine *Innenansicht von Hl. Kreuz* ***(Abb. 12)*** sowie ein Jahr später vielleicht auch des Mainzer Domes. Zu diesem grundsätzlichen Interesse am Bildthema des Kircheninterieurs gehören auch die in den 1780/90er Jahren ausgeführten

27 Ludwig 2007, S. 117–124; Hoch-Gimber 2010.

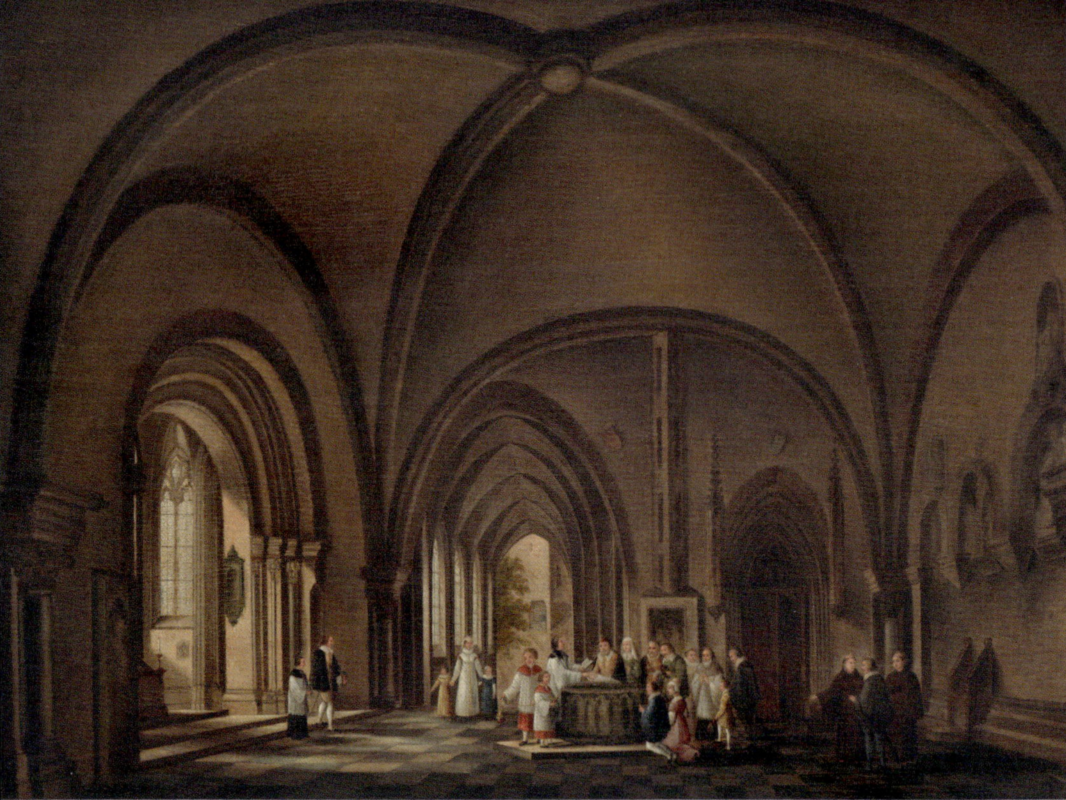

Abb. 13 ▲
Johann Dominicus Quaglio, *Innenansicht der Memorie des Mainzer Domes*, um 1823, Privatbesitz Mainz

Interieurs diverser gotischer Kirchen nach der Phantasie und, als Unikum, 1786 auch der Backstube der Mainzer Martinsburg.[28]

Singulär ist die hier erstmals publizierte *Innenansicht der Memorie des Mainzer Domes* ***(Taf. 4)*** von Johann Peter Jung (1755–1805). Der Sohn des Bildhauers Heinrich Jung hatte mit kurfürstlichem Stipendium in Paris studiert und wurde als „Maler und Architekt" in Mainz ansässig, ohne jedoch das Bürgerecht zu erwerben. Seit 1791 Direktor der Bauschule, war Jung 1793 auch mit Planungen zum Wiederaufbau der Liebfrauenkirche befasst. Er wirkte später in Aschaffenburg, wo er 1804 die Leitung der „Architektonischen Zeichenschule" übernahm. Bedingt durch die Kriegs- und Kriesenjahre um 1800 konnte Jung kaum Bauvorhaben realisieren; über ein 1789 errichtetes Wohnhaus an der Großen Bleiche ist wenig bekannt. Seine 1794 geweihte

28 Liebfrauenkirche: Hoch-Gimber 2010, Bd. 2, Abb. 104, 105; Hl. Kreuz: ebd., Abb. 101; Dom: ebd., Abb. 108; Phantasiekirchen: ebd., Abb. 149–152; jeweils mit allen Angaben. – Die Backstube in Privatbesitz, vgl. Pelgen 2017, S. 241f., mit Abb.

Pfarrkirche St. Laurentius in Wallhausen bei Bad Kreuznach steht dem entschieden klassizistischen Stil des Mainzer Hofbaumeisters Emanuel d'Herigoyen nahe.[29] Die erwähnte Zeichnung der Memorie bezeugt als nach der Natur aufgenommene (wenn auch nicht immer ganz naturgetreue) Studie auch ein breites Interesse des Architekten und Zeichenlehrers am Mittelalter. Sie sollte sicher auch der bildlichen Dokumentation dieses Baudenkmals dienen, dessen Raumgefüge Jung keinesfalls mit dem analytischen Auge des Architekten sieht. Statt dessen entwickelt er durch den quer ausgerichteten (und in der Perspektive daher anspruchsvollen) Blick einen pittoresken, von Licht und Schatten geprägten atmosphärischen Gesamteindruck, der manch ein Kircheninterieur des frühen 19. Jahrhunderts antizipiert, wie etwa Johann Domenicus Quaglios *Innenansicht der Memorie des Mainzer Domes* **(Abb. 13)**. Auch die historisierend und erzählerisch aufgefassten Staffagefiguren unterstreichen den präromantischen Charakter der Darstellung, wobei die seit etwa 1770/80 in Literatur und Geschichtsschreibung zeittypische, patriotisch getönte Begeisterung für alles „teutsche" mit anklingt. Von ganz anderer Erscheinung und Wirkung sind schließlich die Kircheninterieurs des Paters Johann Conrad (s. Beitrag Frankhäuser). Der dilettierende Zeichner widmet der Wiedergabe der Ausstattung größte Aufmerksamkeit und ist dafür bereit, bei der Naturtreue seiner Darstellungen deutliche Abstriche zu machen - wie bereits Michael Schlier in seinem Dom-Gemälde. Zwar wählt er einen meist axialen Blick auf den Hochaltar, doch die Perspektive - deren Darstellung ihm offensichtlich schwer fällt - behandelt er bisweilen auffallend flexibel: In der *Innenansicht von St. Christoph* ***(Taf. 1)*** wirkt das Raumgefüge geradezu „elastisch", um Epitaphien und Gemälde an den wie mit dem Weitwinkel „ausgeklappten" Seitenwänden der Vierung wiederzugeben und rechts den Blick in die Tiefe des südlichen Seitenschiffes zu ermöglichen. In der *Innenansicht von St. Peter* ***(Taf. 5)*** ist dagegen das zentrale Motiv des Deckengemäldes, die *Kreuzigung Petri* an den Rand des Deckenspiegels gerückt, um es vom gewählten Standpunkt aus überhaupt sichtbar zu machen. Darüber hinaus lässt sich nachweisen, dass Pater Conrad Ausstattungsstücke wie den Heilig-Kreuz-Altar in der *Innenansicht von St. Christoph* im Kirchenraum „versetzte", um deren Bedeutung zu betonen oder eine bessere Sichtbarkeit zu gewähren. Auch bei Pater Conrad

29 Zu Jungs Biographie Hellmann 2015, S. 430f.

Abb. 14 ▶
Detail aus Taf. 2: Wartende vor einem Beichtstuhl in St. Emmeran

sind die Sakralräume durch Kirchenbesucher belebt, die in zeitgenössischer Kleidung durch den Kirchenraum gehen oder in den Bänken sitzen. Sie agieren aber kaum miteinander und wirken dadurch recht steif, was auf die dilettierende Künstlerhand zurückzuführen sein dürfte. In der *Innenansicht von St. Stephan* werden am Hauptaltar ***(s. Abb. 92)*** und am ersten linken Seitenaltar Messen gelesen, und in der *Innenansicht von St. Emmeran* erkennt man in beiden Seitenschiffen eine Reihe Wartender vor den Beichtstühlen ***(Abb. 14)***. In den übrigen Darstellungen verzichtet Pater Conrad auf die Schilderung liturgischer Handlungen. Auch wenn alle seine Kircheninterieurs kleinteilig-penibel aufgefasst und eher trocken ausgeführt erscheinen, so entfalten sie doch einen gewissen „naiven" Charme. Sie wirken, verglichen mit den so belebten Kircheninterieurs niederländischer und Frankfurter Maler, ein wenig aus der Zeit gefallen. Dies mag damit zu tun haben, dass sie nach den Umbrüchen der Säkularisation und in einer Zeit stagnierender Religiosität entstanden, bevor etwa ab Mitte des 19. Jahrhunderts eine neue Welle der Frömmigkeit einsetzte.[30] Die hierdurch bedingte historistische Umgestaltung vieler Kirchen macht die Graphiken von Pater Conrad daher zu singulären, weitgehend authentischen Dokumentationen der heute größtenteils verlorenen Innenausstattung der wichtigsten Mainzer Sakralbauten.

30 Zum Wandel der Religiösität und Glaubenspraxis um 1800 vgl. Schmidt 2024.

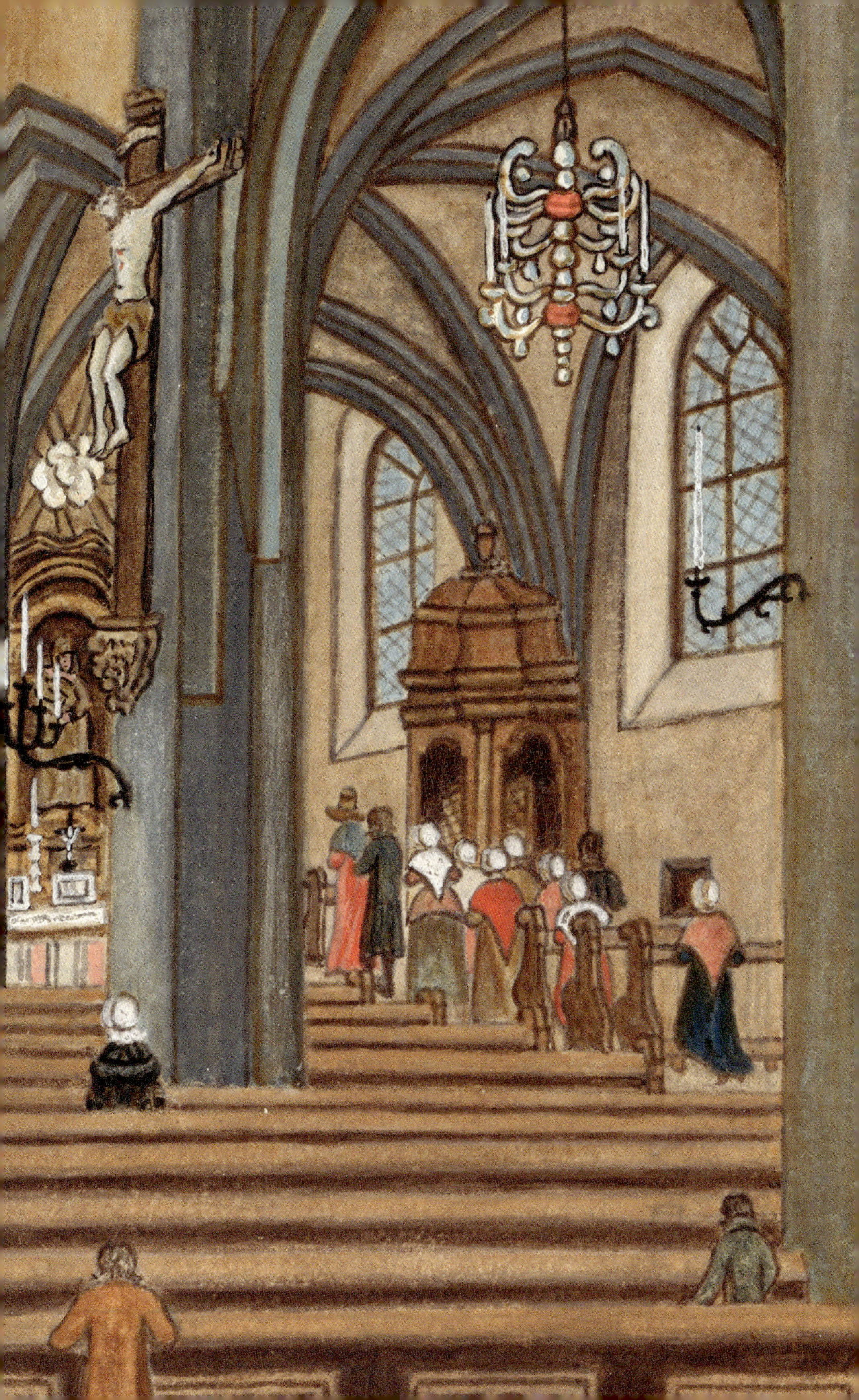

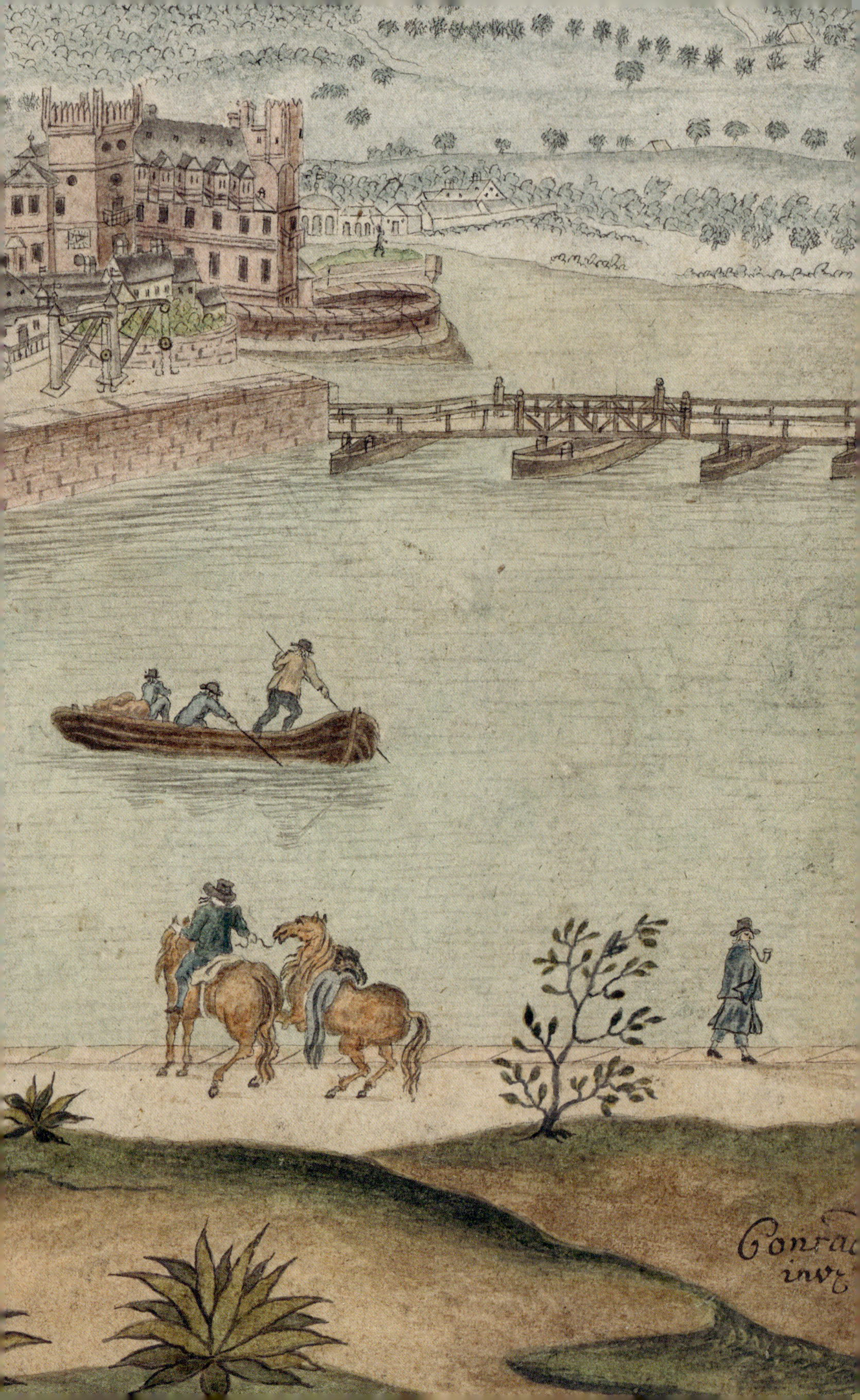

GERNOT FRANKHÄUSER

JOHANN CONRAD (1755–1835) – EINIGE NACHRICHTEN ÜBER IHN UND EBENSO VIELE MUTMASSUNGEN

Rund zwei Drittel der hier publizierten Kircheninterieurs stammen von dem heute so gut wie vergessenen Mainzer Bürger Johann Conrad (1755–1835). Sein bewegtes Leben als Kapuzinerpater, Privatier und in der Malerei dilettierender Künstler spiegelt die Brüche einer Biographie, wie sie viele (nicht nur) Mainzerinnen und Mainzer im Zeitalter der Säkularisierung durchlebten. Die Eckdaten von Conrads Biographie sind im Wesentlichen durch den aus Mainz gebürtigen Historiker und Gymnasiallehrer Jakob Becker überliefert, der in den 1860er Jahren noch Conrads Großnichte Eva Schreher befragen konnte. Vervollständigt durch Angaben aus zwei weiteren Archivalien im Stadtarchiv Mainz (s. Quellen/Literatur) lässt sich folgender Lebenslauf rekonstruieren.

Johann Conrad wurde am 17. August 1755 in Mainz geboren. Seine Eltern, der Bäckermeister Erhard (Eckhard?) Conrad und dessen Ehefrau Maria Elsa Nopp wohnten im *Haus zur Brezel*, gegenüber der (1803 abgetragenen) Blasiuskapelle am Kirschgarten/Ecke Augustinerstraße. Wie seine Schwester Eva wurde Johann für den geistlichen Stand bestimmt und legte mit 21 Jahren im hiesigen, bereits 1618 gegründeten Kapuzinerkonvent das Ordensgelübde ab. Unweit des Elternhauses verbrachte er unter dem Namen Bruder Archangelus seine ersten Ordensjahre im Kloster in Mainz, dessen 1806 abgerissene Kirche an Stelle des heutigen Grundstücks Kapuzinerstrasse 21 stand. Zu einem nicht bekannten Zeitpunkt wechselte er in den seit 1650 bestehenden Kapuzinerkonvent in Dieburg. Da er sich bei der 1825 begonnenen Auflistung seiner Gemäldesammlung (s. u.) ausdrücklich als Priester bezeichnet („Joannes Conrad: Sacerdos Dioecesis moguntinae est Possessor Picturarum, quae in hoc elencho notatae sunt"), wird er – wohl zwischenzeitlich – ein (für Kapuziner nicht verpflichtendes) Theologie-Studium absolviert haben.

Der franziskanische *Orden der Minderen Brüder* (lat.: Ordo Fratrum Minorum Capucinorum, abgekürzt: OFMCap, verkürzt: Kapuziner) ist besonders

Abb. 15 ◄
Johann Conrad, *Ansicht von Mainz von Süden*,
Detail aus Abb. 19: Rheinbrücke und Martinsburg, Privatbesitz

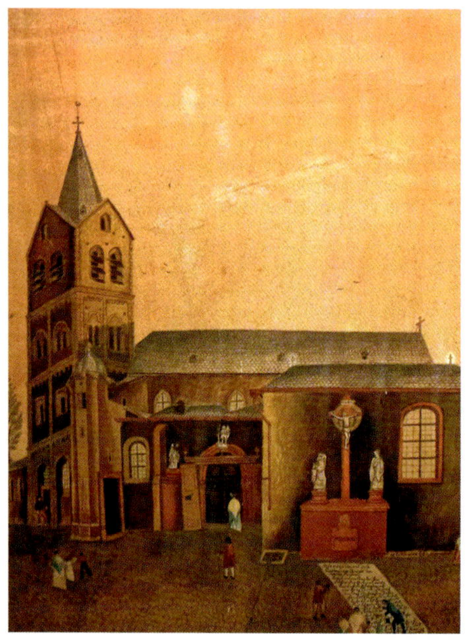

Abb. 16 ◄
Johann Conrad, *Außenansicht der Pfarrkirche St. Christoph*, Privatbesitz

der Seelsorge verpflichtet. Seine Mitglieder waren bemüht, im Zuge der katholischen Reformbestrebungen vor allem in ländlichen Gemeinden die geistliche Grundversorgung zu sichern. Daher darf man sich die Existenz der Kapuziner-Patres nicht als die von zurückgezogen lebenden Klosterbrüdern vorstellen; statt dessen ging es hinaus, vorzugsweise aufs Land. Ob Pater Conrad alias Archangelus sich den damit verbundenen langen Fußmärschen unterwarf und ob er neben der Abnahme von Beichten, der Spendung der Sakramente und den Stundengebeten im Kloster auch Muße und Gelegenheit hatte, seinen künstlerischen Neigungen nachzugehen, ist nicht bekannt. Zum Zeichnen soll er im elterlichen Haus durch einen Bäckergesellen gekommen sein. Ausweislich der hier vorgestellten, im bereits fortgeschrittenen Alter entstandenen Kircheninnen- und -außenansichten ***(Abb. 16)*** von seiner Hand mag dies eher technische Belange umfasst haben, wie etwa das Zubereiten und Anrühren von (Wasser-) Farben, die im 18. Jahrhundert noch nicht fertig zu kaufen waren. Gleichwohl signierte oder mongrammierte er seine Werke stets gut leserlich und an meist prominenter Stelle ***(Abb. 15, 17)***.

Die Gesetzgebung der jungen französischen Republik verordnete für 1801/02 nicht nur die Aufhebung der linksrheinischen Ordensniederlassungen, sondern erfasste indirekt auch die Klöster in den rechtsrheinischen Territorien (Dieburg war bis zur Übergabe an Hessen-Darmstadt im Jahr 1803 kurmainzisch). Bereits 1801 und damit vielleicht unter dem Eindruck der beginnenden Säkularisierung hatte Bruder Archangelus den Austritt aus dem Orden – selbstbestimmt (!) – gewählt, vielleicht nicht damit rechnend, dass dies die Exkommunikation zur Folge haben würde. Am 25. Nivôse des republikanischen Jahres IX, also am 15. Januar 1801 stellte er den Antrag auf (Wieder-) Einbürgerung in Mainz und bezeichnete sich dabei als „Johann

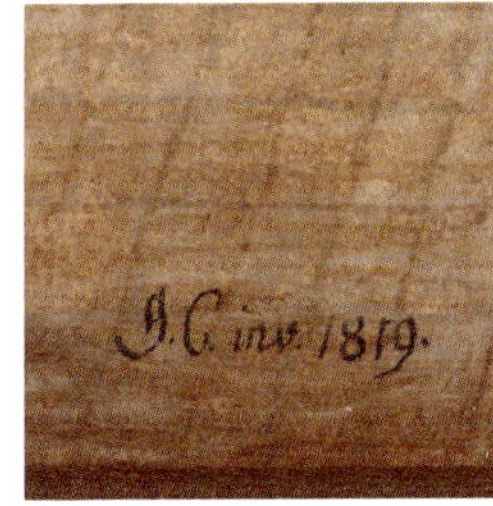

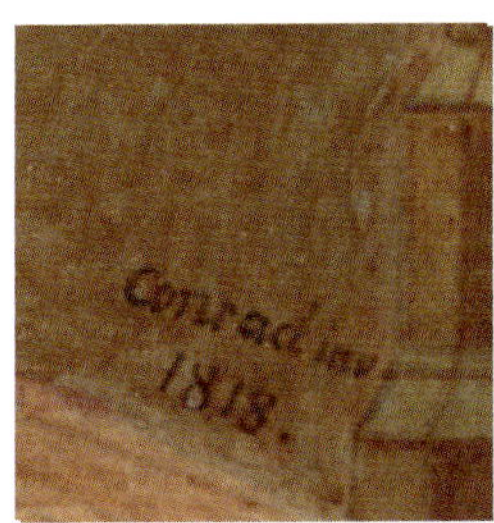

Abb. 17 ◀
Johann Conrad, *Signaturen*, Detail aus:
Taf. 1 (St. Christoph),
Taf. 2 (St. Emmeran),
Taf. 5 (St. Peter),
Taf. 6 (St. Quintin),
Taf. 7 (St. Stephan)

Conrad aus dem Kapuzinerorden". Das eigenhändige Schreiben beginnt er mit „Freiheit. Gleichheit", was darauf hindeuten könnte, dass er die Ideale der Französischen Revolution teilte und aus Überzeugung handelte. Hierauf lässt auch die Begründung schließen, die in diesem Antrag überliefert ist. Der Mitvierziger distanziert sich von seinem bisherigen Leben sowie seinem geistlichen Stand und beschreibt sich als einen Mann, „der durch jugendliche Unbesonnenheit, und ein durch den Geist jener Zeit geheiligtes Vorurtheil um den Genuß, und die gemeinnüzige Thätigkeit des Lebens gebracht wurde". Nun wünscht er sich „als thätiges Mitglied des States eine bürgerliche Existenz anzufangen, und fortzusetzen". Zeigen diese Sätze mehr an als nur die Benutzung des bei den Behörden erwarteten revolutionär-republikanischen Vokabulars? Hadert er zu diesem Zeitpunkt vielleicht mit den Beschränkungen und Entbehrungen, die das Leben eines Ordensgeistlichen mit sich bringt? Sicher ist jedenfalls, dass ihm der Tod seiner 1797 verstorbenen Mutter eine neue Lebensperspektive eröffnete: Ihr Erbe war so umfangreich, dass es ihrem Sohn gemäß ihrer testamentarischen Verfügung ein Leben als Privatier ermöglichte. Die Schwester Eva hingegen wurde nicht (mehr) erwähnt und sein älterer Bruder starb noch im Jahr 1801.
So kehrte Johann Conrad in seine Heimatstadt, das nun französische Mayence zurück, nachdem ihm Maire Franz Conrad Macké die Aufnahme als

Bürger gestattet hatte. Zwar wurde er 1806 durch den Kardinal Giovanni Battista Caprara dispensiert und erhielt, anders als seine ehemaligen Ordensbrüder, keine staatliche Pension. Doch dank des mütterlichen Erbes war der ehemalige Pater finanziell unabhängig und konnte nun ganz seinen eigentlichen Neigungen nachgehen: dem Malen und dem Sammeln. Einen genaueren Einblick in diese Leidenschaft zur Kunst gewährt ein Manuskript, das der in Mainz als „Kunstprälat“ bekannte Domkapitular Friedrich Schneider (1836–1907) entdeckt hat. Schneiders umfängliche kulturgeschichtliche Interessen ließen ihn wohl beiläufig auf dieses einzigartige Dokument stoßen, das er vermutlich im Frankfurter Antiquariat Isaac St. Goar erwarb und das heute in seinem Nachlass im Stadtarchiv Mainz (s. Quellen/Literatur) aufbewahrt wird. Zuletzt hat es Heinrich Schrohe als Quelle für seine *Aufsätze und Nachweise zur Mainzer Kunstgeschichte* (1912) genutzt. Es handelt sich um ein in Halbleder gebundenes Blankbuch im Quartformat mit Nieder- bzw. Abschriften offensichtlich von Johann Conrads eigener Hand. Sie geben vielfältige Interessen wieder und erlauben darüber hinaus einen gewissen Einblick in das Selbstverständnis eines Mannes, dessen zwei Lebenshälften von den vielfältigen Umbrüchen der politischen Verhältnisse, ja eines ganzen Zeitalters massiv betroffen waren. Im Einzelnen enthält die Handschrift vier Manuskripte, die spätestens 1817 begonnen und mindestens bis 1831 weitergeführt wurden: 1) Die Abschrift eines Traktats *Abhandlung über Geheimhaltung verschiedener Religionsgeheimnisse* des Mainzer Dominikaners Gregor Köhler; 2) eine Abhandlung über das (katholische) Priestertum; 3) Informationen über die Brüder Boisserée (als Kunstsammler und damit Seelenverwandte Conrads) und 4) vor allem einen *Catalogus*, ein Verzeichnis von Conrads eigener Kunst-, Antiquitäten- und Pflanzensammlung. Es weist insgesamt 131 Einträge zu Gemälden auf; hinzu kommen Druckgraphiken sowie „Alterthümer“, meist kleinplastische Arbeiten aus Elfenbein, Bronze, Marmor, Holz oder Ton. Römische „Alterthümer“ werden gesondert aufgelistet, darunter sind auch aktuelle Bodenfunde der 1820er und 1830er Jahre. Johann Conrad ist aber kein Mensch, der ausschließlich der Vergangenheit nachhing. So besaß er auch einen „Knopf von Napoleons Ehrengarden mit Napoleons Portrait“ und eine seiner frühen Erwerbungen war ein – heute nicht nachweisbares – zeitgenössisches Gemälde von Georg Kneipp: „Napoleon in den eliseischen Feldern, gemahlt von H. Georg Kneib [sic] Portrait Mahler in Mainz im Jahr 1822, in welchem zu Mainz auf dem Cassino allhier die erste

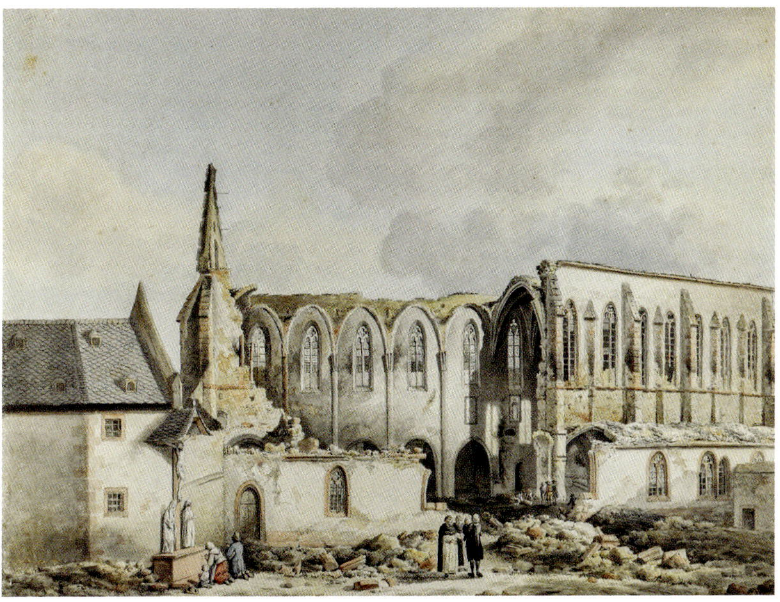

Abb. 18 ▲
Johann Caspar Schneider, *Außenansicht der zerstörten Dominikanerkirche*, 1793, GDKE – Direktion Landesmuseum Mainz, Inv.-Nr. GS 0/2099

öffentliche Kunstausstellung der izt lebenden Mahler und Künstler war. – Es kostet 14. Gulden". Es wäre aber sicher zu spekulativ, aus seinen Interessen als Sammler Schlüsse auf seinen Charakter oder seine Persönlichkeit zu ziehen.

Bei den Gemälden zeigt sich hinsichtlich ihrer Entstehungszeit eine Spanne von „altdeutsch" bis in die Gegenwart, mit einem Schwerpunkt auf den „alten Meistern" aller europäischen Schulen des 16. bis 18. Jahrhunderts. Die südlichen Niederlande sind – angesichts ihrer gewaltigen Produktivität und ihrer steten Präsenz auch bei deutschen Sammlern und Händlern wenig verwunderlich – besonders stark vertreten. Maler des ausgehenden 18. Jahrhunderts aus Frankfurt oder Mainz finden sich erwartungsgemäß mit Landschafts- oder Genrebildern. Das von Conrad selbst gepflegte Sujet, das Kircheninterieur, taucht hingegen nur einmal bei einem nicht näher beschriebenen Gemälde von Georg Schneider auf. Von diesem Mainzer Maler wird jedoch gleichermaßen die „Ruin der ehemaligen Dominicaner Kirch in Mainz durch die Belagerung 1793" genannt –

und somit ein markantes Bildthema, von dem heute mehrere Fassungen als Gemälde und Graphik bekannt sind ***(vgl. Abb. 18)***. Johann Conrad sah in der Rezeption der Bildenden Kunst offenbar auch das religiöse Potenzial. So hält er etwa einen Kupferstich (?), der „Zeichnung nach italienisch", für geeignet „für einen Geistlichen in der 40tägigen Fastenzeit seine Andacht in Verrichtung der Tagzeiten zu erwecken". Etwa die Hälfte und zugleich den gewichtigeren Teil der Sammlung bildeten – den wenigen Angaben nach zu schließen – tatsächlich Gemälde mit sakralen Themen. Dabei handelte es sich in vielen Fällen eher nicht um Historienbilder im traditionellen Verständnis bzw. Galeriebilder, sondern häufig wohl um ehemaligen Kirchenbesitz („Bilder von Heiligen"). Aber auch die Bilder mit profanen oder mythologischen Themen entbehren seinen Angaben zufolge jeglicher etwaigen moralischen Bedenklichkeit. Conrad trug seinem geistlichen Stand und seinen Interessen also möglicherweise mit der Wahl der Kunstwerke Rechnung. Vielleicht hatte er im fortgeschrittenen Alter seine 1801 ausgesprochene Reue über das Ablegen der Gelübde überwunden und Frieden mit seinem Lebensweg geschlossen. Zuschreibungen der Werke seiner Sammlung an bestimmte Künstler nimmt Conrad vorsichtig vor, allein 40 der 131 Bilder sind keinem Urheber zugeordnet. Mehrfach wird auf einen Kupferstich als Vorlage für ein Gemälde hingewiesen. Als einziges weiteres Hilfsmittel verweist er auf Publikationen Ludwig von Winkelmanns, aber er muss auch andere Schriften der Kunstliteratur verwendet haben. Bisweilen werden eine lesbare Signatur oder ein Monogramm ausdrücklich genannt. Gerade bei Malern aus der Region fügt Conrad manchmal eine knappe – stets positive – Wertung hinzu. Durchgehend wird ein Geldwert angegeben: „Kostet xy fl.", gemeint ist wohl der Preis, den Conrad bezahlt hat, und nicht der Erlös, den er beim Verkauf erzielte oder zu erzielen hoffte. Auch handelt es sich nicht um eine Wertangabe nach seiner oder anderer Schätzung, da zwei verschiedene Währungen, Gulden und Karolinen, verwendet werden.

Gerade seine Sammeltätigkeit wird Johann Conrad viele Kontakte mit anderen Kunstliebhabern sowie zum Kunstbetrieb seiner Epoche ermöglicht haben. Oder umgekehrt: Die private und institutionelle „Vernetzung" war Voraussetzung für den Aufbau einer Sammlung. Bei seinen einzelnen Einträgen in den Sammlungskatalog notiert er häufig „im Trokat (erworben)" oder „vertrokiert", d. h. er tauscht – über mehrere Jahre hinweg – Objekte aus seiner Sammlung gegen andere. Leider nennt er die Tauschpartner selten namentlich; es kommen sowohl andere Sammler wie auch Händler in

Frage. Zu einem *Christus spricht mit den zwei Jüngern vor Emmaus* aus der Rubens-Nachfolge wird vermerkt: „Ich habe auch den Kupferstich dazu, welcher nach dem Original des Rubens gestochen. Herr Eberle Oesterreichischer Hauptmann vom genie Kohr [Geniecorps], welcher auch ein Liebhaber von Oelgemählden ist, hat mir dasselbe, als ich es ihm abkaufen wollte, verehret, im Jahr 1830. Welches ich als ein freundschaftliches Andenken in meinem Leben nie veräußern werde". Bisweilen notiert er andere Herkünfte, so einen *Christus am Ölberg* von „Franck" (einem Mitglied der Antwerpener Künstlerfamilie Franck[en]) aus dem Nachlass des Kunsthändlers Johann Christian Arbeiter oder zehn Kupferstiche nach Rubens „kaufte ich von Madame Kunigunde Hoch Wittib 1829 aus der Verlassenschaft des Herrn [Johann] Jacob Hoch hiesigen Malers im Jahr 1829".

Im Mainz seiner Zeit ist das Interesse an Bildender Kunst und an Kulturgeschichte für den Sohn eines wohlhabenden Bäckermeisters nicht ungewöhnlich. Schon unter den Käufern der Auktion des Dompropstes Hugo Franz von Eltz 1785 waren mehrere Handwerker. Eine Schlüsselrolle kam auch dem *Verein der Freunde für Litteratur und Kunst* zu. 1826 stellte der Konditor Joseph Dieffenbach dort ein Stillleben aus seiner Sammlung vor. Andere dilettierende Künstler, wie Karl Anton von Klein, Johann Dillenius oder Adelheid und Christian Braun, brachten eigene Werke in die Diskussion ein. Die Jahre, in denen Conrad seine Sammlung aufbaute, waren in Mainz dafür also durchaus günstig. Erwähnt seien nur drei Sammlungen, die nach dem Tod ihrer Eigentümer in je eigenen Auktionen in Mainz zum Verkauf kamen: die des Kunsthändlers Christian Arbeiter im Jahr 1810 (Lugt 12333) mit über 550 Gemälden, ein Teil der Sammlung von Georg Pitschaft 1812 mit etwa 90 Gemälden oder die von August Le Roux im Jahr 1826 (Lugt 11235) mit 3549 Losen, die Gemälde, Graphiken und Bücher umfassten. Von kaum einem Mainzer Kunstliebhaber sind so ausführliche Notizen über die eigene Sammlung bekannt geworden wie von Johann Conrad. Nach Abgleich mit publizierten Auktionskatalogen war sein Kunstbesitz in der Menge überschaubar, bei der Wahl der Künstler dennoch repräsentativ einerseits für die europäische Malerei der Frühen Neuzeit, andererseits für die (damals) neuere Kunst der Region. Mit dem Sammlungsschwerpunkt christliche Kunst setzte der einstige Pater Archangelus aber einen klaren Akzent.

Ein Künstler fehlt jedoch in Johann Conrads Sammlung: er selbst. Wahrscheinlich hat er seine eingeschränkte Begabung erkannt und um die fehlende Ausbildung, die in gewissen Grenzen auch den Dilettanten seiner

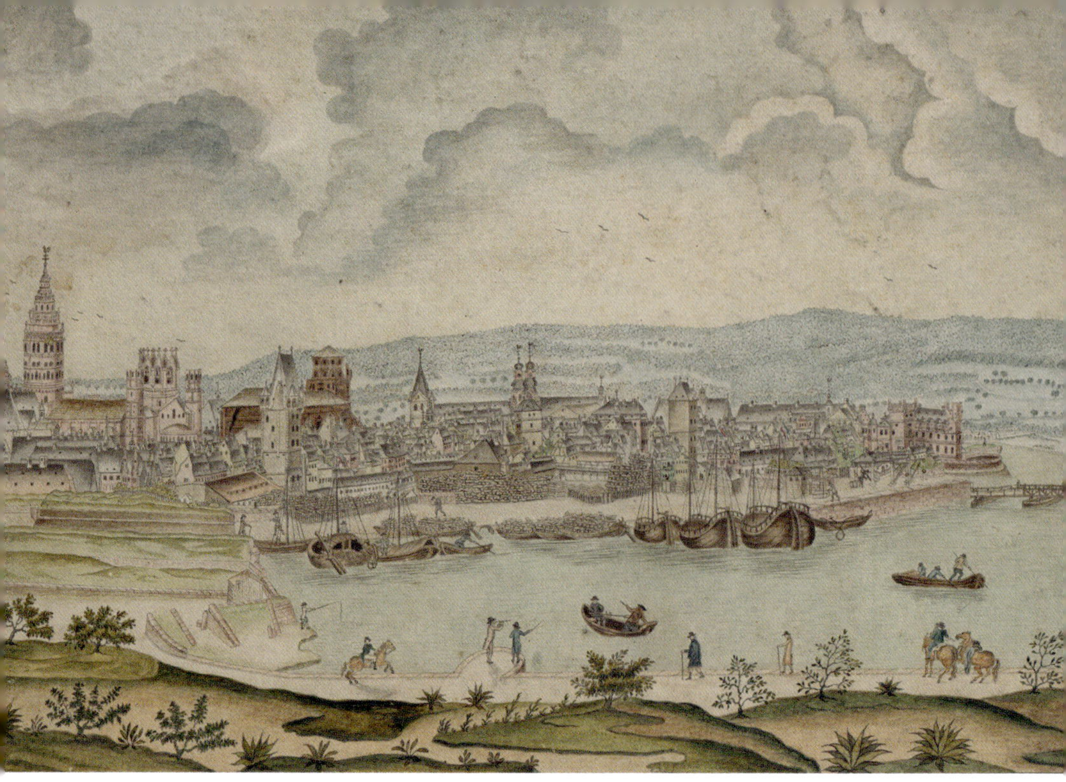

Abb. 19 ▲
Johann Conrad, *Ansicht von Mainz von Süden*, Privatbesitz

Epoche möglich war, gewusst. Um sich in Stil und Geschmack fortzubilden, besuchte Johann Conrad sicherlich die städtische Gemäldegalerie und die Altertumssammlung in der alten Burse am Neubrunnenplatz. Aber ist er gereist, um seine Kenntnisse zu erweitern? Etwa nach Heidelberg, wo Sulpiz und Melchior Boisserée ab 1810 ihre Sammlung Interessierten zugänglich machten, oder nach Aschaffenburg, um die „altdeutschen" Gemälde zu sehen, die der Fürstprimas (und zuvor letzte Mainzer Erzbischof-Kurfürst) Karl Theodor von Dalberg ab 1806 in seinem Residenzschloss ausstellte? Hierzu ist nichts überliefert. Die erhaltenden Werke von Conrad bestehen in der Mehrzahl aus Stadtansichten von Mainz ***(Abb. 19)*** bzw. der Außenansicht von Stadtmainzer Kirchen ***(Abb. 16)***. Aber die hier vorgestellten Kircheninterieurs von seiner eigenen Hand belegen, dass Conrad den dokumentarischen Wert geschätzt hat, den die Kunst in seiner Zeit einnehmen konnte. Hierin ist er dem nahezu gleichaltrigen Franz Graf von Kesselstatt (1753–1841) ähnlich, der gleich Conrad die Stiftskirche St. Stephan, Liebfrauen und weitere, heute teils verlorene Mainzer Bauten – wenn auch „nur" in Außenansichten – im Bild festgehalten hat. Gesichert ist, dass Conrad sich darüber hinaus gerne kreativ mit den Stücken seiner Sammlung auseinandersetzte und das ein oder andere Mal auch „ergänzend-verbessernd" an ihnen arbeitete. So besaß er offenbar den Abzug eines Kupferstichs, den Antonio Salamanca 1547 nach Michelangelos berühmter *Pietà* im Petersdom herausgegeben hatte ***(Abb. 20)***. Dazu notiert er, dass er den Körper des toten Christus' eigenhändig illuminiert habe, „weil er zu nakt war, um dem ganzen mehr Haltung zu geben". Dies heißt nach heutigem Kunstkenner-Jargon: Die Binnenzeichnung des Körpers des toten Christus war ihm zu spärlich, die nachträgliche Kolorierung hingegen verbessert die Wirkung der Darstellung. Ebenso verfuhr er bei einem Stich des Cornelis Cort nach Raphaels *Transfiguration* oder einem *Sterbenden Hieronymus* nach Domenichino. An ein Selbstporträt hingegen scheint er sich nicht gewagt zu haben, statt dessen ließ er sich jedoch nachweislich gleich dreimal porträtieren! Dem ab etwa 1810 in Mainz tätigen Philipp Kieffer saß Johann Conrad 1826 Modell, und Georg Kneipp malte ihn einmal „nach alter niederländischer Manier" sowie ein weiteres Mal gemeinsam in Verbindung mit einem Selbstbildnis. Bei ersterem erwähnt Johann Conrad ausdrücklich, dass das Porträt „aus Freundschaft" heraus entstand, es ist aber unklar, ob der Anlass die Freundschaft zwischen dem pensionierten Geistlichen und dem 40 Jahre jüngeren Maler war oder der Porträtierte einen Freundschaftspreis bezahlt hat. 1831 waren alle drei Porträts noch in seinem Besitz, aber heute ist leider keines von ihnen noch nachweisbar. Gesichert ist jedoch, dass Conrad, Kieffer und Kneipp in den Veranstaltungen des 1824 gegründeten *Vereins für Kunst und Litteratur* ihre aktuellen Werke zeigten, und in Mainz ansässige Sammler wie Graf Kesselstatt und vielleicht Conrad selbst mögen darüber hinaus auch Gemälde aus ihren Sammlungen vorgestellt haben.

Mit einer ähnlichen Hingabe wie dem Sammeln von Kunst und Antiquitäten widmete sich Johann Conrad einer anderen Passion: Die Seiten 135 bis 142 des *Catalogus* enthalten die Auflistung von 60 meist exotischen Pflanzen, von „Jucca humilis" über verschiedene Opuntien bis hin zu einem „Cactus alatus", überschrieben: „Ich besitze folgende perennierende [ausdauernde] Gewächse, welche von vorzüglicher Bedeutung sind" – wer würde da nicht an Carl Spitzwegs *Herr Pfarrer als Kakteenfreund* in der Berliner Nationalgalerie denken?

Conrads letzte bekannte Adresse in Mainz war im *Hafenstab'schen* Haus in der Rosengasse (heute Kolpingstraße). Ob er dort gegen Kost und Logis wohnte oder einen selbständigen Haushalt führte, muss ebenso offen bleiben wie der Verbleib seiner Sammlungen.

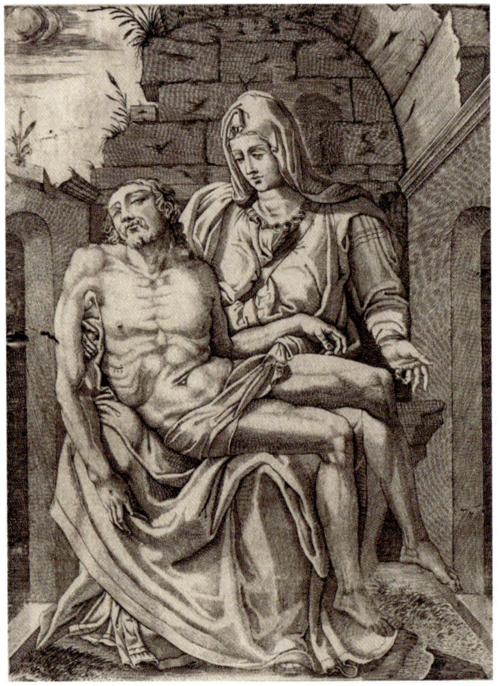

Abb. 20 ◀
Antonio Salamanca nach Michelangelo Buonarroti, *Pietà*, 1547

Was geschah damit nach seinem Tod am 10. Mai 1835? Versteigert wurden sie anscheinend nicht, es sei denn völlig anonym. Den einzelnen Objekten auf die Spur zu kommen wird in manchen Fällen möglich sein, aber allein 40 der 131 Gemälde sind ja bereits von ihm als (Künstler) „unbekannt“ aufgeführt, und bei den genannten, stets auffällig berühmten Namen der Kunstgeschichte, wird man heute häufig andere Zuschreibungen treffen. Der Name seiner Großnichte „Fräulein Eva Schreher“ weist auf eine mögliche Fährte hin: Sie war eine Tochter des Weinhändlers Franz Philipp Schreher (gest. 1842) und dessen Ehefrau Maria Eva Aloysia geb. Conrad. Sollten die Schrehers Stücke aus dem Nachlass des Oheims übernommen haben? Deren Sammlung wurde jedenfalls 1851 zur Auktion gegeben (Lugt 20404), und dabei lautete Los Nr. 9: „Schule Rubens. Anbetung der Hirten bei der Krippe. Auf Holz“. Im *Catalogus* könnte dieses Gemälde unter Nr. 48 aufgeführt sein: „Das Opfer der drei Weisen aus dem Morgenland aus der Schul von Rubens kopirt nach dessen Original“. Doch zum Abgleich des Motivs kämen mindestens sieben Werke Peter Paul Rubens’ in Frage. Ferner entsprechen acht Zeichnungen in Feder und Pinsel von Georg Friedrich Hoch, „Vorstellungen von Bataillen“ auf S. 149 des *Catalogus* vielleicht „F. Hoch, Acht Bisterzeichnungen: Bataillenstücke“ in Los Nr. 90 in der Auktion Schreher. Weitere Schriftstücke Johann Conrads sind bislang nicht bekannt geworden. Aber die bereits vorgestellten Manuskripte sind ein bemerkenswertes Zeugnis eines ehemaligen Ordensgeistlichen und einer interessanten Sammlerpersönlichkeit in politisch und kirchlich-religiösen Umbruchszeiten. Als (so von ihm gar nicht intendiertes biographisches Selbstzeugnis eines einstigen

Kapuziners, der, im kurfürstlichen Mainz des 18. Jahrhunderts sozialisiert, freiwillig als Mittvierziger den Orden verließ und sich gleichwohl im Alter noch (oder wieder) als – privatisierender – Priester sieht, dürften sie fast einmalig sein.

QUELLEN/LITERATUR

■ Johann Conrad: Gesuch vom 15. Januar 1801 um Aufnahme als Bürger in Mainz, Stadtarchiv Mainz, Französisches Archiv, 60/208 sowie Annahme des Gesuchs, ebd., Französisches Archiv, 60/352 (freundliche Mitteilung von Wolfgang Dobras, Stadtarchiv Mainz);
■ Johann Conrad: Sammelband mit 4 Manuskripten, Stadtarchiv Mainz, NL Friedrich Schneider 26,4;
■ Verein für Kunst und Lit[t]eratur. Kurze [später: wöchentliche] Berichte der Verhandlungen und kritische Anzeigen der wöchentlichen Kunstausstellungen im Lokal des Vereins, 12 Jg., Mainz 1826–1835 (zeitweilig auch als: Sonntags-Beiblatt der Mainzer Zeitung;
■ Quartalsblätter des Vereines für Litteratur und Kunst zu Mainz, 5 Jg., Mainz 1830–1834;
■ Becker 1868; Lugt 1938/1987; Hellmann 2023; Schrohe 1912

Abb. 21 ▶▶
Detail aus Taf. 4: Eintritt eines großjährig gewordenen Knabens ins Mainzer Domkapitel mit Abschied von den Eltern in der Memorie des Mainzer Domes

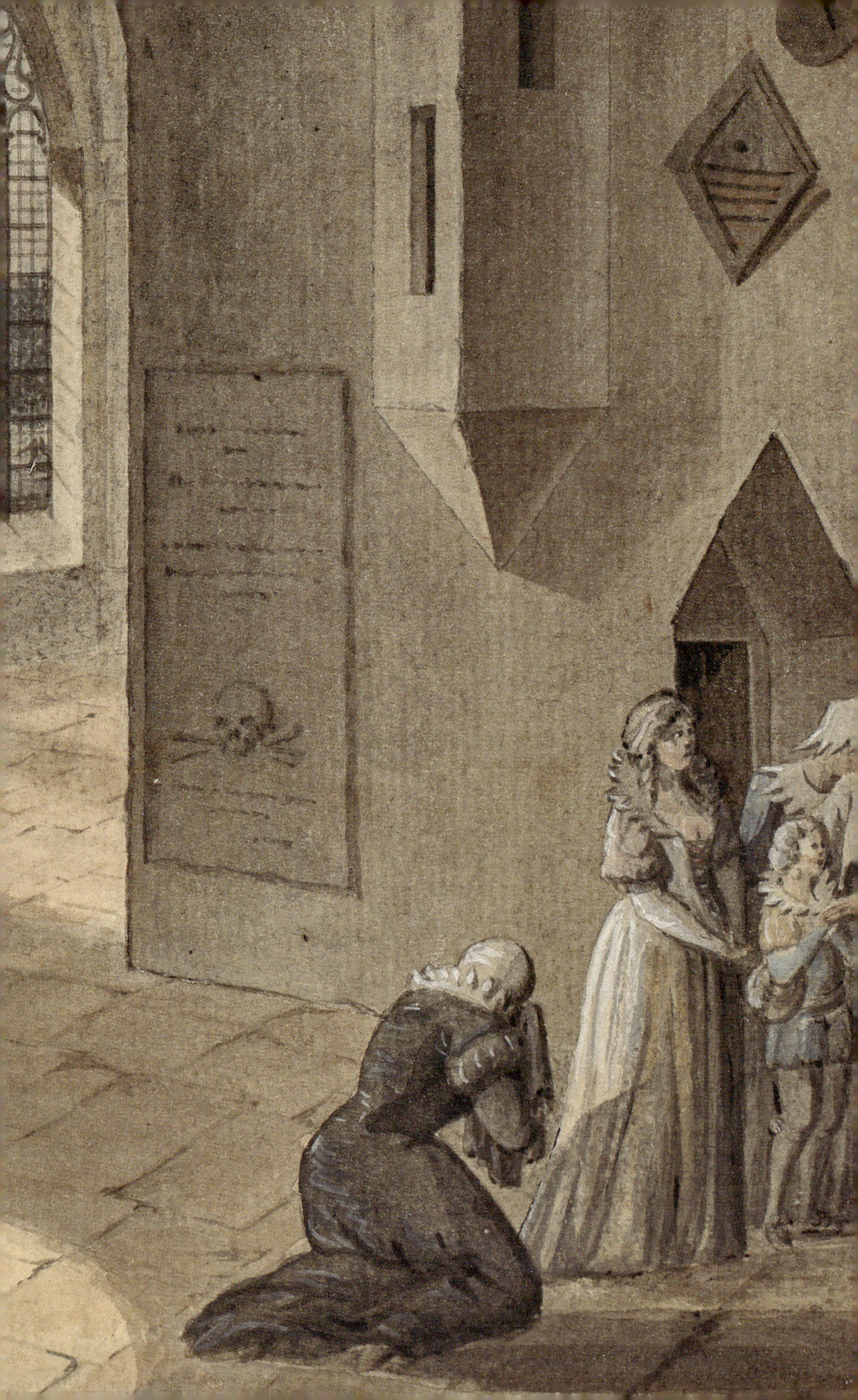

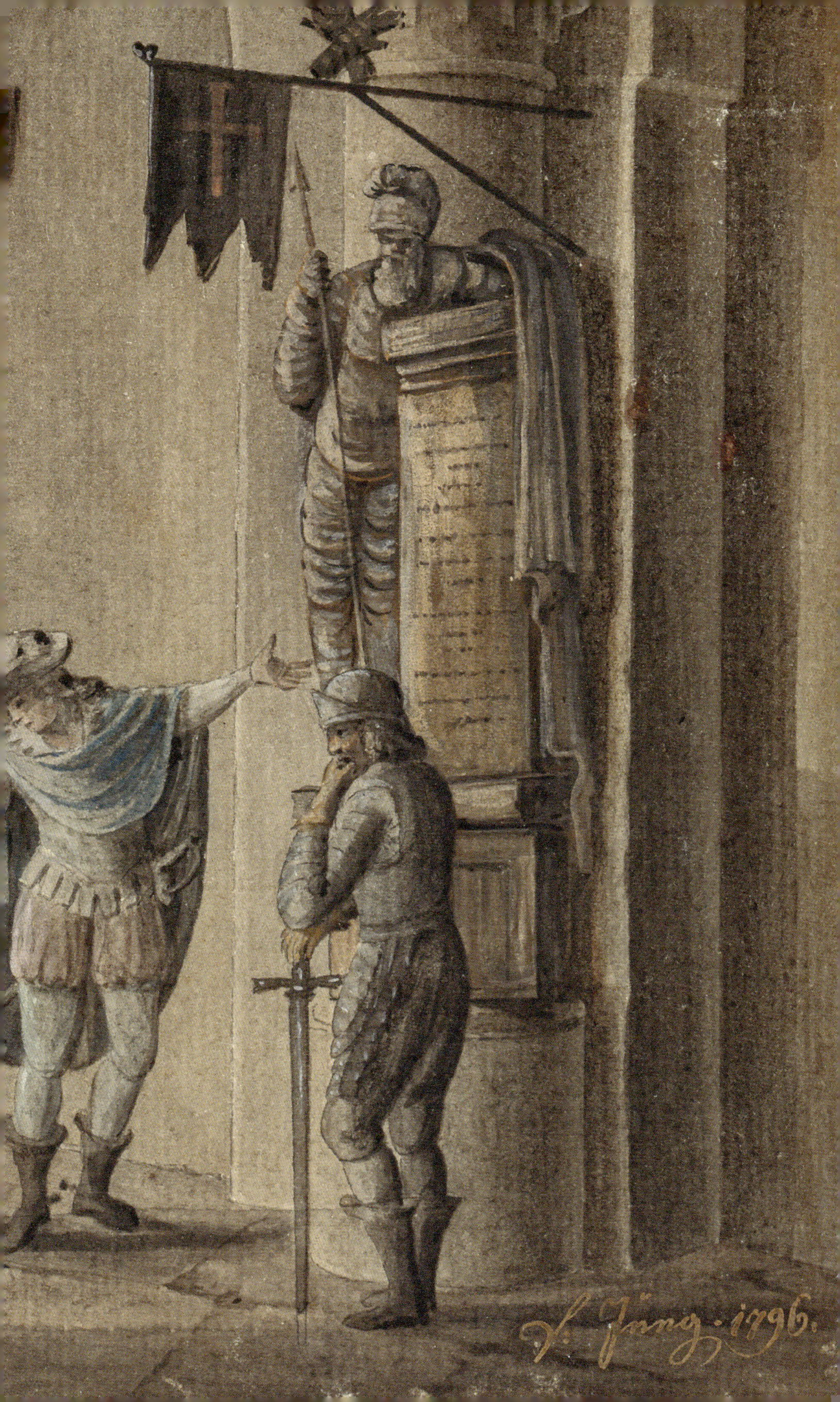
J: Jüng · 1796.

Kat. 1 mit Tafel 1

Johann Conrad (1755–1835)
INNENANSICHT DER
PFARRKIRCHE ST. CHRISTOPH

Signiert und datiert rechts unten (Feder in Schwarz): „JC [ligiert] 1818“ Bleistift, Feder in Braun und Schwarz, Deckfarben, auf Papier (flächig auf Papieruntersatz montiert), 27,5 x 31,4 cm (Blatt; oben leicht beschnitten), 32,5 x 38,2 cm (Untersatz)

Inv.-Nr. G 15859 (Dauerleihgabe der VRM)

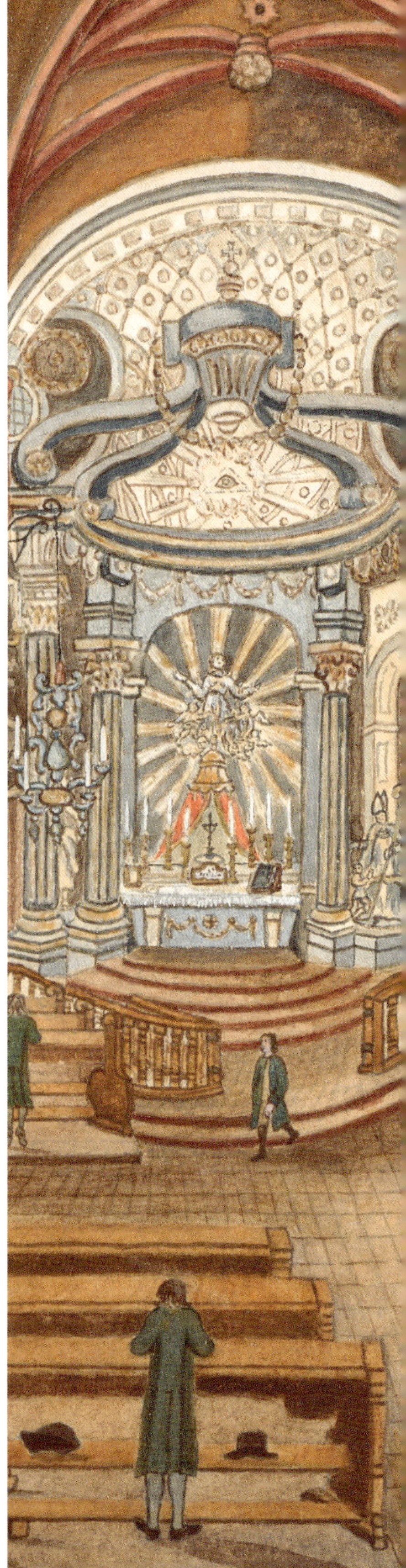

Tafel 1 ◀◀
Innenansicht der Pfarrkirche St. Christoph

Abb. 22 ◀
St. Christoph vor dem Zweiten Weltkrieg

Abb. 23 ◀
St. Christoph nach dem Zweiten Weltkrieg

Abb. 24 ◀
St. Christoph heute

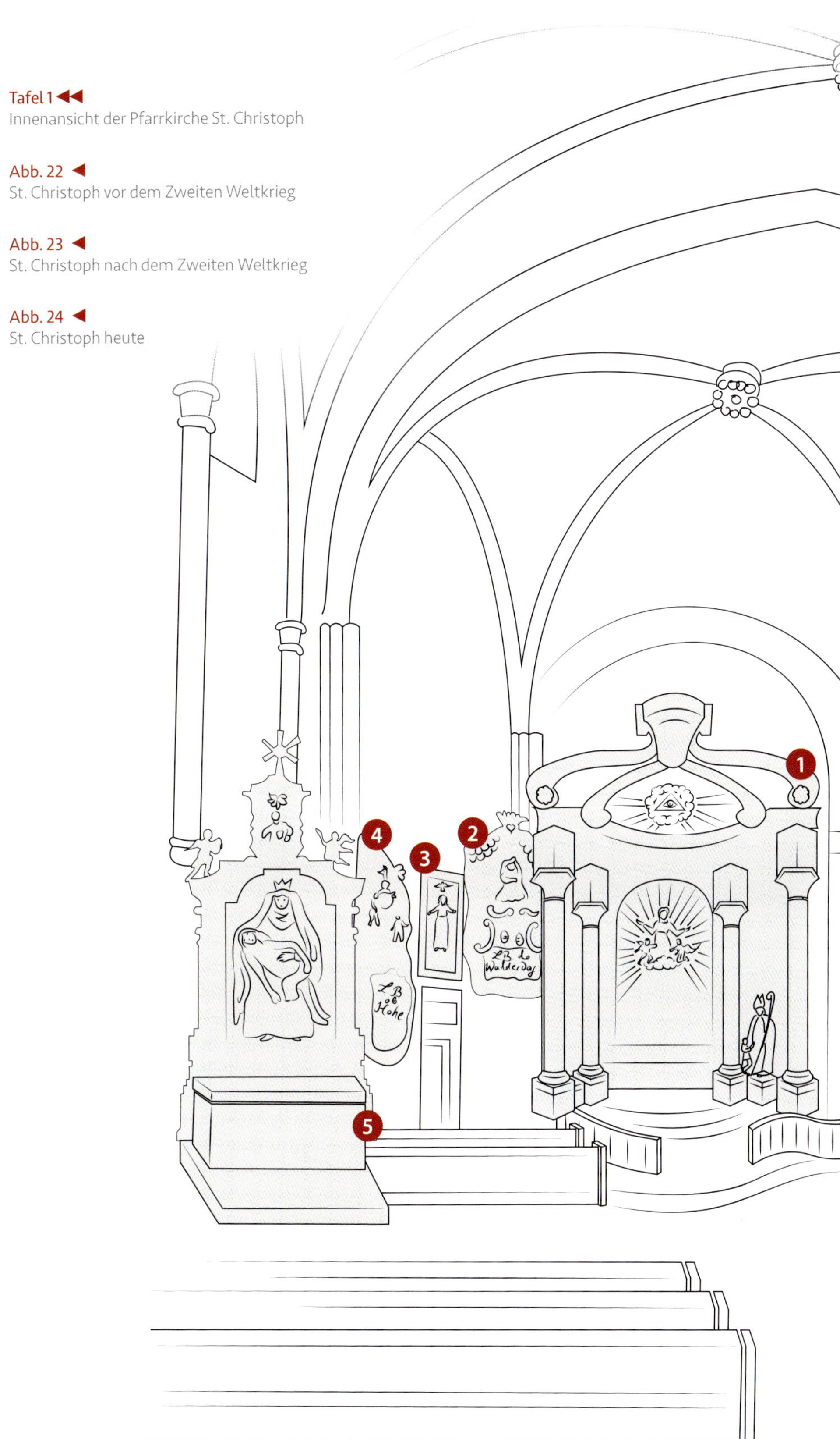

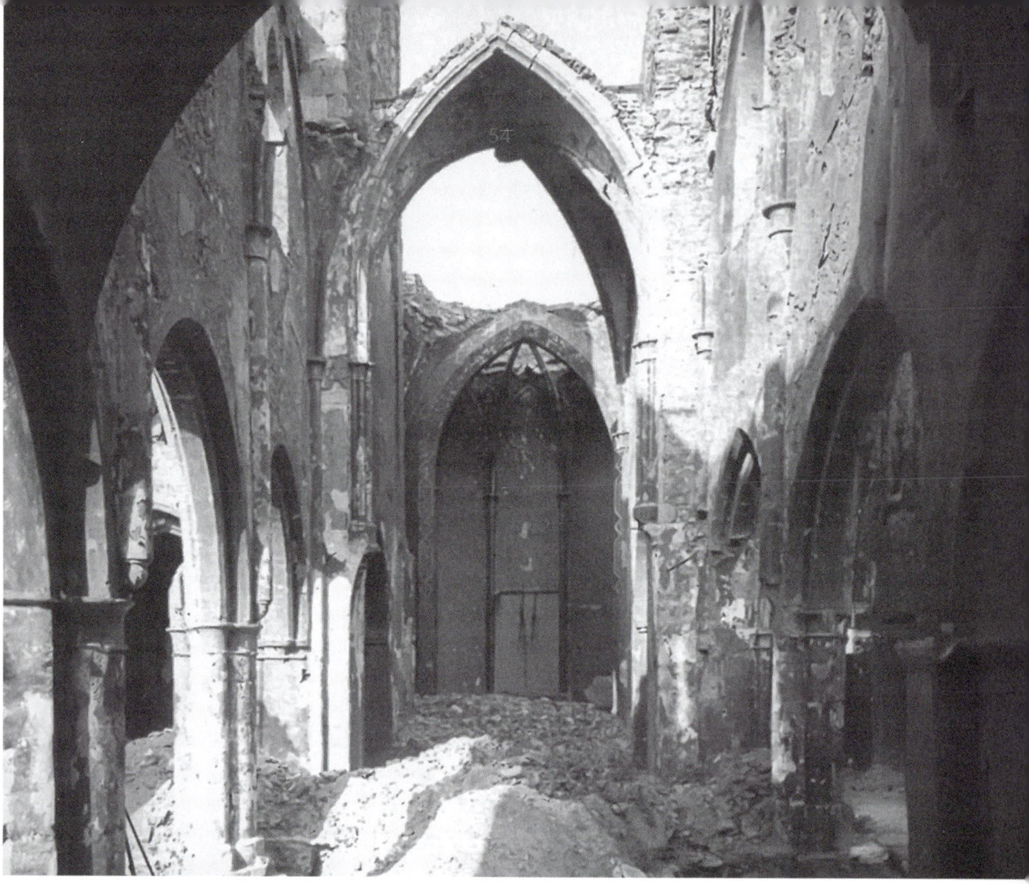

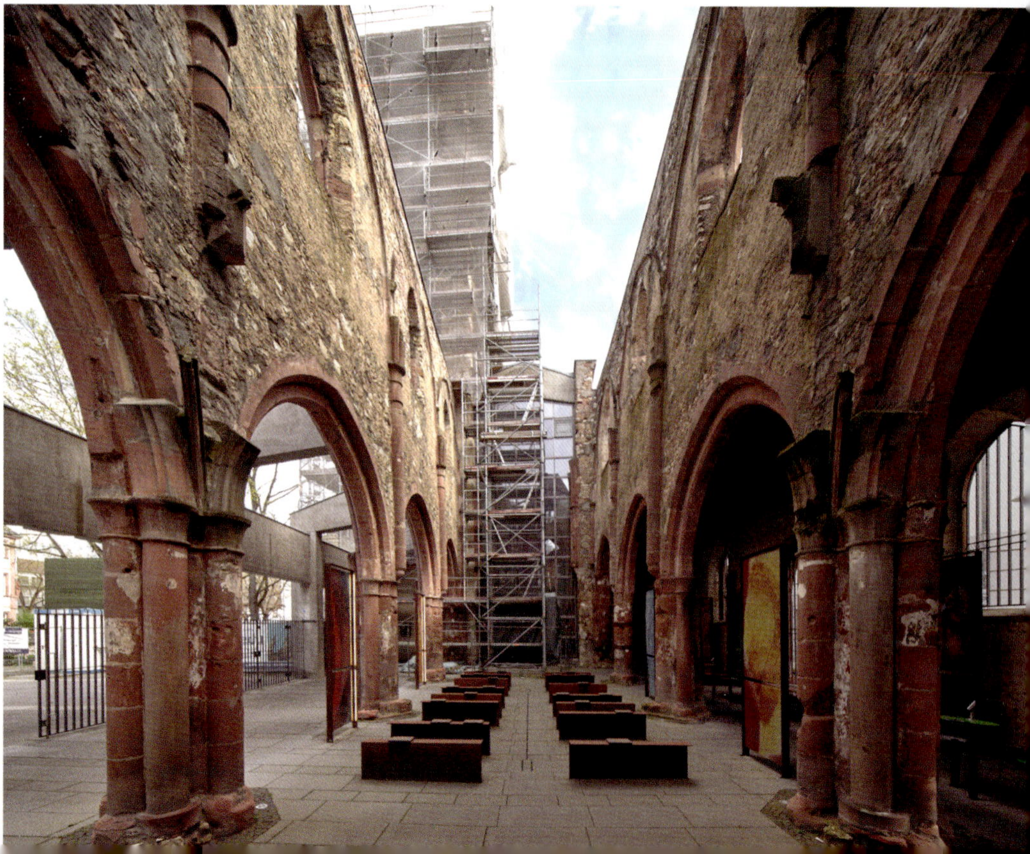

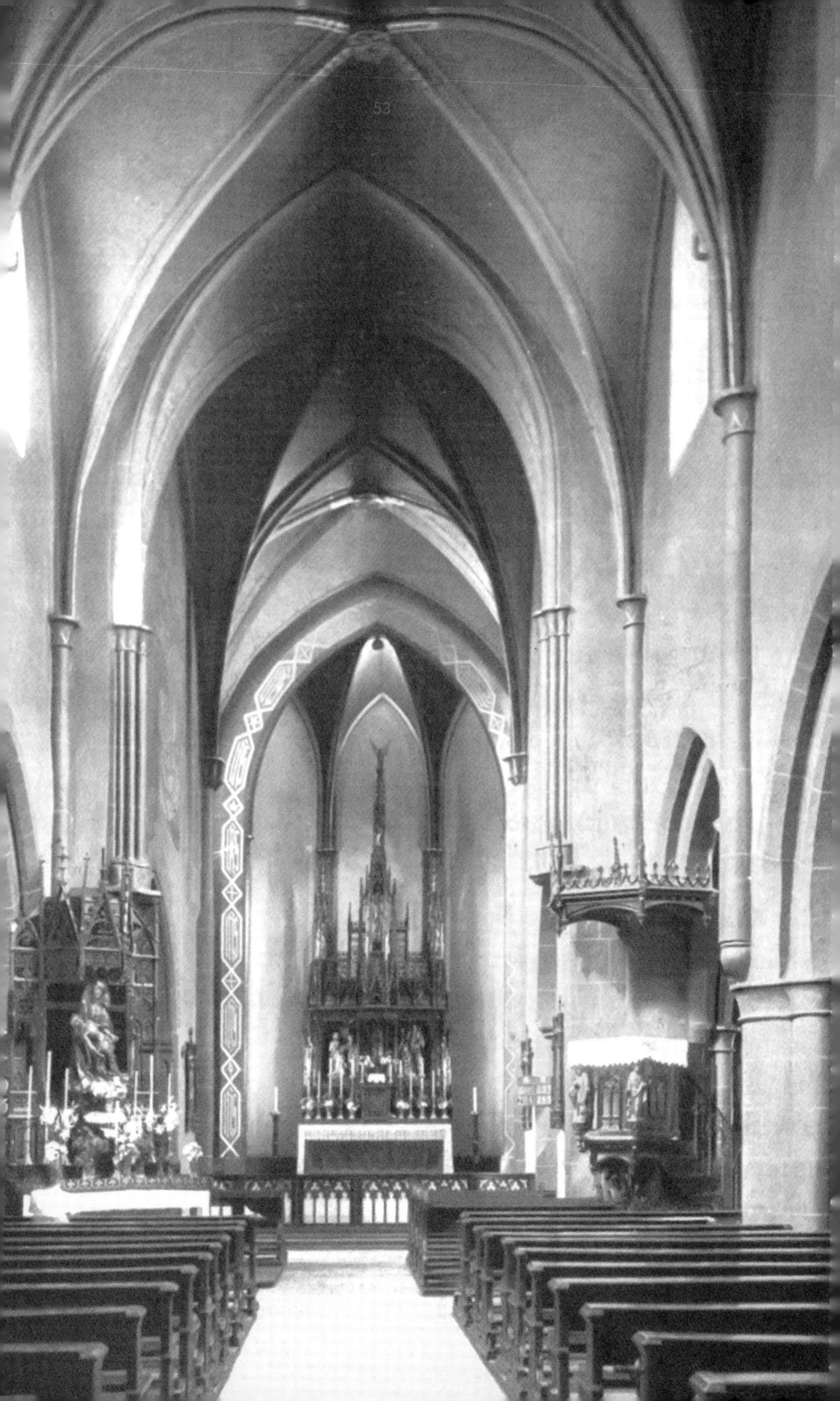

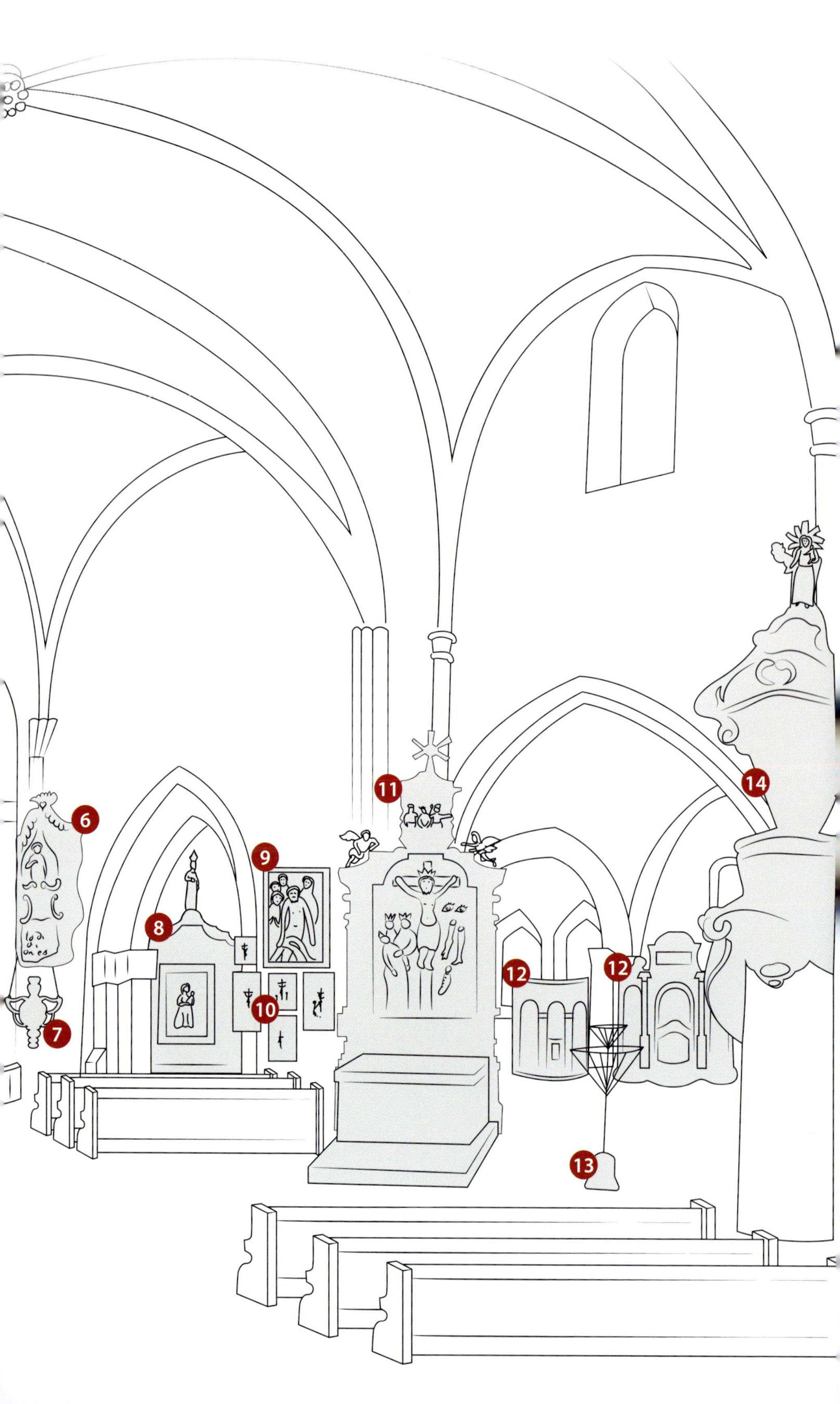
6
7
8
9
10
11
12
12
13
14

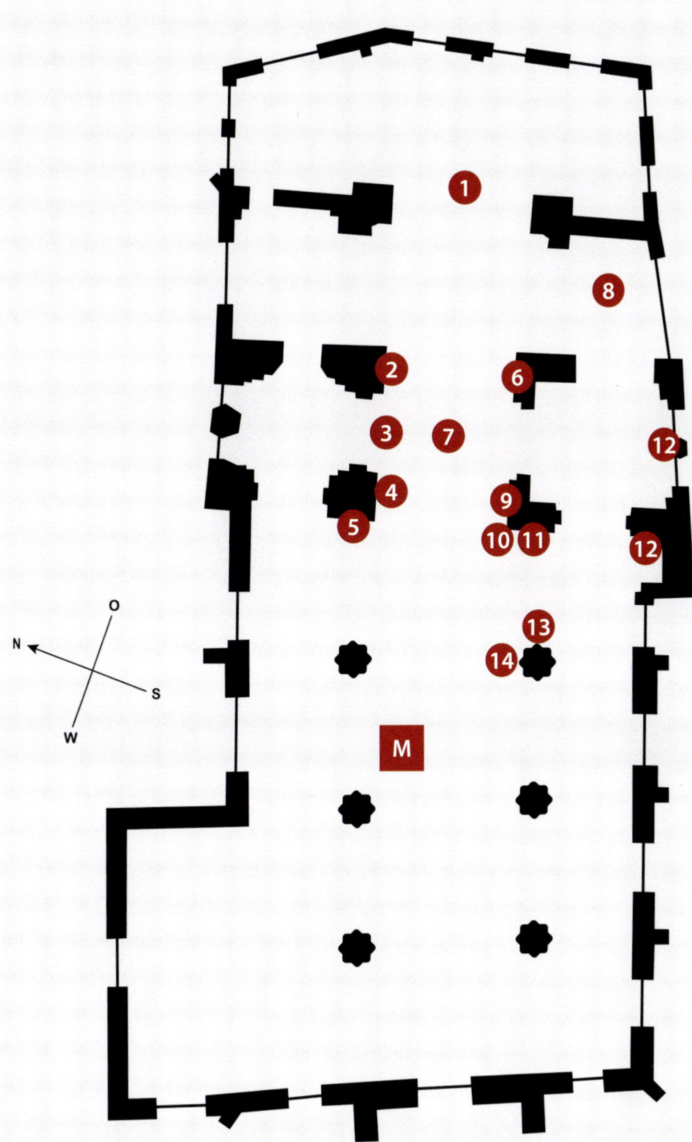

St. Christoph: Grund- und Aufriss mit Positionierung der Ausstattung (M Standort des Malers)

INNENANSICHT DER PFARRKIRCHE ST. CHRISTOPH (TAFEL 1)

I. ZUR KIRCHE UND ZUM RAUM

Blick in das weitwinkelartig in die Breite gedehnte Innere der Pfarrkirche St. Christoph. Nach rechts verschobene Blickachse vom Langhaus in Richtung Osten in den Chor des etwa zwischen 1280 und 1330 errichteten Sakralbaus. Der Chor wurde 1761–1782 unter Leitung von Baurat Johann Peter Jäger abgebrochen und neu errichtet. Zu sehen ist der halbrunde innere Abschluss mit schlanken, rundbogigen Chorfenstern mit bleigefasstem Klarglas; die Kalotte links und rechts besetzt mit zwei runden Occuli, ebenfalls mit bleigefasstem Klarglas.

Das Innere (wohl) stuckiert in Weiß-Gold mit netzartigen (blüten?-) besetzten Rautenfeldern. Dort im Scheitel zwischen dem Baldachin des Hochaltares 1 erkennbar das Auge Gottes mit Strahlengloriole. Chorscheitelbogen querrechteckig kassettiert. An den beiden Bündelpfeilern des Chorvorjoches dargestellt der Marien- 5 und der Heilig-Kreuz-Altar 11, dahinter der Blick freigegeben in Richtung des nördlichen Ausgangs links bzw. auf das südliche Seitenschiff rechts, mit einem nicht identifizierbaren Altar an dessen Ende. Durch die südlichen, teils spitz-, teils rundbogigen Fenster fällt das Licht auf die hellen Sandsteinplatten des Fußbodens, der zwischen 1761 und 1782 erneuert wurde. Der Raum des Hauptschiffes hingegen wirkt vergleichsweise dunkel; das letzte Tünchen von Wänden und Decke ist für 1687–1700 belegt. Lediglich das Weiß-Gold der floral gearbeiteten Schlusssteine im Kreuzrippengewölbe vermutlich jüngeren Datums.

II. ZUR AUSSTATTUNG

II.1. DER CHOR

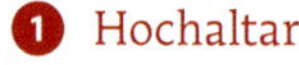

1 Hochaltar

Errichtet 1776 nach dem Entwurf des Hofstuckateurs und Architekten Johann Peter Jäger, unter Mitarbeit von Stuckateur Andreas Hencke, fertiggestellt 1782. Baldachin-Altar mit bekrönender Urne mit Kreuz; Gebälk aus S-Kurven, in blütenbesetzten Voluten endend und umfangen von Festons. Getragen von vier aufgesockelten kannelierten Säulen mit korinthischen Kapitellen (ebenso vergoldet wie Basen und Kanneluren). Im zentralen Mittelfeld Darstellung der *Himmelfahrt Mariae* vor Gloriole: Maria mit ausgebreiteten Armen kniend auf einer Wolke und von Engeln emporgetragen. Darunter Tabernakel in Zeltform in Rot-Gold, im Zentrum ebonisiertes Kruzifix, gerahmt von acht vergoldeten Leuchtern mit weißen Kerzen.

Altartisch mit schräg gestellter Kanontafel rechts und Antependium in Blau mit goldenen Girlanden und zentralem Kreuzmedaillon zwischen weiß-goldenen Pilastern.
Zwischen den Säulen seitlich auf Sockeln eingestellt die beiden annähernd lebensgroßen, weiß-gold gefassten (?) Figuren eines hl. Nikolaus (links) und eines hl. Valentin (rechts: ***Abb. 25, 26***), beide um 1780, entweder von Johann Sebastian Pfaff oder von Heinrich Jung.
Zur Altarinsel führen fünf halbrunde und an den Seiten geschwungene Stufen empor, davor etwa hüfthohe, ebenfalls geschwungene Balustrade mit zwei nach innen geöffneten Türelementen.

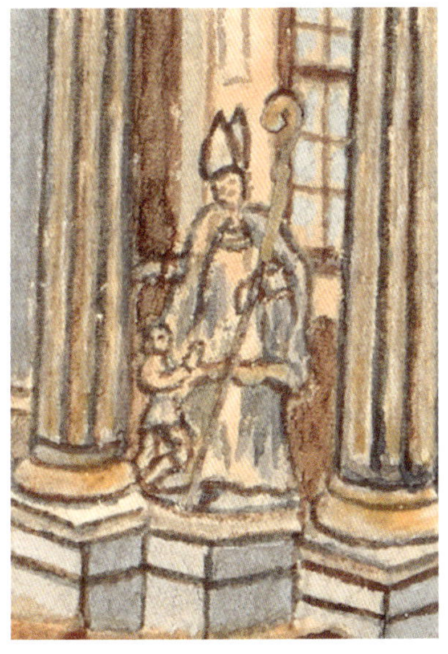

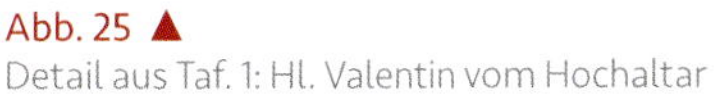

Abb. 25 ▲
Detail aus Taf. 1: Hl. Valentin vom Hochaltar

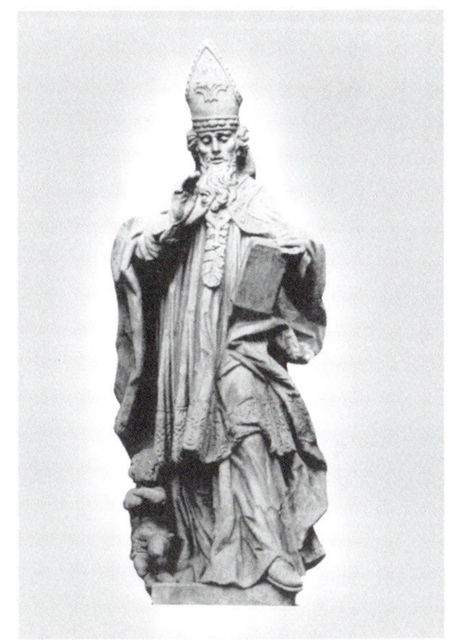

Abb. 26 ▲
Hl. Valentin ❶, kein Kriegsverlust, aber mittlerweile verschollen

II.2. AUSSERHALB DES CHORES – NORDSEITE

❷ Grabdenkmal der Familie von Walderdorff

Pendant zu ❻. Inschriftlich bezeichnet ❷: „L. B. de / Walderdorf" („L[iber] B[aro]" = Freiherr): um 1753 gearbeitetes Grabdenkmal mit Draperie aus schwarzem Marmor ***(Abb. 27)***, nach oben abgeschlossen von einem Baldachin mit Lambrequins sowie einer schwarzen Marmorscheibe als Bekrönung. Darunter halbfiguriges Relief der *Schmerzensreichen Muttergottes* aus hellem Alabaster ***(Abb. 28)*** von einem unbekannten Bildhauer (Nachfolge Paul Egell oder Umkreis Johann Kaspar Hiernle?), darunter im Volutenrahmen Allianzwappen der Familie Walderdorff-Stadion sowie Inschrift.

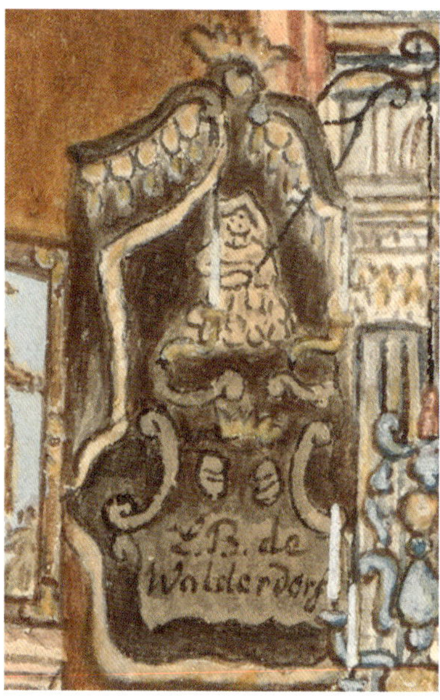

Abb. 27 ▲
Detail aus Taf. 1: Grabdenkmal der Familie von Walderdorff

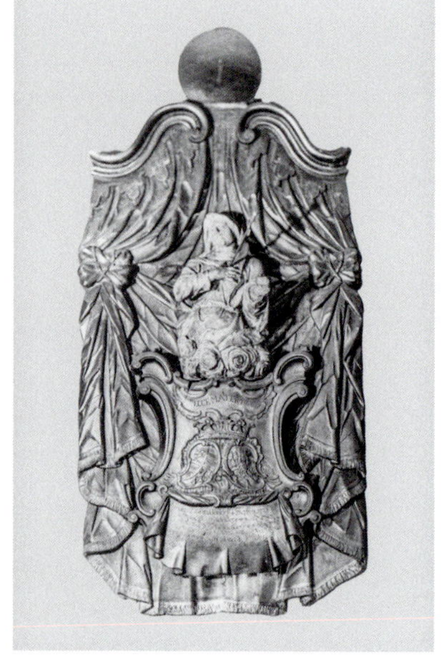

Abb. 28 ▲
Grabdenkmal der Familie von Walderdorff 2, Vorkriegszustand, heute teils im Bischöflichen Dom- und Diözesanmuseum Mainz (Schmerzensreiche Muttergottes), teils GDKE – Direktion Landesmuseum Mainz (Draperie)

3 Gemälde mit Heiligendarstellung

Hochrechteckige Darstellung eines unter Heilig-Geist-Taube in den Himmel aufsteigenden Heiligen, im unteren Bilddrittel kleinere aufschauende Figuren.

4 Grabdenkmal der Familie von Hoheneck

Inschriftlich bezeichnet: „L. B. / ab / Hohe-/neck.“: Nicht erhaltenes Grabdenkmal, lt. Inschrift von Angehörigen der Familie von Hoheneck gestiftet und vermutlich um 1773 errichtet in Gedenken an Karl Anton von Hoheneck (gest. 1771) und Antonetta von Hoheneck (gest. 1773). Offensichtlich in Analogie zu 2 und 6 gearbeitet aus schwarzem Marmor und Alabaster. Erkennbar im oberen Teil die Helmzier des Hoheneck'schen Wappens mit längsgeschindeltem Hundekopf, darunter Wappen- oder Inschriftenschild.

5 Marienaltar an der Westseite des Triumphbogenpfeilers

Pendant zu 11. Hochbarocker (Holz?-) Altaraufsatz mit zentraler Mittelnische ***(Abb. 29)***, darin spätgotisches Vesperbild ***(Abb. 30)***, möglicherweise hier nach Art einer Ankleidemadonna geschmückt mit echtem Schleier und Krone. Auszug mit wohl gemalter halbfiguriger Darstellung der *Hl. Veronika mit dem Schweißtuch Christi*, beidseitig flankiert von gedrehten Säulchen sowie einem stehenden und einem sitzenden Putto. Der Auszug selbst bekrönt von einem Giebel mit Gloriole, flankiert von zwei weiteren Putten.
Vor den Pilastern des Altaraufsatzes zwei separat aufgestellte Reliquienpyramiden auf quadratischen Sockeln. Auf der mit einer weißen Altardecke geschmückten Mensa flankieren zwei silberne (?) Leuchter mit weißen Kerzen ein aufgesockeltes Kruzifix aus Elfenbein oder Biskuitporzellan. Davor bzw. seitlich drei Kanontafeln. Die Front des Altartisches mit senkrecht in Rosé und Hellblau gestreiftem Stoff verkleidet.

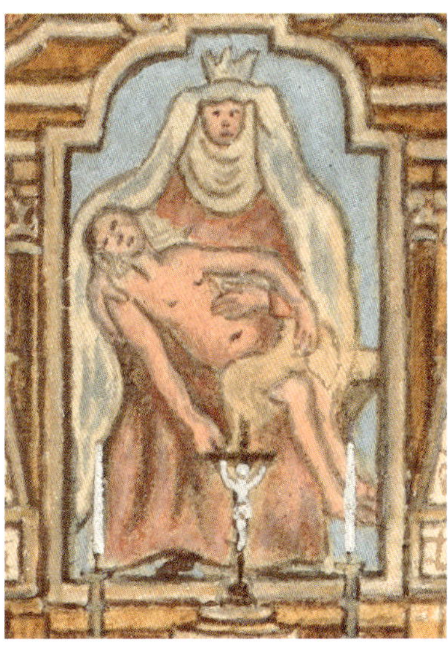

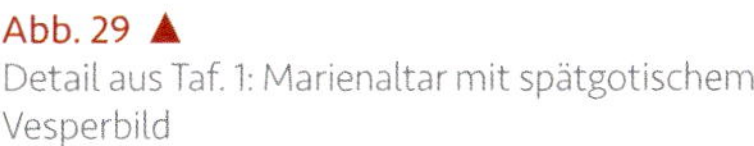

Abb. 29 ▲
Detail aus Taf. 1: Marienaltar mit spätgotischem Vesperbild

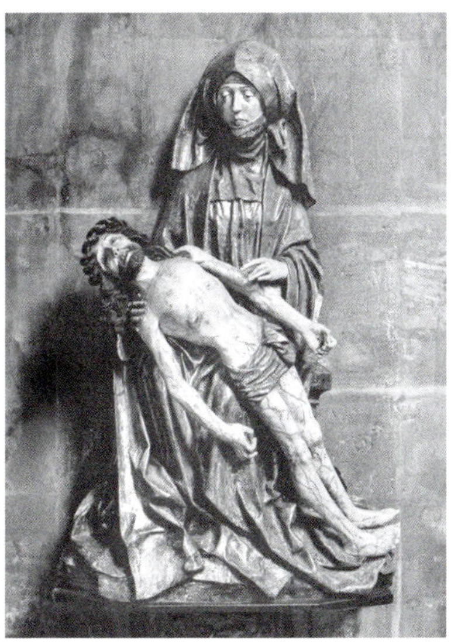

Abb. 30 ▲
Spätgotisches Vesperbild aus dem Marienaltar 5, heute Mainz, St. Quintin

II.3. AUSSERHALB DES CHORES – SÜDSEITE

❻ Grabdenkmal der Familie von Stadion

Pendant zu ❷. Inschriftlich bezeichnet: „[L?.../] Stad / [ion? /...]“: um 1753 gearbeitetes Grabdenkmal mit Draperie aus schwarzem Marmor ***(Abb. 31)***, nach oben abgeschlossen von einem Baldachin mit Lambrequins und Draperie sowie einer schwarzen Marmorscheibe als Bekrönung. Darunter halbfigurige Darstellung des *Schmerzensmannes* aus hellem Alabaster ***(Abb. 32)*** von einem unbekannten Bildhauer (Nachfolge Paul Egell oder Umkreis Johann Kaspar Hiernle?), darunter im Volutenrahmen Allianzwappen der Familie Stadion-Wambold sowie Inschrift.

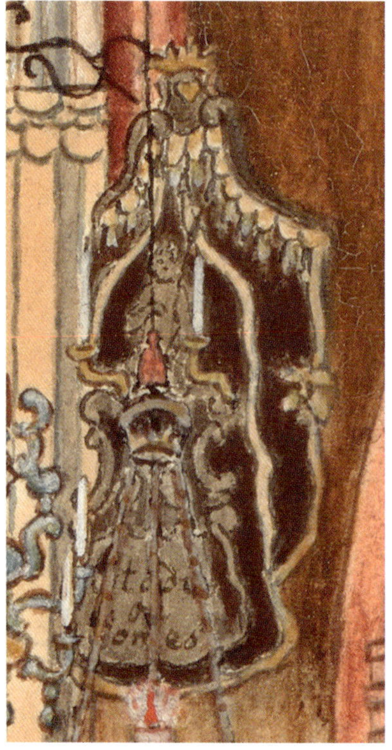

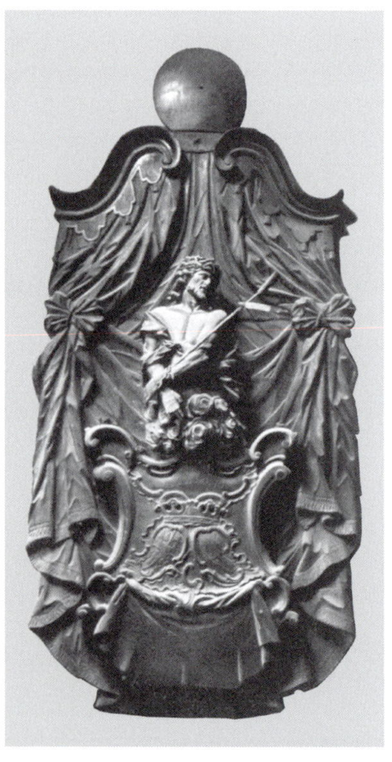

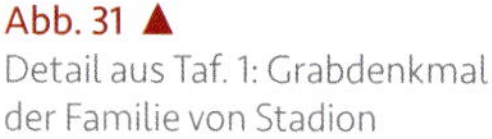

Abb. 31 ▲
Detail aus Taf. 1: Grabdenkmal der Familie von Stadion

Abb. 32 ▲
Grabdenkmal der Familie von Stadion ❻, Vorkriegszustand, heute teils im Bischöflichen Dom- und Diözesanmuseum Mainz (Schmerzensmann), teils GDKE – Direktion Landesmuseum Mainz (Draperie)

7 Ewig-Licht-Ampel,
aus frühklassizistischer Zeit, zum Anzünden an einer langen schwarzen Aufhängung oder Stange herabgelassen.

8 Seitenaltar
Hinter der Arkade an der Südost-Seite ein hochbarocker Altaraufsatz aus Holz (?) mit gedrehten Säulen, im Mittelfeld Gemälde (?) in blütenbesetztem Rahmen; dargestellt wohl eine in einer Landschaft sitzende Muttergottes mit Kind (Ruhe auf der Flucht nach Ägypten?). Anstelle eines Auszugs Wappenkartusche, darüber Figur eines Bischofs. Auf der mit einer weißen Altardecke geschmückten Mensa flankieren zwei kleine Leuchter mit weißen Kerzen ein Kruzifix aus Elfenbein oder Biskuitporzellan am schwarzen Ebenholzkreuz. Davor eine größere, rechts eine kleinere Kanontafel. Die Front des Altartisches mit senkrecht in Rosé und Hellblau gestreiftem Stoff verkleidet.

9 Kreuzabnahme Christi
1942 verbranntes Gemälde, beschrieben als „Holz, 101 x 71 cm, Leichnam Christi als Halbfigur, von hinten gestützt durch Joseph von Arimathia, sinkt in die Arme Marias; heraldisch rechts im Hintergrund Johannes" (Arens 1961, S. 163).

10 Fünf Votivtafeln,
zugehörig zu **11**.

11 Heilig-Kreuz-Altar
Pendant zu **5**. Hochbarocker (Holz?-) Altaraufsatz mit zentraler Mittelnische ***(Abb. 33)***, darin spätgotischer, als wundertätig verehrter Kruzifixus und begleitende Beweinungsgruppe ***(Abb. 34)***. Rechts sind verschiedene plastische Votivgaben (wohl aus Wachs) angebracht ***(Abb. 4)***: zwei Augen, ein Arm und ein Bein sowie ein Fatschenkind, zur Hoffnung auf erwartete bzw. als Dank für erwiesene Wunder. Darüber gestufter Giebel mit beidseitig liegenden Putten und ein von gedrehten Säulchen flankierter Auszug, der eine gemalte querechteckige *Verspottung Christi* zeigt. Der Auszug wiederum bekrönt von einem Giebel mit Gloriole sowie zwei weiteren Putten.
Vor den Pilastern des Altaraufsatzes zwei separat aufgestellte rundbogige (Sammel?-) Reliquiare. Links, unter der *Kreuzabnahme Christi*, fünf weitere Votivbilder **10**, die den Kreuzaltar abbilden und als Dank gestiftet wurden;

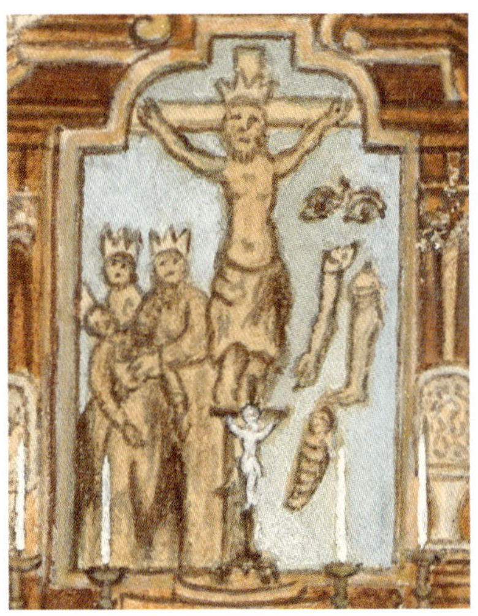

Abb. 33 ▲
Detail aus Taf. 1: Heilig-Kreuz-Altar mit Kruzifix, Votivgaben und Beweinungsgruppe

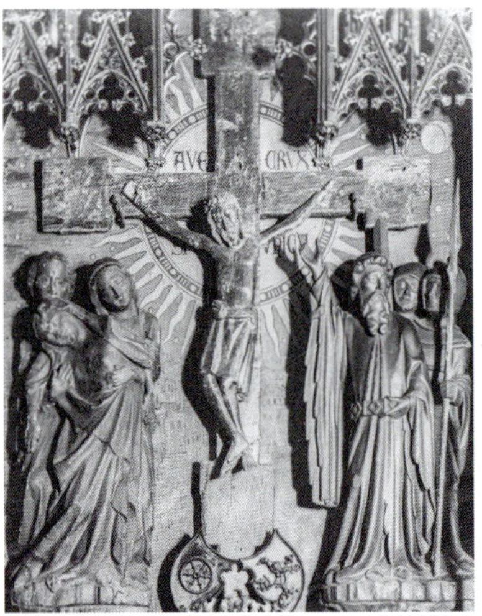

Abb. 34 ▲
Kruzifix und Beweinungsgruppe 11, Vorkriegszustand

ein solches, 1796 entstandenes Votivbild (hier vielleicht mit abgebildet) bis zur Zerstörung 1942 im Pfarrhaus von St. Christoph aufbewahrt.
Auf der mit einer weißen Altardecke geschmückten Mensa vier Leuchter mit weißen Kerzen sowie ein auf einem halbrunden Sockel platziertes Kruzifix aus Elfenbein oder Biskuitporzellan. Seitlich und davor drei Kanontafeln, die mittlere bezeichnet: „Gloria in […] / Credo […]“. Die Front des Altartisches mit senkrecht in Rosé und Hellblau gestreiftem Stoff verkleidet. Ein Mann in blauer Kniebundhose und gelb-braunem Gehrock kniet, den Hut seitlich abgelegt, in Anbetung des Kruzifixes ***(Abb. 4)***. – Als Standort des Altares ist für den 1876 in neugotischen Formen errichteten Nachfolger das Ostende des südlichen Seitenschiffes gesichert; sofern auch der barocke Heilig-Kreuz-Altar dort stand, hat ihn Pater Conrad zur besseren Sichtbarkeit nach vorne an den rechten Pfeiler des Triumphbogens „verschoben“.

12 Zwei spätbarocke Beichtstühle

13 Zweireifiger Kerzenständer,

schmiedeeisern, mit Sandsteinfuß und drei aufgesteckten Kerzen.

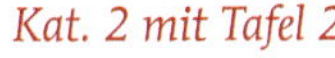

Kat. 2 mit Tafel 2

Johann Conrad (1755–1835)

INNENANSICHT DER PFARRKIRCHE ST. EMMERAN

Signiert und datiert Mitte unten (Feder in Schwarz): „JC [ligiert] inv 1819“ Bleistift, Feder in Braun und Schwarz, Deckfarben, auf Papier (Ränder mit Papier hinterklebt), 38,0 x 49,8 cm (Blatt; mit Hinterklebung)

Inv.-Nr. G 15860 (Dauerleihgabe der VRM)

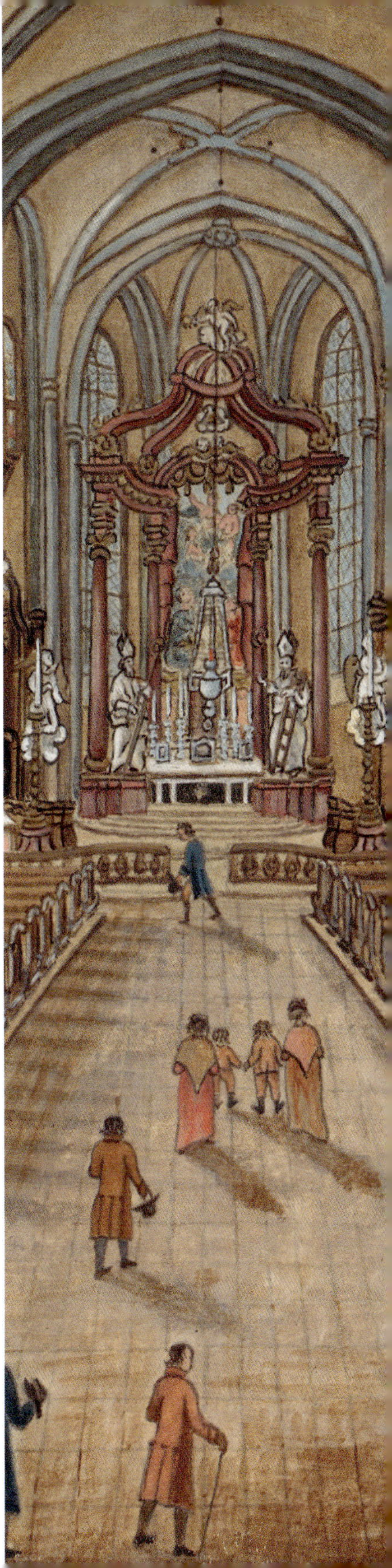

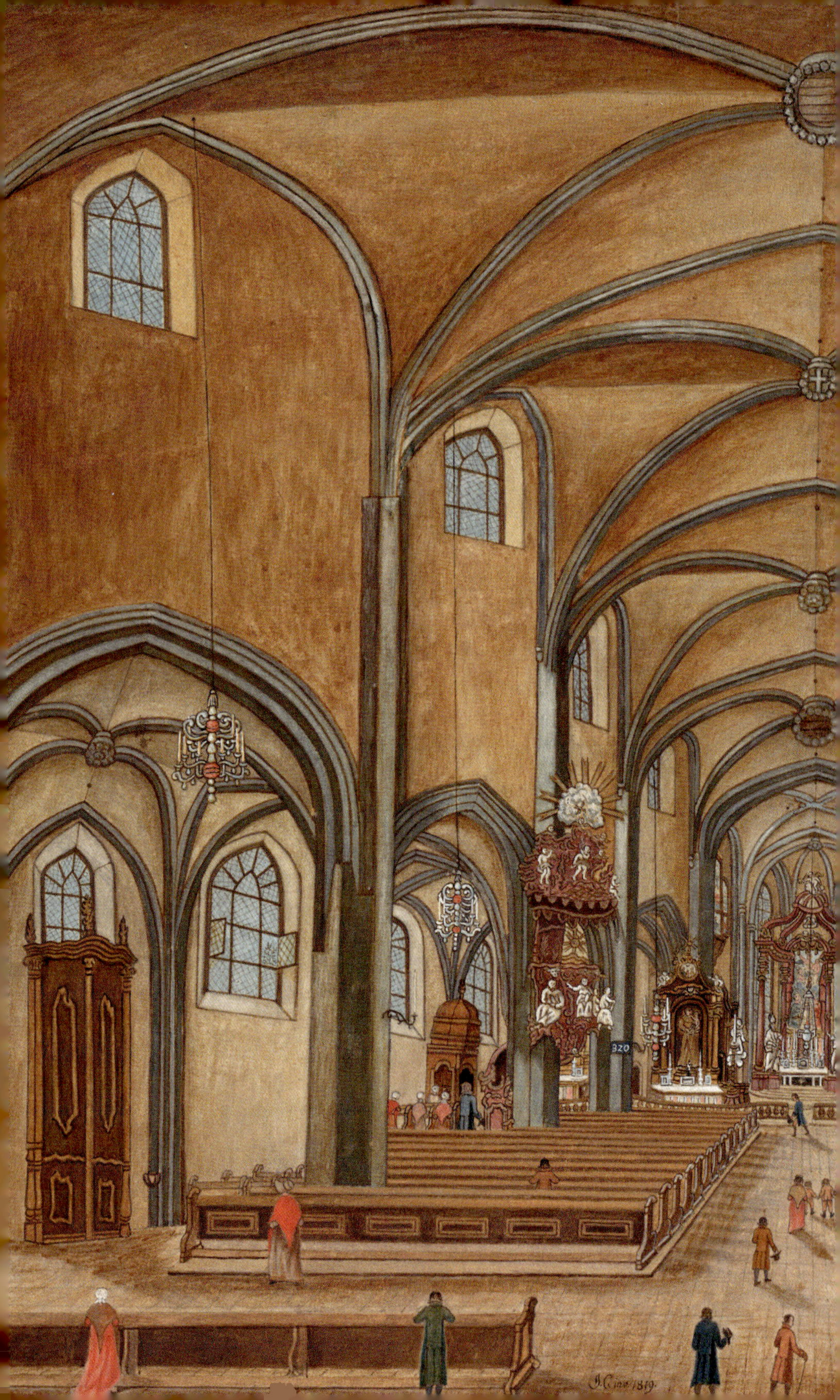
320
1819.

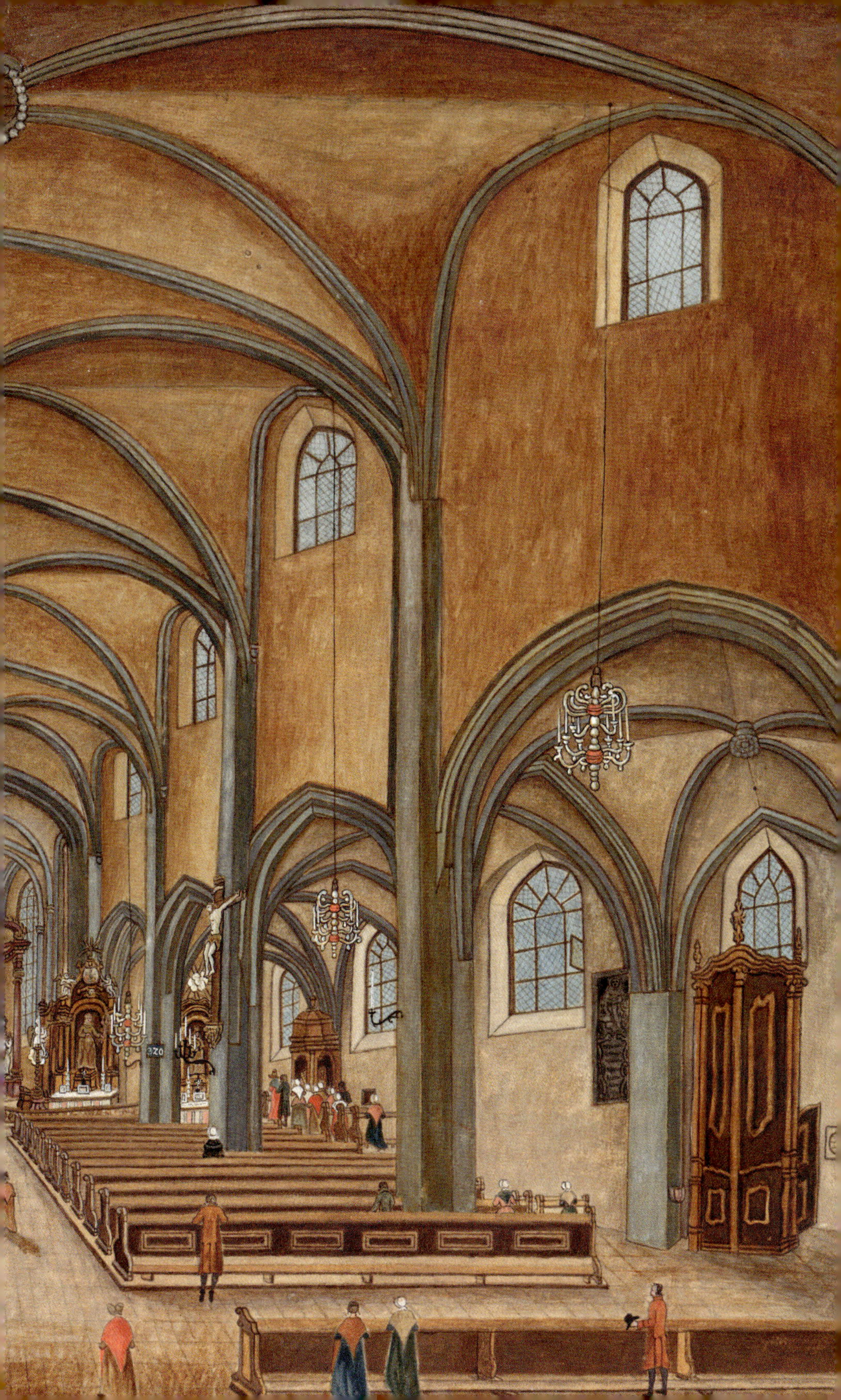

14 Barocke Kanzel,
mit Stifterwappen (?) am geschwungenen Korb. Mit Putten besetzter geschweifter Schalldeckel, darauf bekrönende Statue des hl. Joseph mit blühendem Reis in seiner rechten Hand und dem Kind auf seinem linken Arm; heute verloren, wohl bereits im 19. Jahrhundert durch eine neugotische Kanzel ersetzt.

WINFRIED WILHELMY

QUELLEN/LITERATUR

■ Bockenheimer 1881; Arens 1961, S. 131–169; Dietz-Lenssen 2012; Krawietz/Scherf 2016

Tafel 2 ◀◀
Innenansicht der Pfarrkirche St. Emmeran

Abb. 35 ◀
St. Emmeran vor dem Zweiten Weltkrieg

Abb. 36 ◀
St. Emmeran nach dem Zweiten Weltkrieg

Abb. 37 ◀
St. Emmeran heute

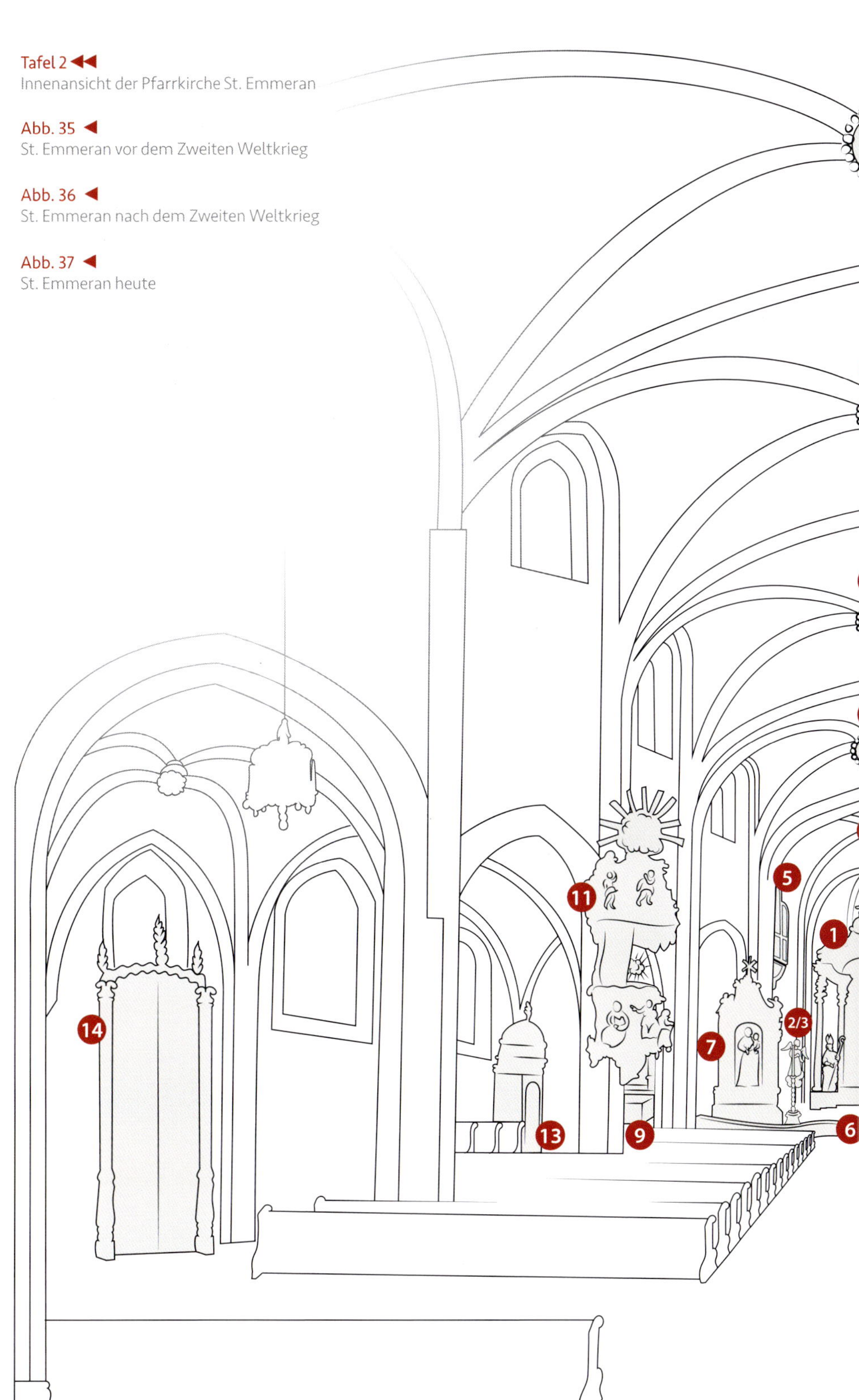

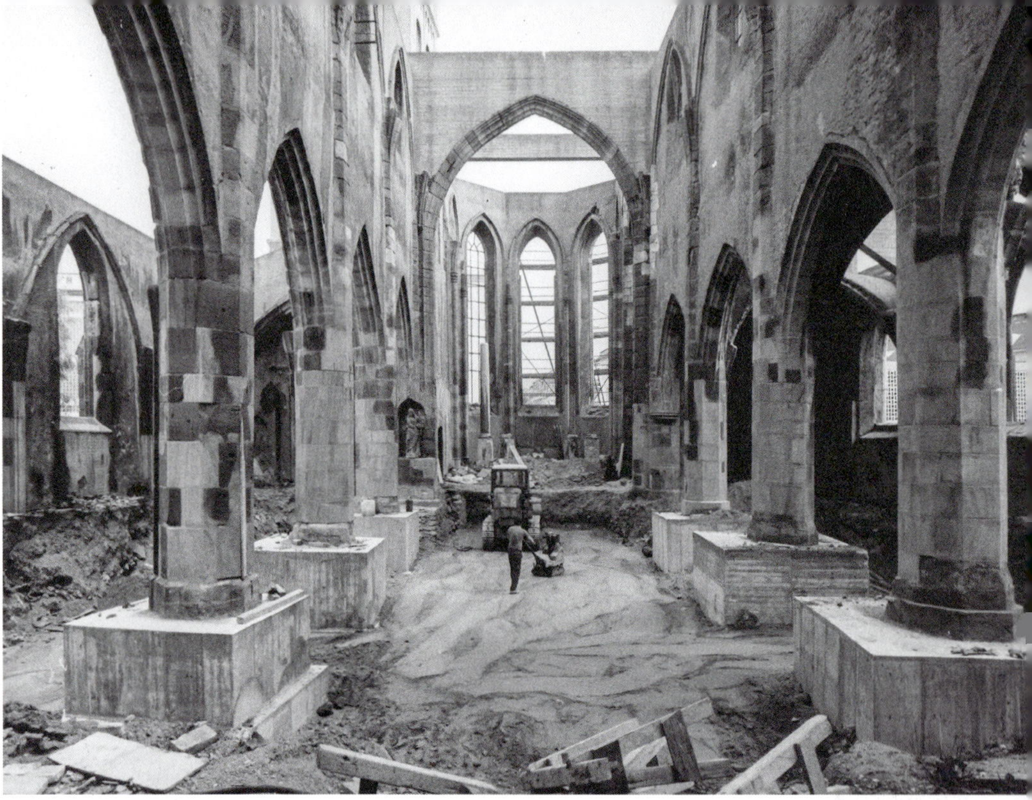

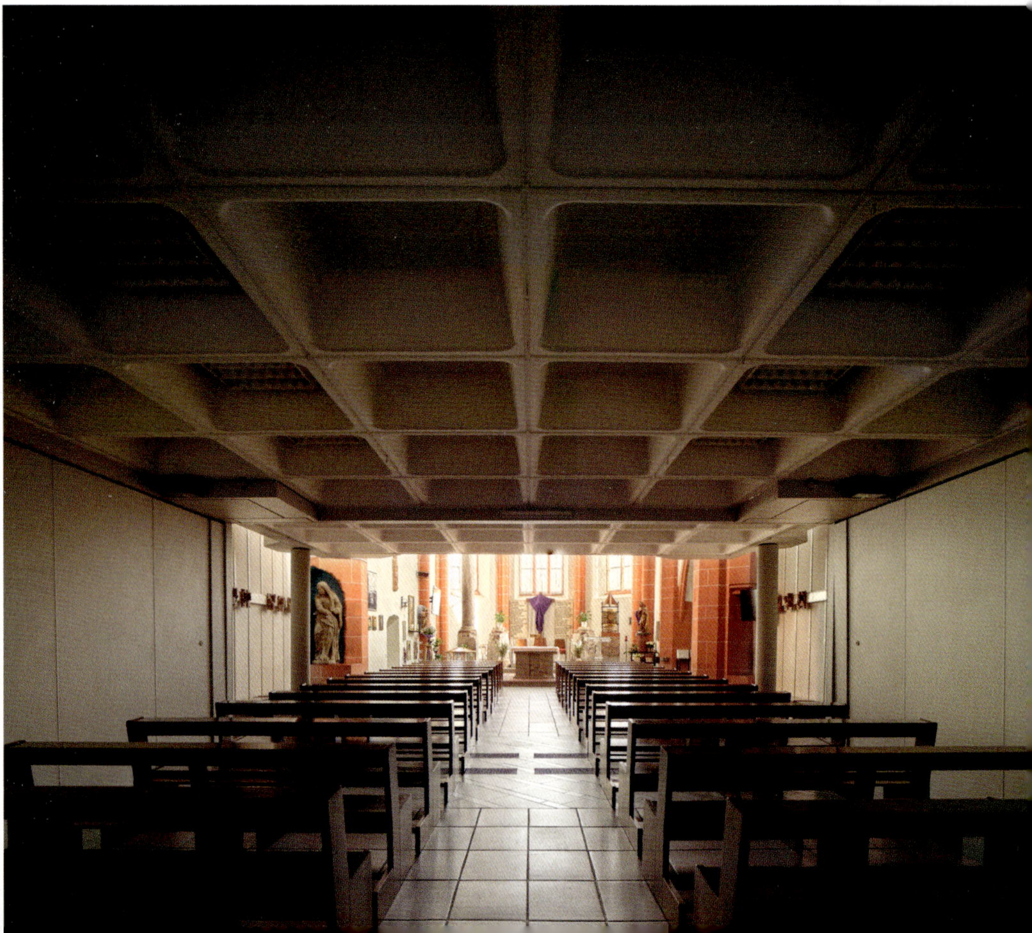

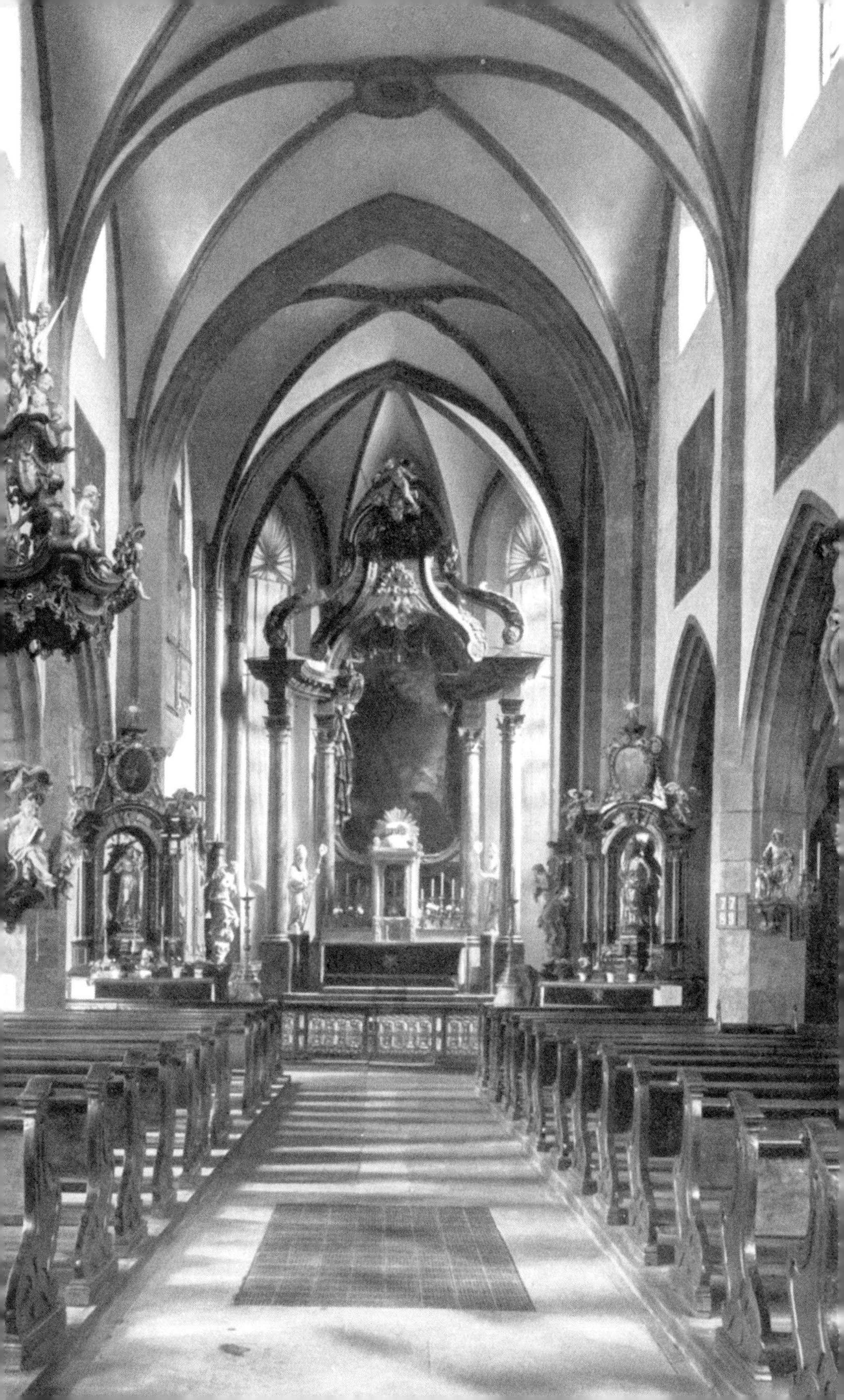

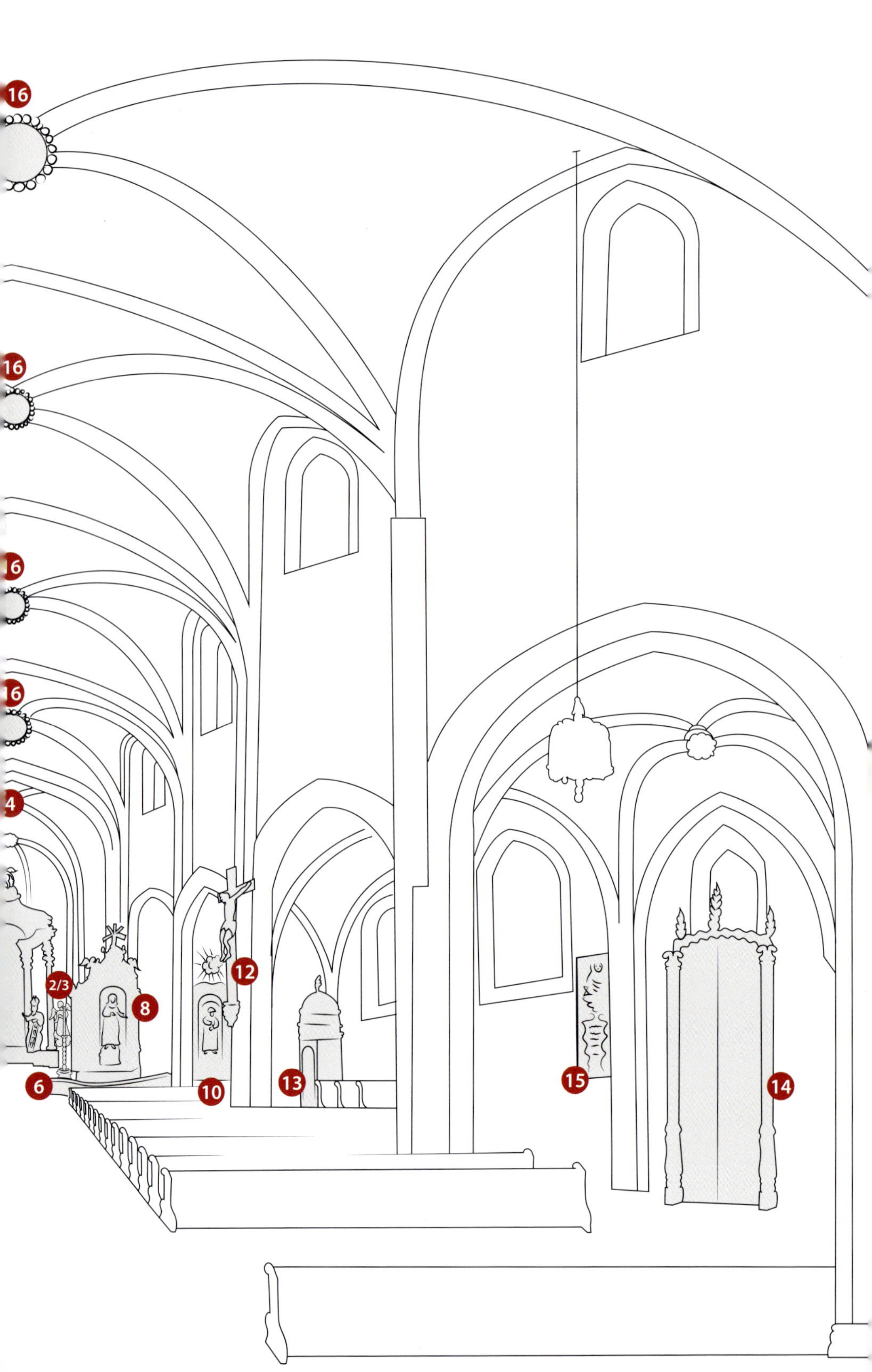
16
16
6
16
4
2/3
8
12
6
10
13
15
14

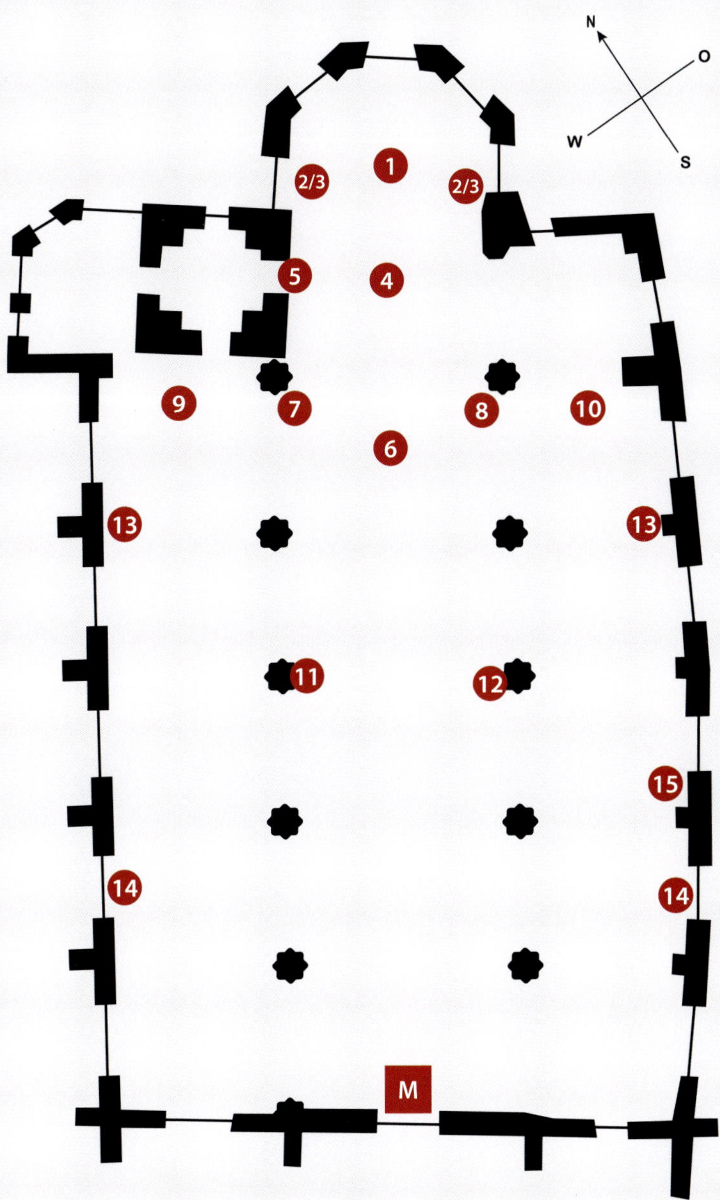

St. Emmeran: Grund- und Aufriss mit Positionierung der Ausstattung (M Standort des Malers)

INNENANSICHT DER PFARRKIRCHE ST. EMMERAN (TAFEL 2)

I. ZUR KIRCHE UND ZUM RAUM

Axialer Blick in das perspektivisch überdehnte Innere der im Laufe des 14. Jahrhunderts errichteten Pfarrkirche St. Emmeran vom fünfjochigen Langhaus in Richtung Osten in den Chor. In der Chorapsis wird das ehemalige, 1707 zugemauerte Mittelfenster flankiert von vier großen Fenstern (zwei davon sichtbar). Aus diesen wurde, dem barocken Zeitgeschmack folgend, 1760 das Maßwerk herausgebrochen. Zur Altarinsel führen vier halbrunde und an den Seiten geschwungene Stufen empor, darauf der barocke Hochaltar 1. Ihm sind an der Westseite der beiden Vierungspfeiler zwei Seitenaltäre zugeordnet: im Norden jener mit einer Figur des hl. Antonius von Padua 7, im Süden jener mit einer Figur des hl. Joseph 8. Rechts und links davon sind zwei weitere, größtenteils von einem Arkadenpfeiler verdeckte, äußere Seitenaltäre halb zu erkennen 9, 10. Im Langhaus dominiert die barocke Kanzel 11, der korrespondierend auf gleicher Höhe ein lebensgroßer Kruzifixus gegenüberhängt 12. Eine größere Schar von Gläubigen, vielleicht eingetreten durch die beiden mit barocken Holztüren versehenen Seitenportale rechts und links 14, wartet vor den beiden Beichtstühlen 13 in den Seitenschiffen auf den Zugang zur Beichte. Durch die spitzbogigen, mit Klarglas in Bleistegen geschlossenen Fenster von Obergaden und Seitenschiffen fällt das Licht vor allem von Norden in die mit 14 Bänken bestuhlte Kirche, die 1804 frisch geweißt wurde. Diese Renovierung ist hier allerdings ebenso wenig zu erkennen wie ein Hinweis auf die seinerzeit wohl noch vorhandenen Schäden, die insbesondere an den Gewölben durch die Beschießung der Stadt durch preußisch-österreichische Truppen 1793 entstanden waren.

II. ZUR AUSSTATTUNG

II.1. CHOR

1 Hochaltar

Ursprünglich aus dem Mainzer Altmünsterkloster stammend und dort 1758 von Äbtissin Maria Fides Peetz in Auftrag gegeben. Auflösung von Altmünster 1781: Der Hochaltar wird nach St. Emmeran übertragen und hier, in seinen oberen Teilen umgearbeitet, 1808–1810 als Baldachin-Altar errichtet ***(Abb. 35)***. Verwendung finden dabei nur die ursprünglichen Marmorsäulen, das Altarblatt von Franz Anton Maulbertsch mit der Darstellung der *Himmelfahrt Mariae* (heute St. Quintin) sowie das zugehörige Drehtabernakel von Abraham Roentgen (heute Dom- und Diözesanmuseum Mainz). Alle

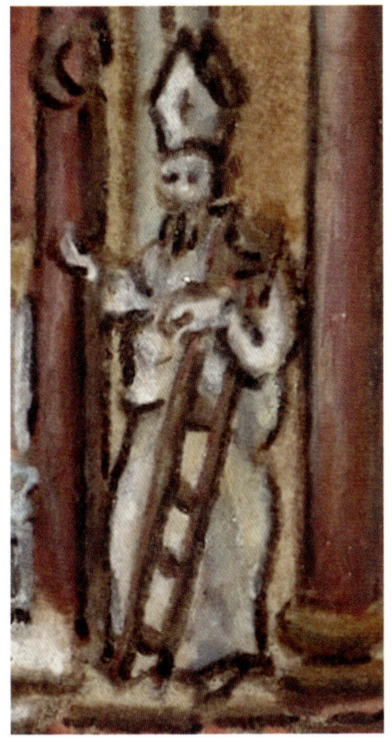

Abb. 38 ▲
Detail aus Taf. 2: Hl. Emmeran vom Hochaltar

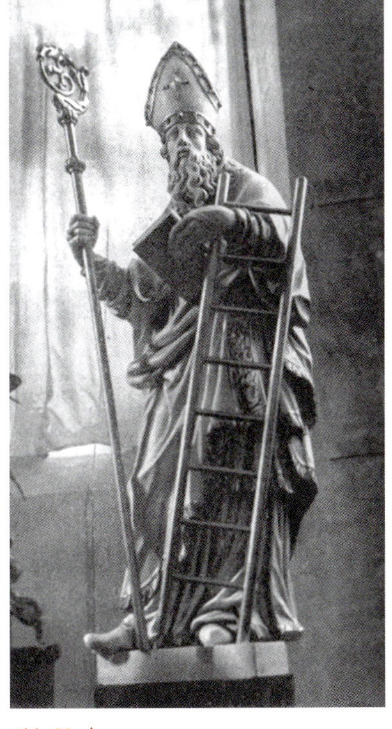

Abb. 39 ▲
Hl. Emmeran ❶, Vorkriegszustand, 1945 verbrannt

Aufbauten, einschließlich des bekrönenden Puttos mit Lorbeerkranz, sind Arbeiten des Mainzer Bildhauers Scholl (Johann Georg oder Johann Baptist Scholl d. Ä.?). Sie entstanden ebenso während dieser Aufbaujahre wie die wohl von Johann Georg Bitterich gearbeiteten und weiß gefassten Holzfiguren der seitlich stehenden hll. Bonifatius (links; mit Bischofsstab, Buch und Dolch) und Emmeran (rechts; mit der attributiven Leiter, an die er während seines Martyriums gebunden worden sein soll; ***Abb. 38, 39***).
Da von einer vom Gewölbe herabhängenden Ampel verdeckt, ist vom Tabernakel nur der Unterbau erkennbar, flankiert von auf jeder Seite drei in der Höhe gestaffelt ansteigenden, silbernen Kerzenleuchtern in Rokoko-Formen. Unter dem Baldachin-Altar die mit einem weißen Altartuch bedeckte Mensa, deren Front aus schwarzem Marmor (?) durch weiß gefasste Pilaster (?) im Verhältnis 2:1 gegliedert ist, darin ein querrechteckiges Mittelfeld mit

(Kreuz?-) Medaillon. Zur Altarinsel führen vier halbrunde Stufen empor; davor eine etwa hüfthohe, ebenfalls geschwungene Balustrade mit zwei nach innen geöffneten Türelementen.

2 Das Chorgestühl mit begleitenden Engel

3 Kerzenleuchter

Das 1761 von Johann Reisser aus Eichenholz gearbeitete Chorgestühl war in seiner Ausführung sehr schlicht; es ist beidseitig lediglich im schmalen Ausschnitt zu erkennen. Als Abschluss diente links und rechts jeweils ein weiß gefasster Engel, der sich, auf einer Wolke kniend, in Richtung des Hochaltares verneigte ***(Abb. 40, 41)***. Beide werden in der Darstellung von Conrad teilweise von zwei lebensgroßen klassizistischen Kerzenleuchtern aus Messing verdeckt, die sich auf einem Sockel aus Sandstein und schwarzem Marmor erheben ***(Abb. 40, 41)***. Die Engel sind aber dennoch recht gut zu erkennen,

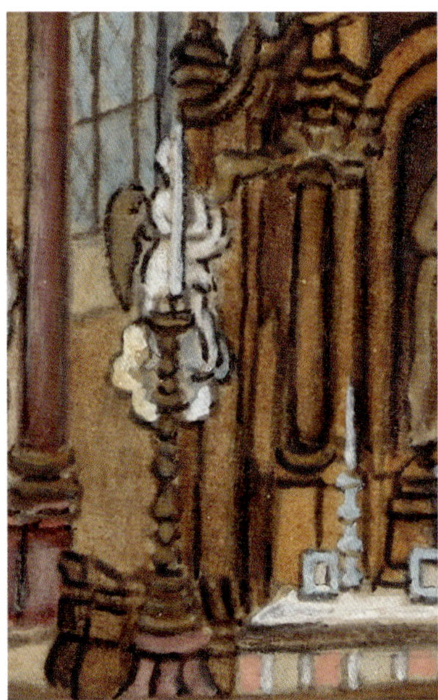

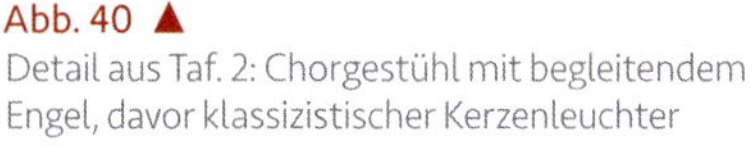

Abb. 40 ▲
Detail aus Taf. 2: Chorgestühl mit begleitendem Engel, davor klassizistischer Kerzenleuchter

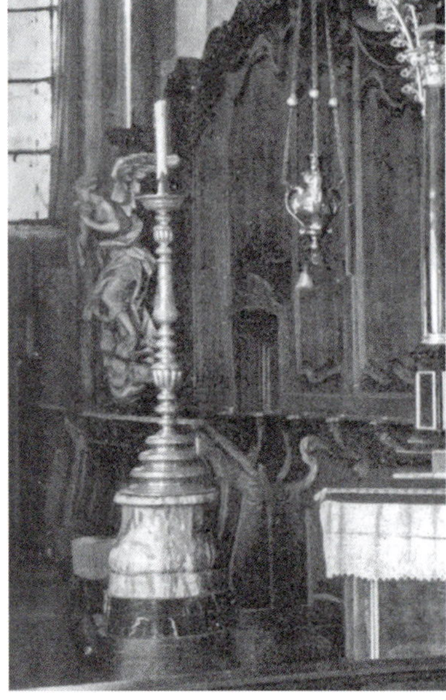

Abb. 41 ▲
Chorgestühl mit begleitendem Engel 2, davor klassizistischer Kerzenleuchter 3, Vorkriegszustand, 1945 verbrannt

vor allem ihre Flügel. Sie werden in der älteren Literatur Johann Jakob Junker zugeschrieben und um 1775/80 datiert, gehören aber sicherlich zur Grundausstattung des Gestühls und sind damit fast zwanzig Jahre älter.

II.2. VORCHORJOCH

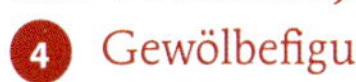

4 Gewölbefigur

Im Vorchorjoch deutlich erkennbar anstelle eines Schlusssteines die Gewölbefigur des sogenannten *Tugendmannes* ***(Abb. 42, 43)***, eine hochgotische Replik der berühmten, um 1239 vom sogenannten Naumburger Meister gearbeiteten Gewölbefigur im Inneren des Westlettners des Domes.

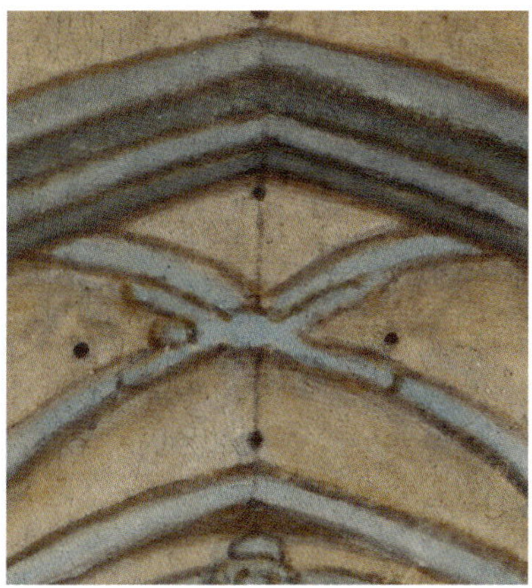

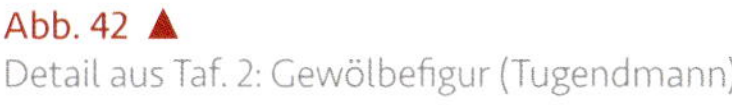

Abb. 42 ▲
Detail aus Taf. 2: Gewölbefigur (Tugendmann)

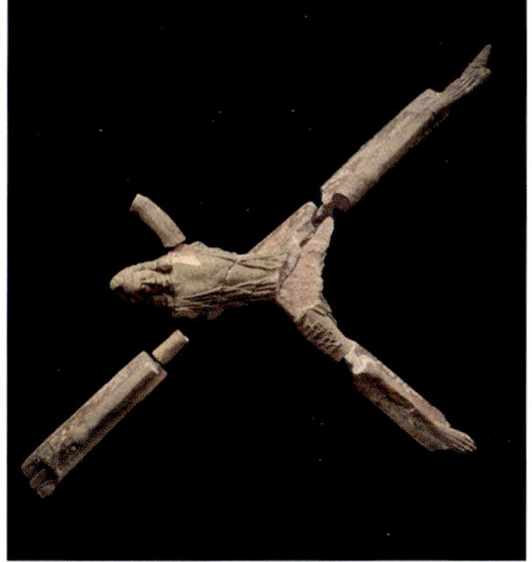

Abb. 43 ▲
Gewölbefigur (Tugendmann) 4, 1945 herabgestürzt, heute Bischöfliches Dom- und Diözesanmuseum Mainz

5 Epitaph der Familie von Frankenstein

An der Nordwand (links) des Vorjoches ist als Pendant zu der an der Südwand angebrachten (hier nicht sichtbaren) Gebetsloge der Familie des Kurmainzer Oberhofmarschalls Freiherr von Boineburg das Epitaph der Familie von Frankenstein angebracht ***(Abb. 44)***. Die in Diensten der Mainzer Kurfürsten stehende Familie stiftete das 1627 datierte Retabel, das als Hochaltar von St. Emmeran diente. Es wurde nach Anfertigung eines neuen Retabels (um 1687/88) zunächst an einer „Nebenseite“ aufgestellt und wohl in den 1760er Jahren, im Rahmen einer größeren Innenrenovierung von St. Emmeran, ein weiteres Mal versetzt. Hierfür wurde die Architektur des Retabels abgebrochen, während die pietätvoll erhaltenen Gemälde in ein vielteiliges, um 1765 zu datierendes Rahmenwerk eingelassen und dann, wie hier zu sehen, auf der Nordseite des Chorvorjoches aufgehängt wurden. Das ehemalige Retabel ***(Abb. 45)*** zeigte in der Mitte eine seit dem Zweiten Weltkrieg verlorene vielfigurige *Kreuzigung Christi*, umgeben von heute im Dom- und Diözesanmuseum erhaltenen Gemälden: seitlich zwei Tafelbilder mit dem *Hl. Eustachius* (links) und den *Hll. Anna und Margaretha* (rechts); darunter in der Mitte eine Darstellung des *Letzten Abendmahles* auf Leinwand sowie seitlich zwei Leinwandgemälde mit den knienden Stiftern und Stifterinnen aus dem Geschlecht derer von Frankenstein. Eine untere Inschriftentafel und ein als Bekrönung angebrachter Wappenschild der Familie vervollständigten das Pasticcio.

6 Kommunionbank

Der Chorbereich ist abgeschlossen durch eine auf beiden Seiten s-förmig geschwungene Balustrade, die auch als Kommunionbank diente. Sie wird von

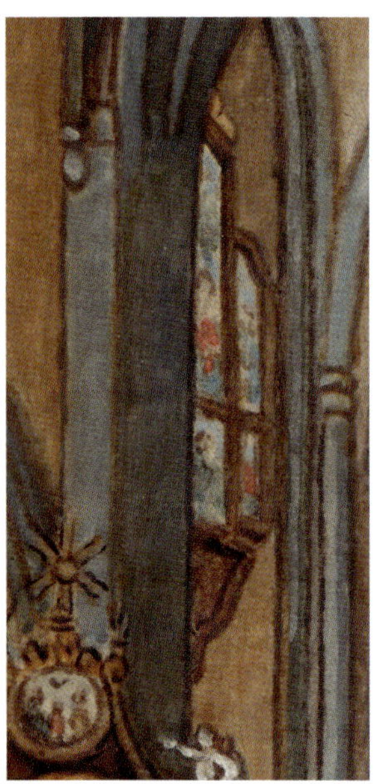

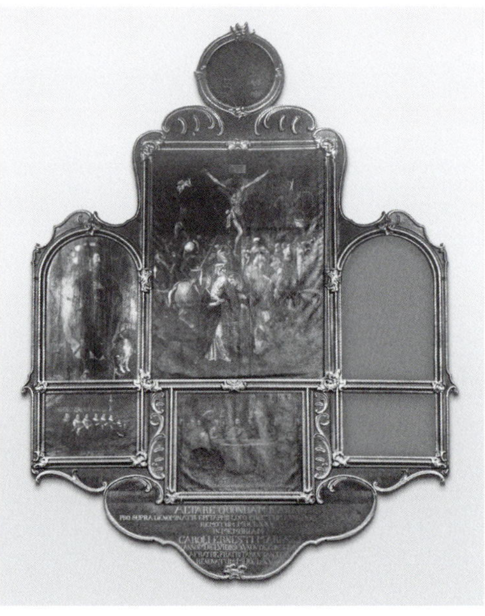

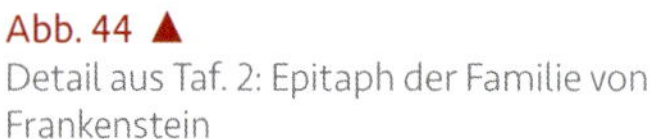

Abb. 44 ▲
Detail aus Taf. 2: Epitaph der Familie von Frankenstein

Abb. 45 ▲
Epitaph der Familie von Frankenstein 5, Vorkriegszustand, Teile heute Bischöfliches Dom- und Diözesanmuseum Mainz

zwei nach innen geöffneten Türelementen geteilt. Die laut Arens bis zur Zerstörung 1945 erhaltene Balustrade stammte ursprünglich aus der Mainzer Karmeliterkirche. Sie wurde um 1804 von Schreiner Johann Georg Schmitt überarbeitet und zu den Seiten hin verlängert, so dass es nun möglich war, denn gesamten Chorbereich damit abzutrennen.

II.3. AUSSERHALB DES CHORES

Innere Seitenaltäre: 7 Antonius- und 8 Josephs-Altar

An der Westseite und damit vor den beiden Pfeilern des Chorvorjoches befinden sich zwei um 1710/20 zu datierende Seitenaltäre, die sich bis zur Zerstörung von St. Emmeran 1945 erhalten haben. Sie stammen ursprünglich aus der Mainzer Karmeliterkirche und wurden wohl nach deren Säkularisierung 1803 nach St. Emmeran überführt. Sie ersetzten hier entweder barocke oder vielleicht sogar gotische Vorgänger. Die um 1804 von dem Bildhauer Scholl und dem Schreinermeister Johann Georg Schmitt in ihrer Architektur überarbeiteten Altäre zeigen auf der Nordseite (links) im Mittelfeld die Figuren

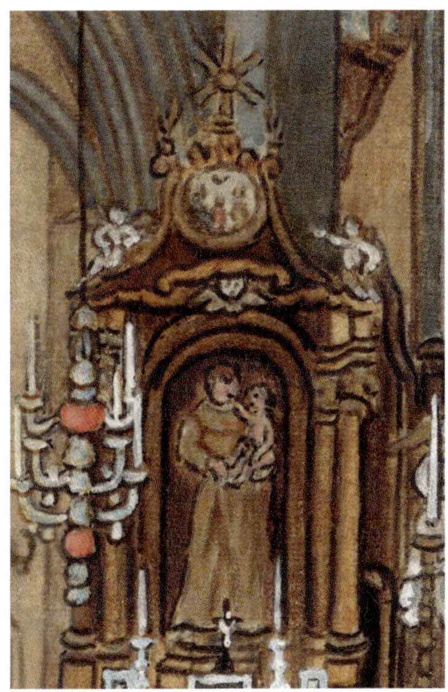

Abb. 46 ▲
Detail aus Taf. 2: Antonius-Altar mit *Hl. Wandel* im Auszug

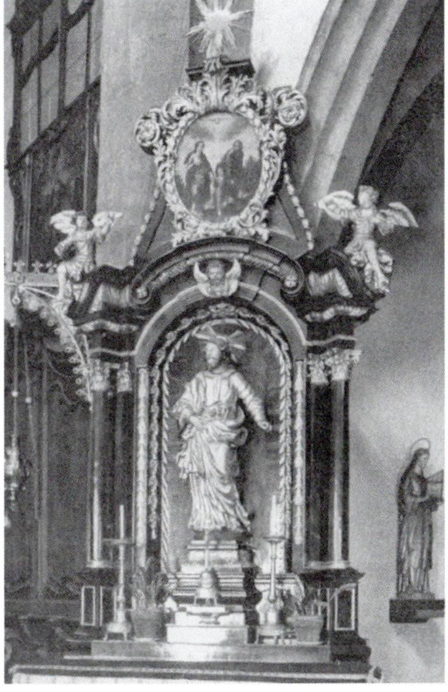

Abb. 47 ▲
Josephs-Altar 8, im Auszug der hierher transferierte *Hl. Wandel* des Antonius-Altares 7, Vorkriegszustand, 1945 verbrannt

des hl. Antonius von Padua mit dem Jesusknaben auf dem Arm sowie auf der Südseite (rechts) den hl. Joseph. Die Vergoldung beider Figuren entstammt ebenfalls der Zeit um 1804 und wurde von Caspar Wolf ausgeführt.
Über der Hauptzone des linken Antonius-Altares ***(Abb. 46)*** ist im Auszug ein Gemälde mit der Darstellung von Maria und Joseph zu sehen, die das Jesuskind in ihrer Mitte begleiten (sog. *Heiliger Wandel*). Es wurde vor 1945 in den Auszug des Josephs-Altares versetzt ***(Abb. 47)***, umgeben von zwei auf den Ecken sitzenden Engeln und bekrönt von einer Gloriole. Der Auszug des rechten Josephs-Altares ist von ähnlichem Dekor begleitet und zeigt ebenfalls ein Gemälde mit einer dreifigurigen, inhaltlich nicht näher zu bestimmenden Szene.

Kaum zu erkennen, da von der Kanzel (links) bzw. den Kerzenhaltern (rechts) verdeckt: die beiden äußeren Seitenaltäre 9 und 10:

9 Schweißtuch-Altar am Ostende des nördlichen Seitenschiffes

Der ursprünglich aus dem im Jahr 1781 aufgelösten Altmünsterkloster stammende Altar wurde nach einer Zwischenstation in der Mainzer Weißfrauenkirche 1802 von Mainzer Bürgern ersteigert und St. Emmeran übereignet. Während die Mensa des Altares mit dem Skelett des hl. Valentinus 1945 verbrannte, hat sich der Aufbau des Altares, der aus der Mitte des 18. Jahrhunderts stammt, im Dom- und Diözesanmuseum erhalten. Er zeigt im Auszug das originale barocke Gemälde mit einer Darstellung der *Hl. Bilhildis mit dem Sudarium Christi*. Das ursprüngliche Altarblatt mit Maria als Himmelskönigin ging hingegen verloren. Anlässlich der Aufstellung des Altares in St. Emmeran fertigte der Mainzer Maler Johann Caspar Schneider 1807 als Ersatz eine *Kreuzigung Christi*. Zwischen Kanzelkorb und Schalldeckel ist deutlich die Gloriole des Schweißtuch-Altares zu erkennen.

10 Altar am Ostende des südlichen Seitenschiffes

Erkennbar der ansonsten nicht weiter dokumentierte Vorläufer des neugotischen Rosenkranzaltares. Es handelt sich offensichtlich um einen Ädikula-Altar ohne Auszug, aber mit bekrönender weißer Wolke (mit Heilig-Geist-Taube?) vor Gloriole. In der Ädikula stehender Heiliger mit weltlicher (kriegerischer?) Kleidung und Helm (?).

⑪ Kanzel am zweiten nordöstlichen Pfeiler des Langhauses

1761 gestiftet von der verwitweten Gräfin von Ostein, entworfen von dem Mainzer Schreinermeister Johannes Förster und ausgeführt von dessen Gesellen Peter Huss, Philipp Alfter und Karl Lüber; Figuren ausgeführt von dem Mainzer Bildhauer Heinrich Jung. Während des Zweiten Weltkriegs ausgebaut und heute in St. Quintin aufgestellt ***(Abb. 48, 49)***.

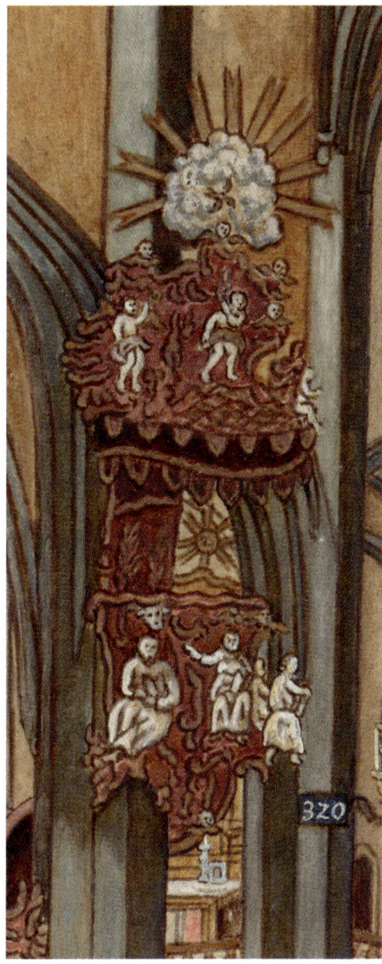

Abb. 48 ▲
Detail aus Taf. 2: Barocke Kanzel

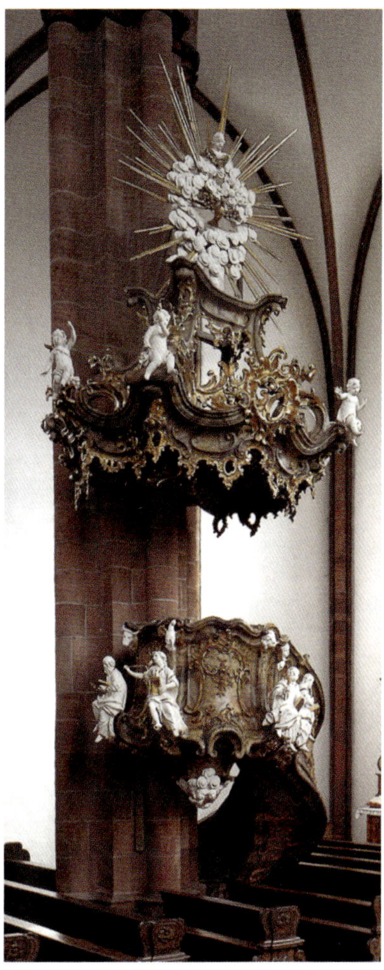

Abb. 49 ▲
Barocke Kanzel ⑪, Vorkriegszustand, heute Mainz, St. Quintin

⓬ Sogenanntes Missionskreuz am zweiten südöstlichen Pfeiler des Langhauses

Lebensgroßer Kruzifixus gegenüber der Kanzel hängend, 1945 verbrannt ***(Abb. 50, 51)***. Eventuell ebenfalls von Heinrich Jung.

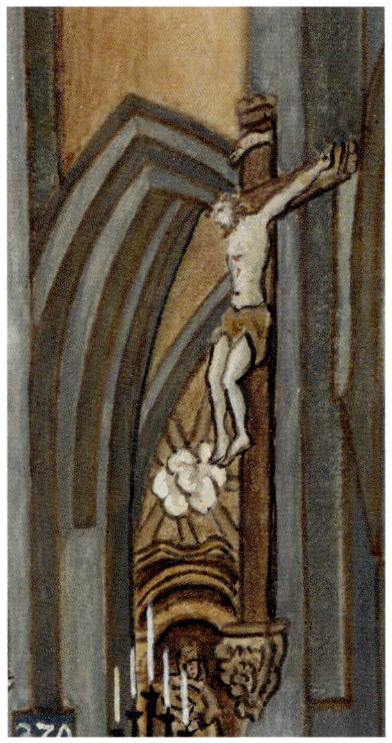

Abb. 50 ▲
Detail aus Taf. 2: Sogenanntes Missionskreuz

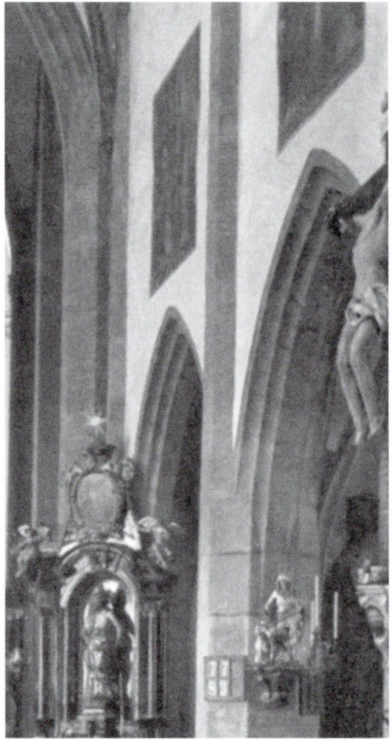

Abb. 51 ▲
Sogenanntes Missionskreuz ⓬, Vorkriegszustand, 1945 verbrannt

⓭ Zwei spätbarocke Beichtstühle

Ursprünglich aus dem Karmeliterkloster stammend, von dort 1804 erworben und aufgestellt, 1945 verbrannt.

⓮ Zwei spätbarocke Windfänge

An den Nord- und Südausgängen der Seitenschiffe. Aus Eichenholz, gefertigt 1761 von dem Mainzer Schreinermeister Johann Reisser. 1945 verbrannt.

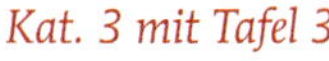

Kat. 3 mit Tafel 3

Johann Jacob Hoch (1750–1829)

INNENANSICHT DER EHEMALIGEN STIFTS- UND SPÄTEREN PFARRKIRCHE LIEBFRAUEN (ST. MARIA AD GRADUS)

Signiert links unten (Feder in Grau): „Jacob Hoch fecit."
Bleistift, Feder und Pinsel in Grau und Schwarz, laviert in Beigegrau, teils aquarelliert, auf Papier (flächig auf Papieruntersatz montiert; mit deutlichen Lichtschäden), 40,5 x 53,3 cm (Blatt)

Inv.-Nr. G 15864 (Dauerleihgabe der VRM)

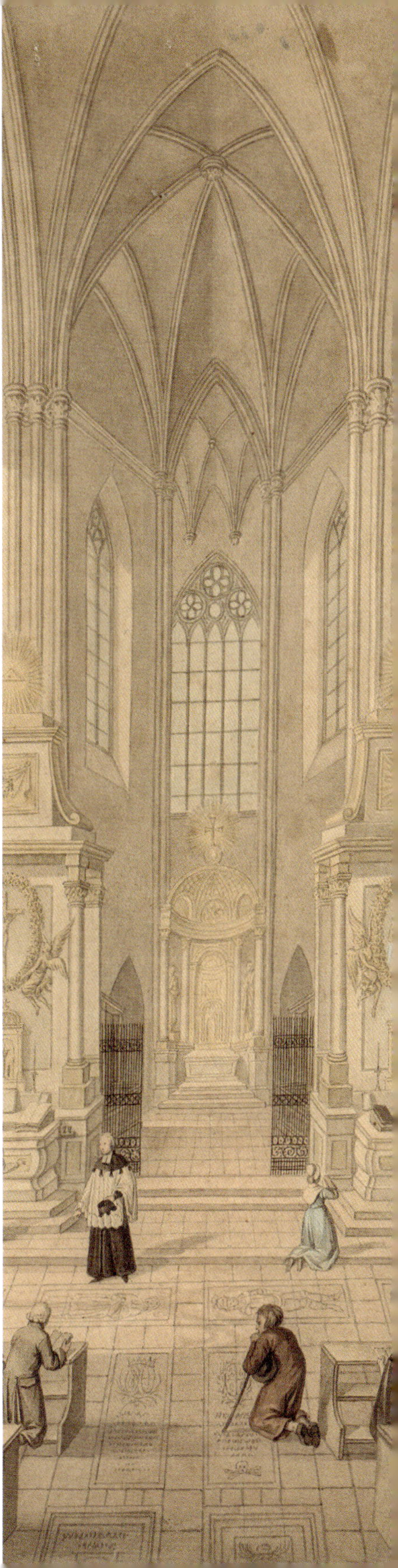

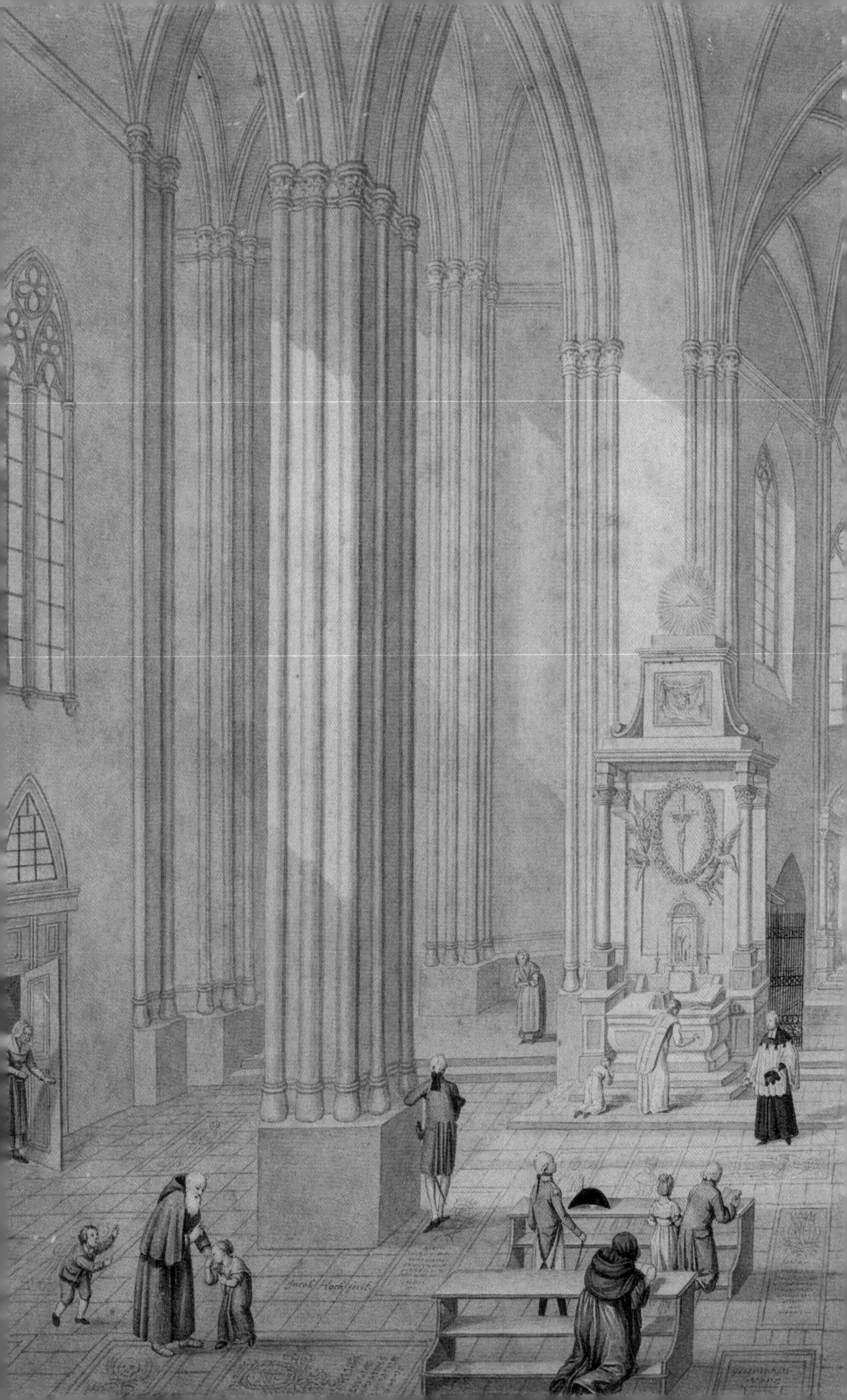
Jacob Hoch fecit.

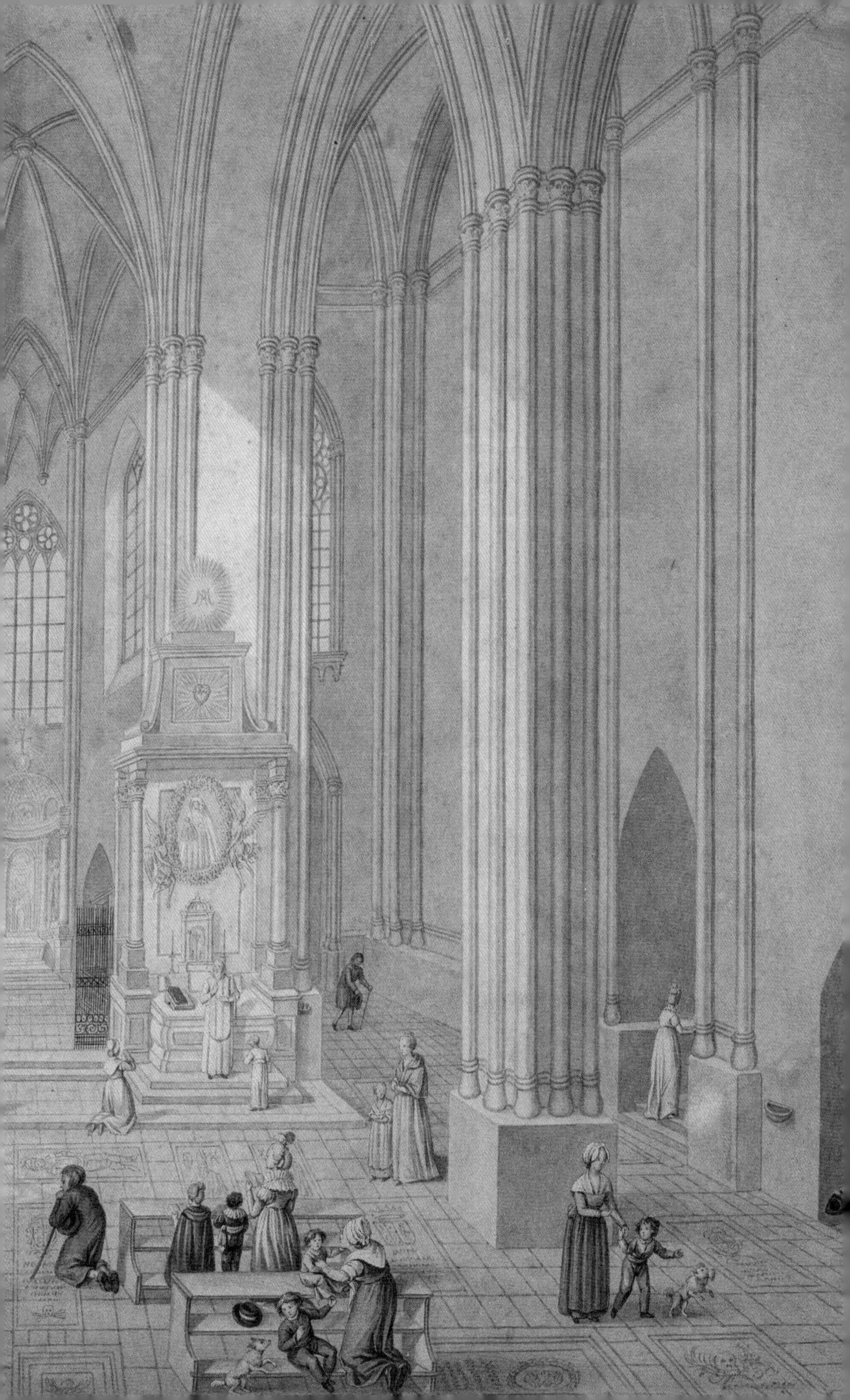

15 Grabdenkmal der Familie von Dünwaldt

Schwarze, hochrechteckige Marmorplatte mit einem auf einem Sarkophag sitzenden Skelett in der oberen Hälfte. Längere Inschrift in geschwungenem Rahmen in der unteren Hälfte. Gestiftet um oder nach 1738 von den Nachfahren des Kurmainzer Hofrates und kurfürstlichen Leibarztes Damian Hartard von Dünwaldt (gest. 1738) und seiner der schwäbisch-elsässischen Ritterfamilie Bidermann entstammenden Gattin Concordia Christina (gest. 1723) sowie ihres Sohnes Philipp Franz, ebenfalls Kurmainzer Hofrat und kurfürstlicher Leibarzt, geboren 1695 und „an dem Tage, der für seine Hochzeit auf Erden bestimmt war, zur himmlischen abberufen" (Arens 1985, S. 153).

16 Gotische Schlusssteine

Alle im Vorkriegszustand im Bild dokumentiert (im Grundriss nicht nummeriert), vier heute im Dom- und Diözesanmuseum erhalten. Nicht identisch mit den hier abgebildeten, rein nach der Phantasie gestalteten Schlusssteinen.

WINFRIED WILHELMY

QUELLEN/LITERATUR

- Arens 1961, S. 191–261

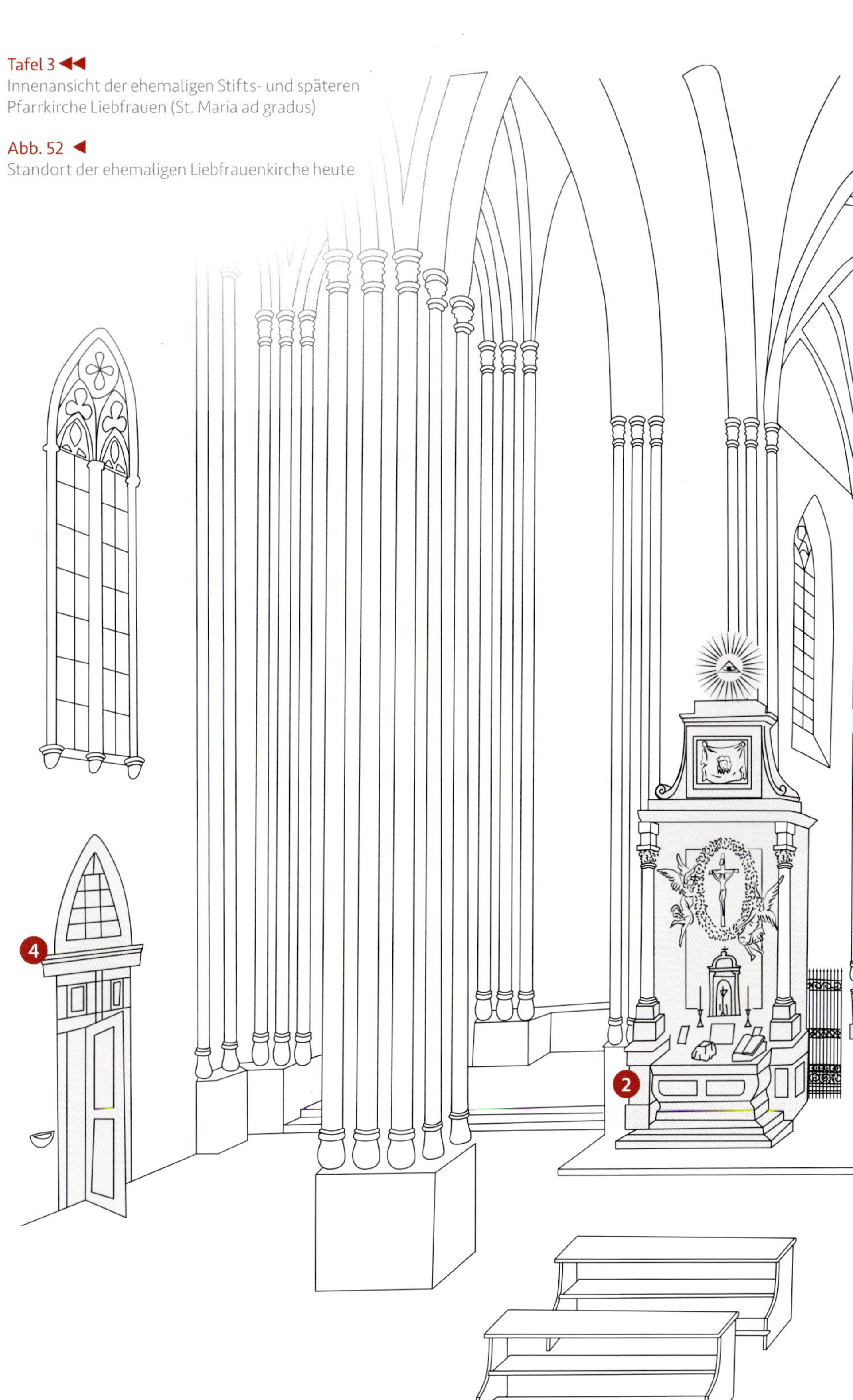

Tafel 3 ◀◀
Innenansicht der ehemaligen Stifts- und späteren Pfarrkirche Liebfrauen (St. Maria ad gradus)

Abb. 52 ◀
Standort der ehemaligen Liebfrauenkirche heute

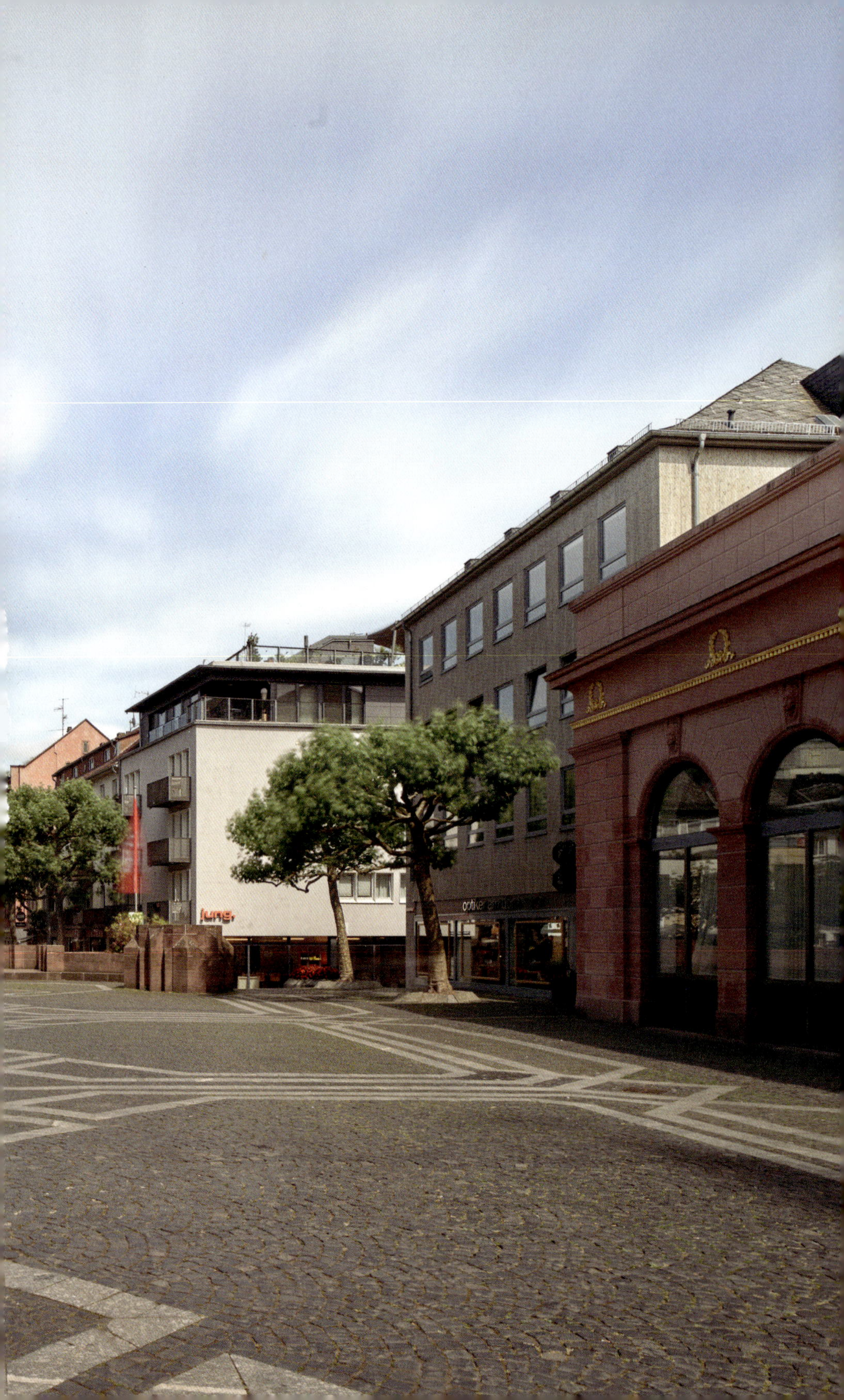
jung.

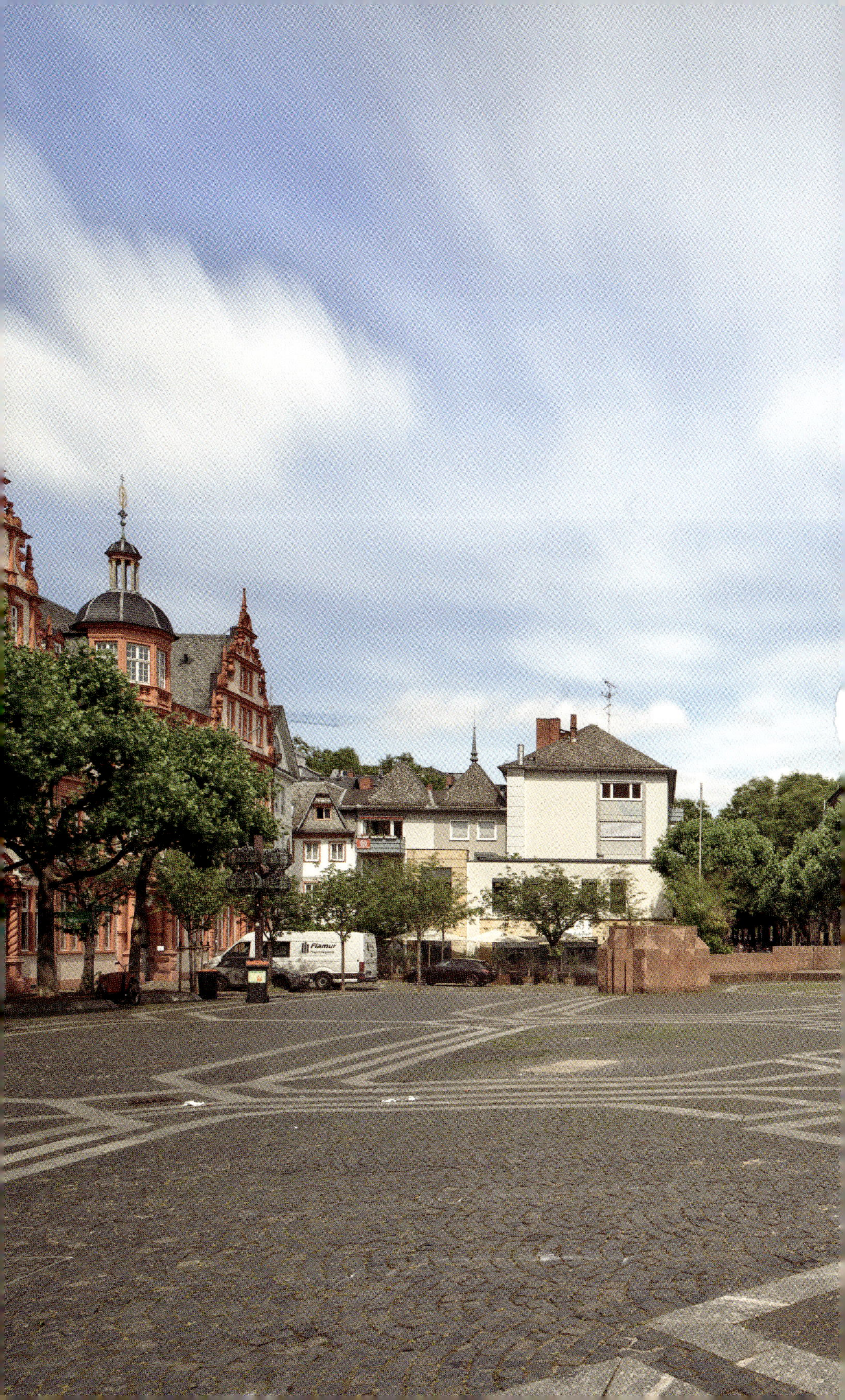
Flamur

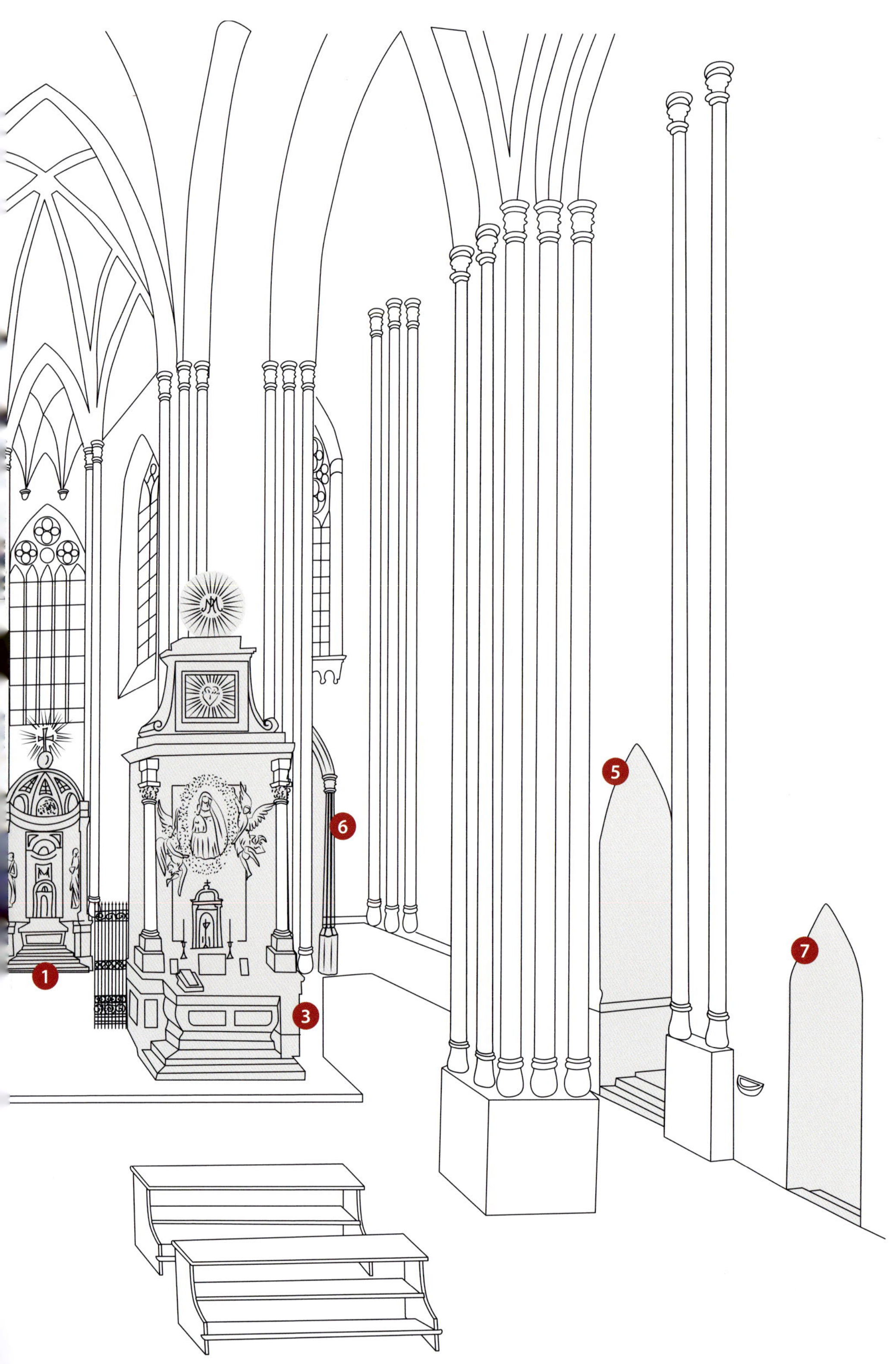
1
3
5
6
7

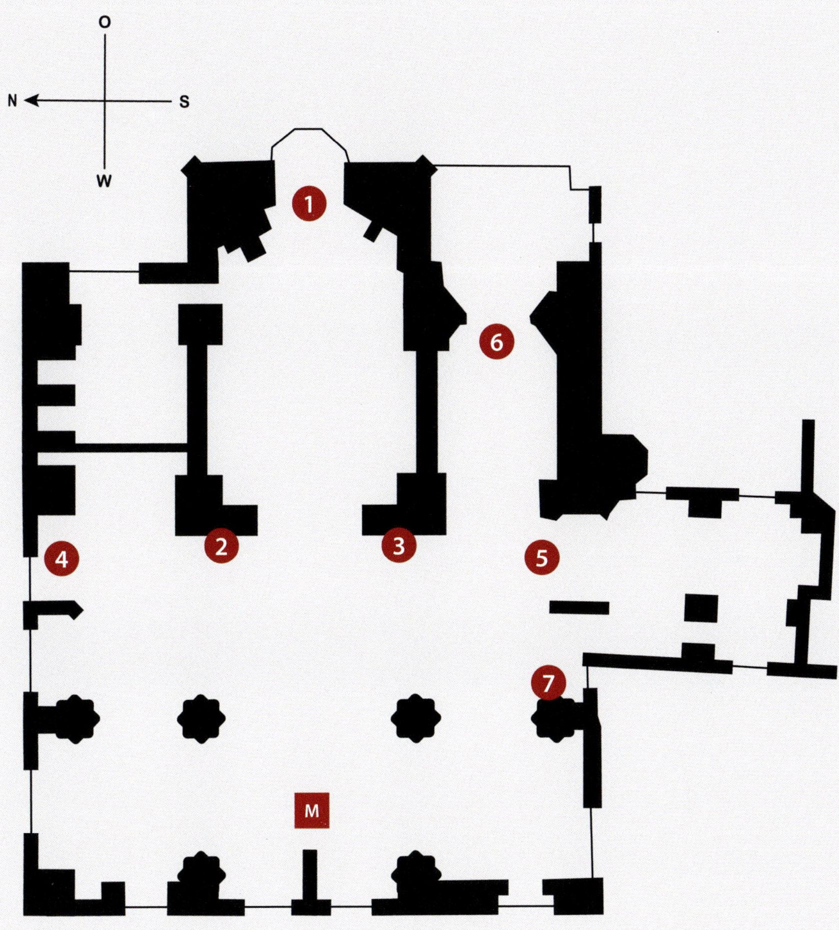

Liebfrauen: Grund- und Aufriss mit Positionierung der Ausstattung (M Standort des Malers)

INNENANSICHT DER EHEMALIGEN STIFTS- UND SPÄTEREN PFARRKIRCHE LIEBFRAUEN (ST. MARIA AD GRADUS) (TAFEL 3)

I. ZUR KIRCHE UND ZUM RAUM

Einzige Ansicht des Innenraums der gotischen Liebfrauenkirche vor ihrer Zerstörung 1793 und dem vollständigen Abriss bis 1807. Wiedergegeben ist der axiale Blick von Westen durch das Mittelschiff in den Chor. Der in der Breite perspektivisch überdehnte Raum wird durch eine reiche Personenstaffage belebt; während einige Menschen kniend den an den Seitenaltären gelesenen Messen folgen, bewegen sich andere frei im Raum. Neben mehreren Klerikern, unter ihnen auch ein Ordensbruder, sind Standespersonen und Bürgersleute, Kinder und sogar zwei Hunde dargestellt. Die 1069 geweihte Stiftskirche vor der Ostseite des Domes wurde zwischen 1289 und 1311 als dreischiffige Hallenkirche erneuert. Sie vertritt mit dem kompakten, über vier Freipfeilern gewölbten Langhaus auf annähernd quadratischem Grundriss gemeinsam mit St. Quintin eine regionale Ausprägung dieses Bautypus. Das östliche Mittelschiffsjoch wird mit seinem Pfeilerpaar durch seitliche (hier nicht sichtbare) Schranken in den Chor einbezogen, dessen polygonaler, durch hohe Maßwerkfenster belichteter Abschluss aus dem geschlossenen Umriss heraustritt. Die Scheitelwand des Chorschlusses durchbricht im unteren Bereich ein nach außen erkerartig vortretendes Chörlein, das durch den barocken Hochaltar ❶ ausgefüllt wird. Zwischen den Freipfeilern, vor denen die Seitenaltäre ❷, ❸ platziert sind, wird der Chor durch ein Gitter abgeschrankt.

Das zum Chor offene Ostjoch des südlichen Seitenschiffes dient als Vorhalle; in der Ostwand ist angeschnitten das spitzbogige Hauptportal zu sehen, das zum rheinseitigen Fischtor ❻ orientiert ist. Ein weiterer Eingang befindet sich auf der Nordseite zum Markt ❹, während auf der wegen der angrenzenden Stiftsbauten zum Teil fensterlosen Südseite eine bogenförmige Öffnung in die Ägidienkapelle ❺ sowie eine Pforte in den Kreuzgang führen ❼. In den Fußboden des Langhauses sind in allen drei Schiffen zahlreiche Grabplatten mit figürlichen Darstellungen, Wappen und Inschriften eingelassen. Im Vergleich mit einem Aquarell von Georg Schneider, das das Innere der Liebfrauenkirche als Ruine nach dem Brand bei der Belagerung der Stadt 1793 zeigt ***(Abb. 53)***, erweist sich Hochs Ansicht bei aller Anschaulichkeit vieler Details als weitgehend unpräzise oder zum Teil sogar unzutreffend. So sind die Raumproportionen mit dem zu schmalen Choreingang ebenso unkorrekt wiedergegeben wie die Gewölbebildung im Chorschluss, die Maßwerkfenster und die Form der Freipfeiler. Sie waren in der Realität übereck gestellt und werden von Hoch offenbar in zeittypisch-klassizistischer Auffassung mit der Frontseite nach vorn gedreht. Nicht dargestellt sind die in den Raum eingezogenen Strebepfeiler mit der Seitenschiffsempore über einer Blendarkatur sowie die durch Blendmaßwerk geschlossenen Fenster der Südwand. Unberücksichtigt ist auch das durch die Sakristei als Untergeschoss des Nordturmes weitgehend geschlossene Ostjoch des nördlichen Seitenschiffes, vor dessen Trennwand ein weiterer Altar stand.

Im Unterschied zur Innenansicht von Schneider, der mit seinem von Überschneidungen geprägten Schrägblick aus dem Seitenschiff die malerische Komponente betont, erinnert Hochs Ansicht mit der zentralperspektivischen, von einem erhöhten Standort aus betrachteten Darstellung und den kulissenartig angeordneten Architektur- und Ausstattungselementen an barocke Bühnenbilder. Die Komposition wurzelt zugleich in der Tradition flämischer Kircheninterieurs des 17. Jahrhunderts, die Hoch durch seine Kopien oder Nachahmungen entsprechender Gemälde kannte (vgl. den Beitrag Kölsch in diesem Band).

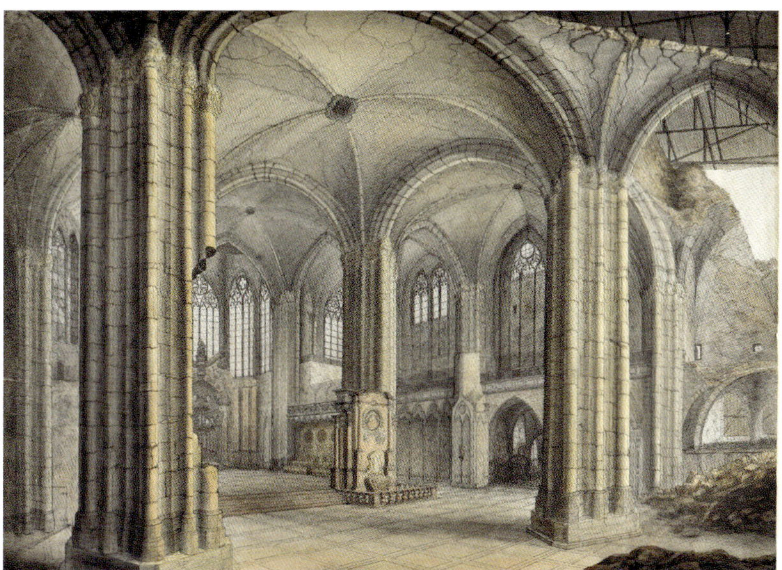

Abb. 53 ▲
Georg Schneider, *Innenansicht der Mainzer Liebfrauenkirche nach Osten*, um 1794, GDKE – Direktion Landesmuseum Mainz, Inv.-Nr. GS 0/316

II. ZUR AUSSTATTUNG

Im 18. Jahrhundert weitgehend erneuert und heute fast vollständig verloren. Nach Abbruch des gotischen Lettners um 1700 Errichtung neuer Seitenaltäre vor den Freipfeilern am Eingang des Chores und eines Gitters zwischen ihnen, 1733/36 Erneuerung des Hochaltares im Chörlein. Die als Gnadenbild und Wallfahrtsziel verehrte Sitzstatue der Muttergottes (um 1420; heute Augustinerkirche Mainz) ist nicht sichtbar, ebenso das gotische Taufbecken aus Zinn (1328; heute im Dom), das bereits um 1700 in die südlich angrenzende Ägidienkapelle versetzt wurde.

1 Hochaltar

1733 nach Entwurf von Maximilian von Welsch begonnen, 1736 durch Weihbischof Christoph Nebel geweiht. Der in der Ansicht von Hoch stark vereinfacht wiedergegebene Altar war in das gotische Chörlein eingestellt, das ebenfalls neu gestaltet wurde. Er bestand aus einem auf der Altarmensa aufgestellten Ziborium mit sechs halbkreisförmig angeordneten Freisäulen und bekrönenden Voluten; das Motiv von Welsch später erneut in monumentaler Form im Hochaltar von St. Quintin aufgenommen ***(vgl. Kat. 6)***. Die Chornische wurde - von Hoch nicht dargestellt - durch Hermenpilaster und einen Rundbogen mit Volutengiebel eingefasst sowie durch Rundfenster belichtet, die Schrägseiten des Chorschlusses unterhalb der Fenster durch gestaffelte Dreiergruppen von Säulen gegliedert.

2 Linker Seitenaltar

Um 1700 im Rahmen der Barockisierung der Kirche als Kreuzaltar errichtet. Retabelaltar mit rahmenden, durch Pilaster hinterlegten Freisäulen und von Voluten eingefasstem Auszug. Die blockhafte, fast klassizistisch wirkende Form des Auszugs geht vermutlich auf die unpräzise, vom Zeitstil beeinflusste Darstellungsweise Hochs zurück. Vor der Rückwand über der Tabernakelnische (plastisch ausgeführtes?) Kruzifix in einem von schwebenden Engeln getragenen ovalen Laubwerkkranz. Das von hochbarocken Altären Gianlorenzo Berninis abgeleitete Motiv erinnert an die wenige Jahre zuvor am Triumphbogen des Ostchores im Dom aufgestellten Seitenaltäre. Im Auszug *Schweißtuch der Veronika*, als Bekrönung Auge Gottes in Strahlengloriole.

Kat. 4 mit Tafel 4

Johann Peter Jung (1755–1805)

INNENANSICHT DER MEMORIE DES MAINZER DOMES

Signiert und datiert rechts unten (Pinsel in Ocker): „Jung, 1796"
Bleistift, Feder und Pinsel in Grau und Schwarz, laviert in Grau und Braun, teils mit Deckfarben übergangen, auf Papier (Rand mit Papier hinterklebt), 34,0 x 50,5 cm (Blatt)

Inv.-Nr. G 15865 (Dauerleihgabe der VRM)

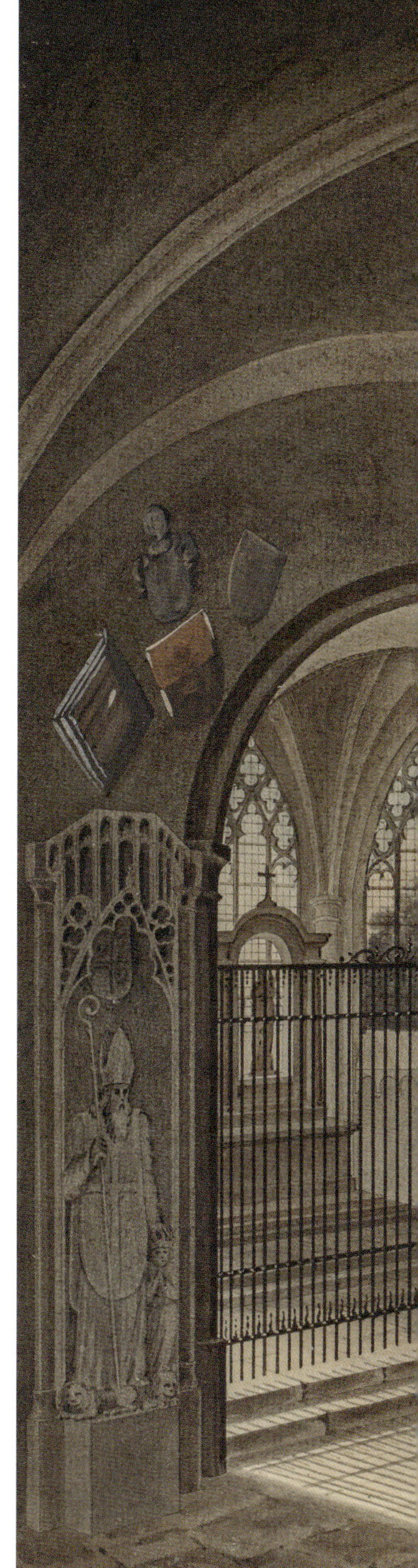

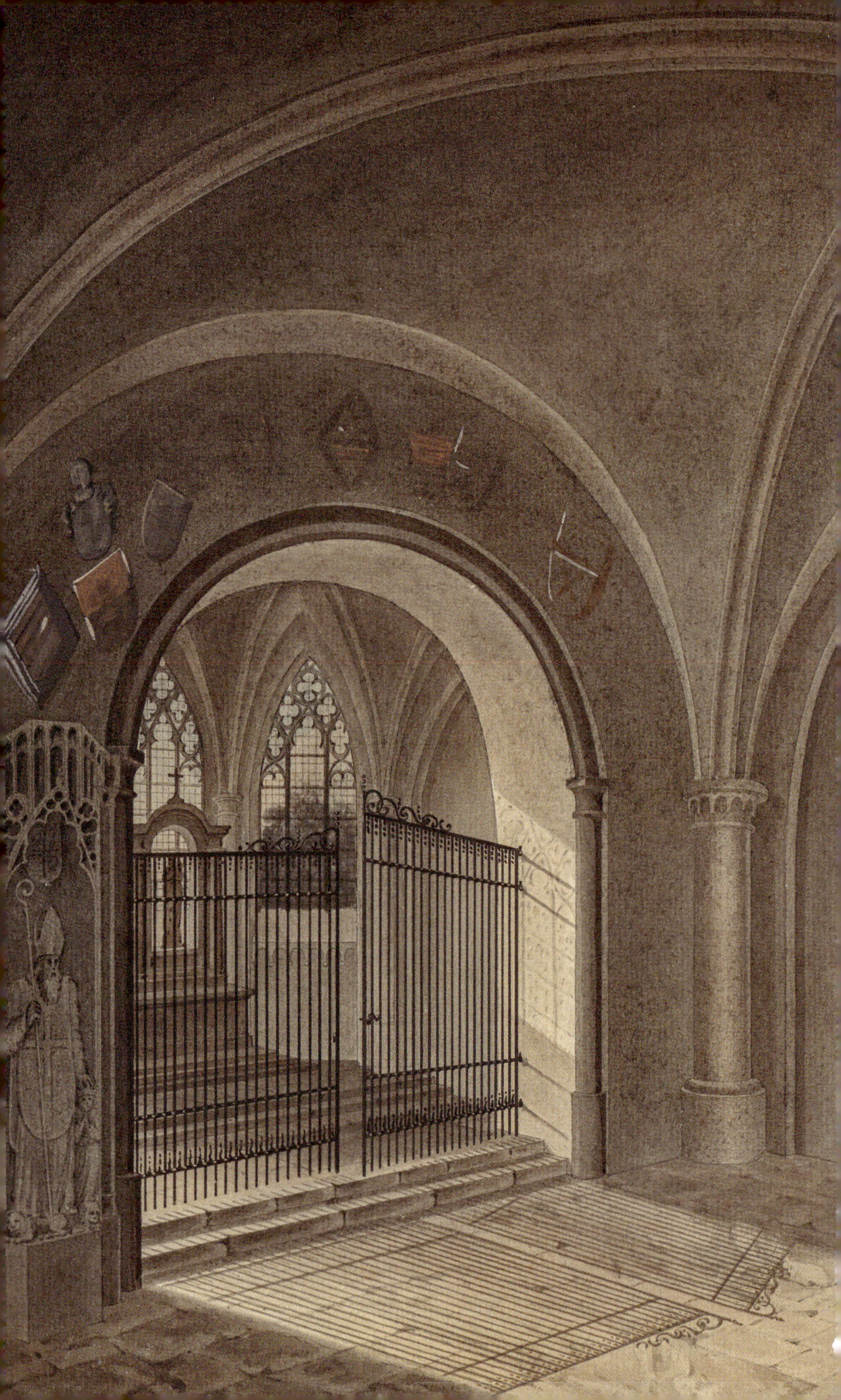

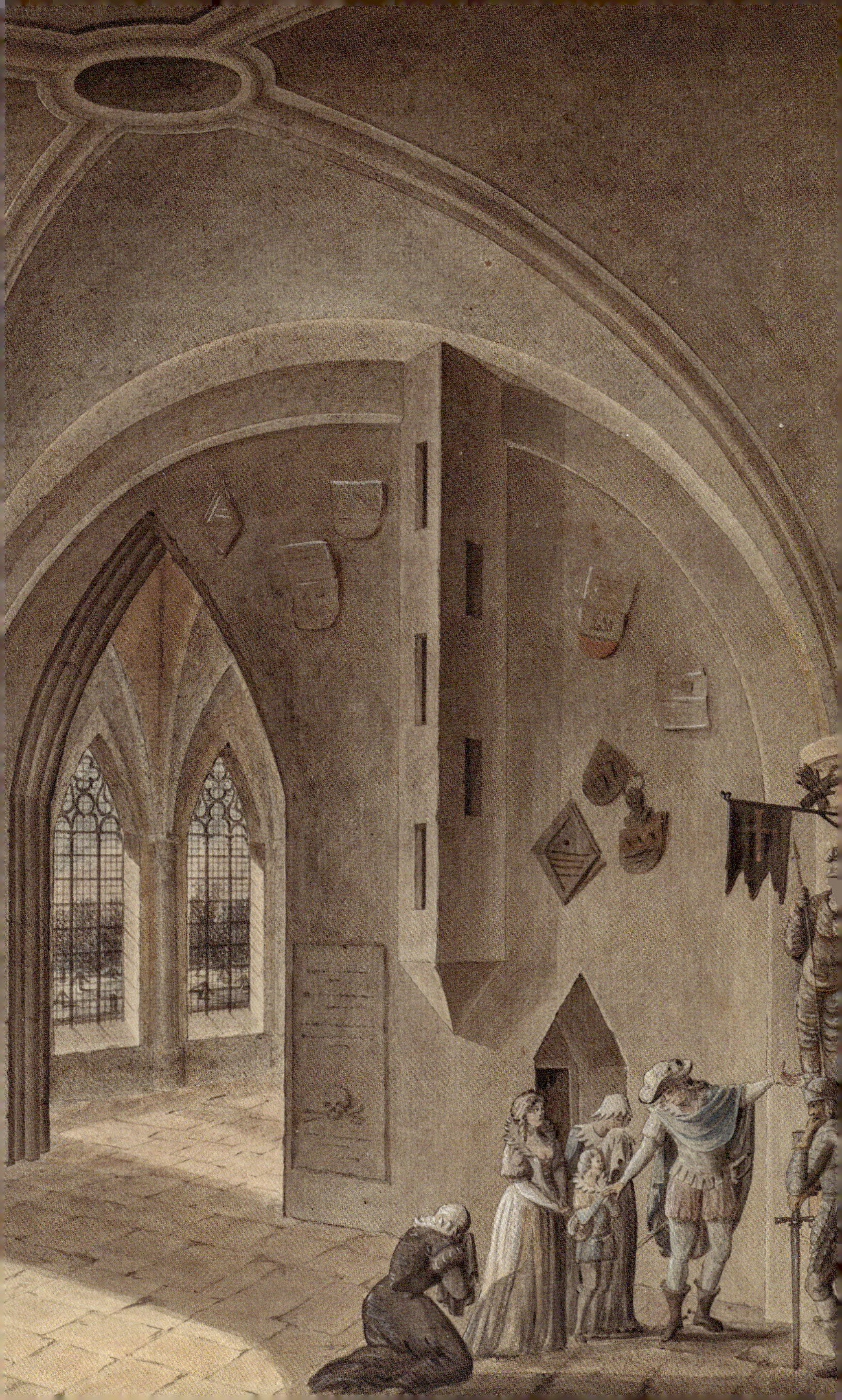

3 Rechter Seitenaltar

Um 1700 geschaffenes, der Jungfrau Maria geweihtes Gegenstück zum Kreuzaltar 2. Im ovalen Medaillon Darstellung der thronenden Muttergottes, im Auszug Herz mit Kranz aus Rosen in Strahlengloriole, als Bekrönung Monogramm Mariens.

4 Nordportal

Im gotischen, vom Markt bzw. der Seilergasse in die Kirche führenden Portal befanden sich bis 1804 die bronzenen Flügel der um 1000 angefertigten Willigistür. Sie wurden nach dem Abbruch der Kirche in das Marktportal des Domes versetzt, wo sie sich – den exakt passenden Abmessungen nach zu schließen – vermutlich bereits vor dem Bau der Liebfrauenkirche befunden hatten; man nimmt an, dass sie ursprünglich für den Willigisdom geschaffen wurden. Vom Innenraum aus sichtbar ist jedoch nur eine hölzerne Tür, die vermutlich zu einem Windfang gehörte.

5 Eingang zur Ägidienkapelle

Im Inneren (nicht dargestellt): barocker Altar sowie gotisches Taufbecken von 1320 aus Zinn (heute im Nordquerhaus des Domes).

6 Hauptportal zum Fischtorplatz

Reich gegliedertes gotisches Figurenportal (Reste im Landesmuseum Mainz).

7 Pforte in den Kreuzgang

GEORG PETER KARN

QUELLEN/LITERATUR

■ Brühl 1826; Schaab 1844, S. 138–152; Baum 1906, S. 353–370; Meintzschel 1963, S. 49–54; Dengel-Wink 1990

Tafel 4 ◀◀
Innenansicht der Memorie des Mainzer Domes

Abb. 54 ◀
Die Memorie heute

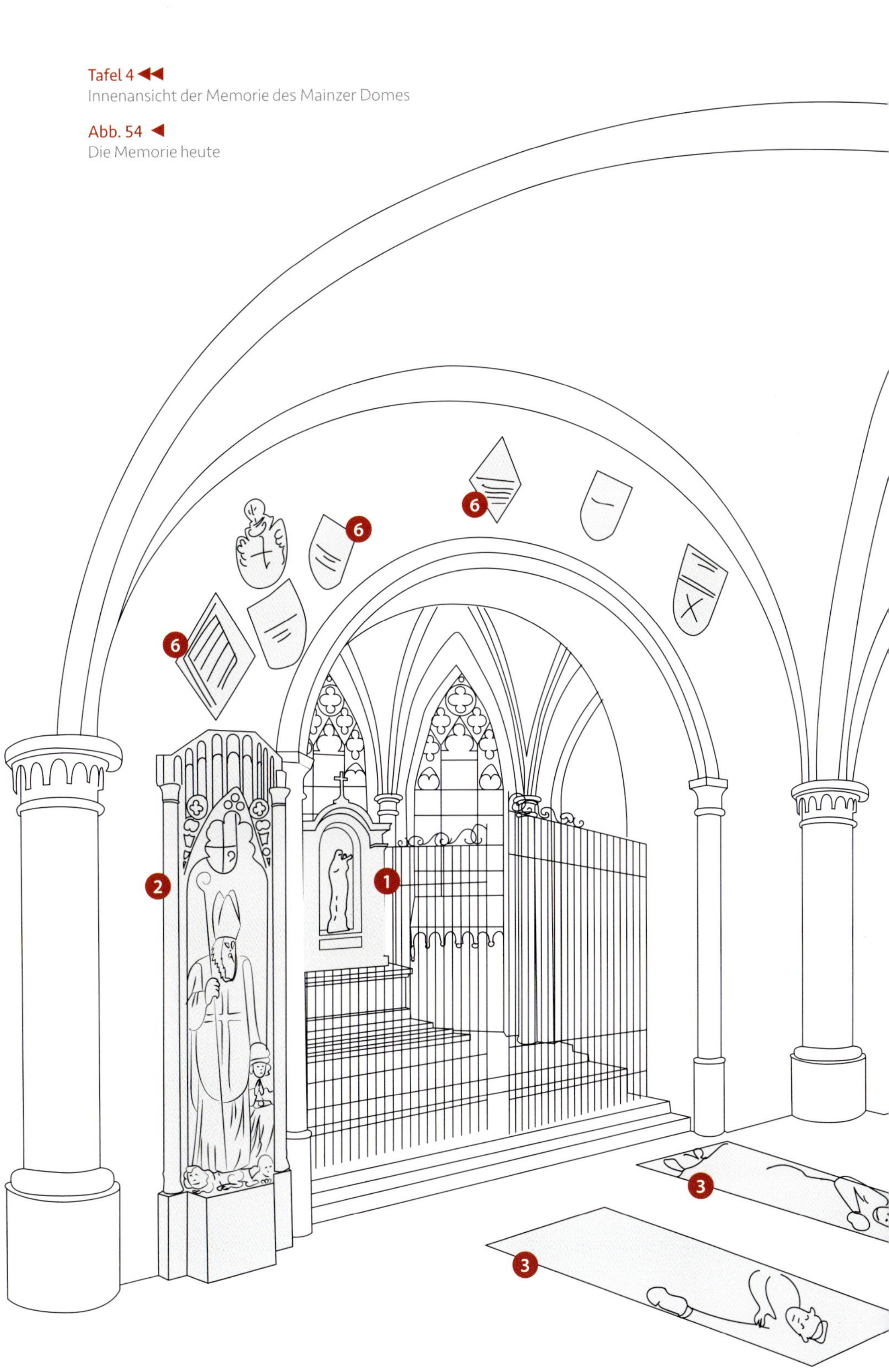

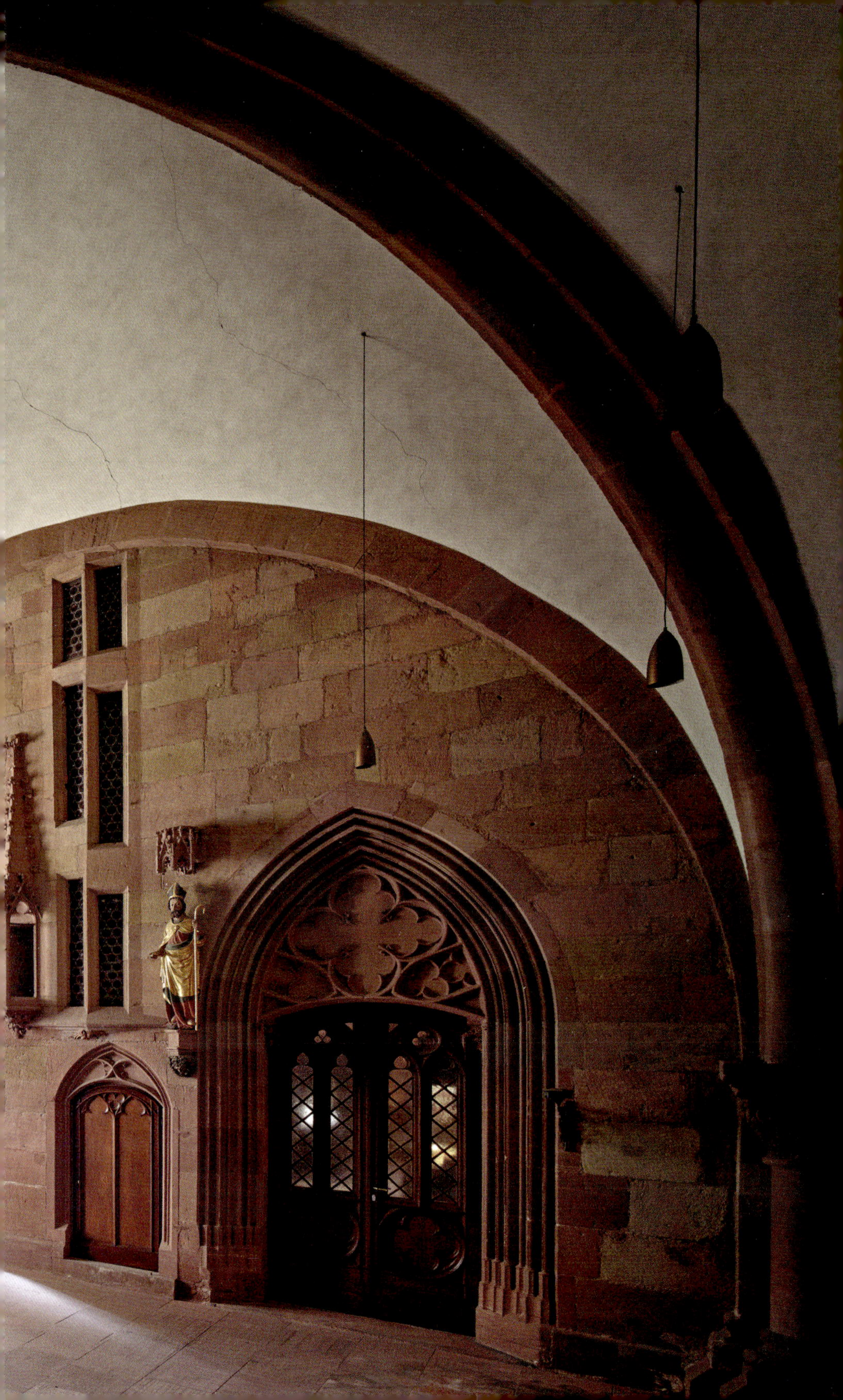

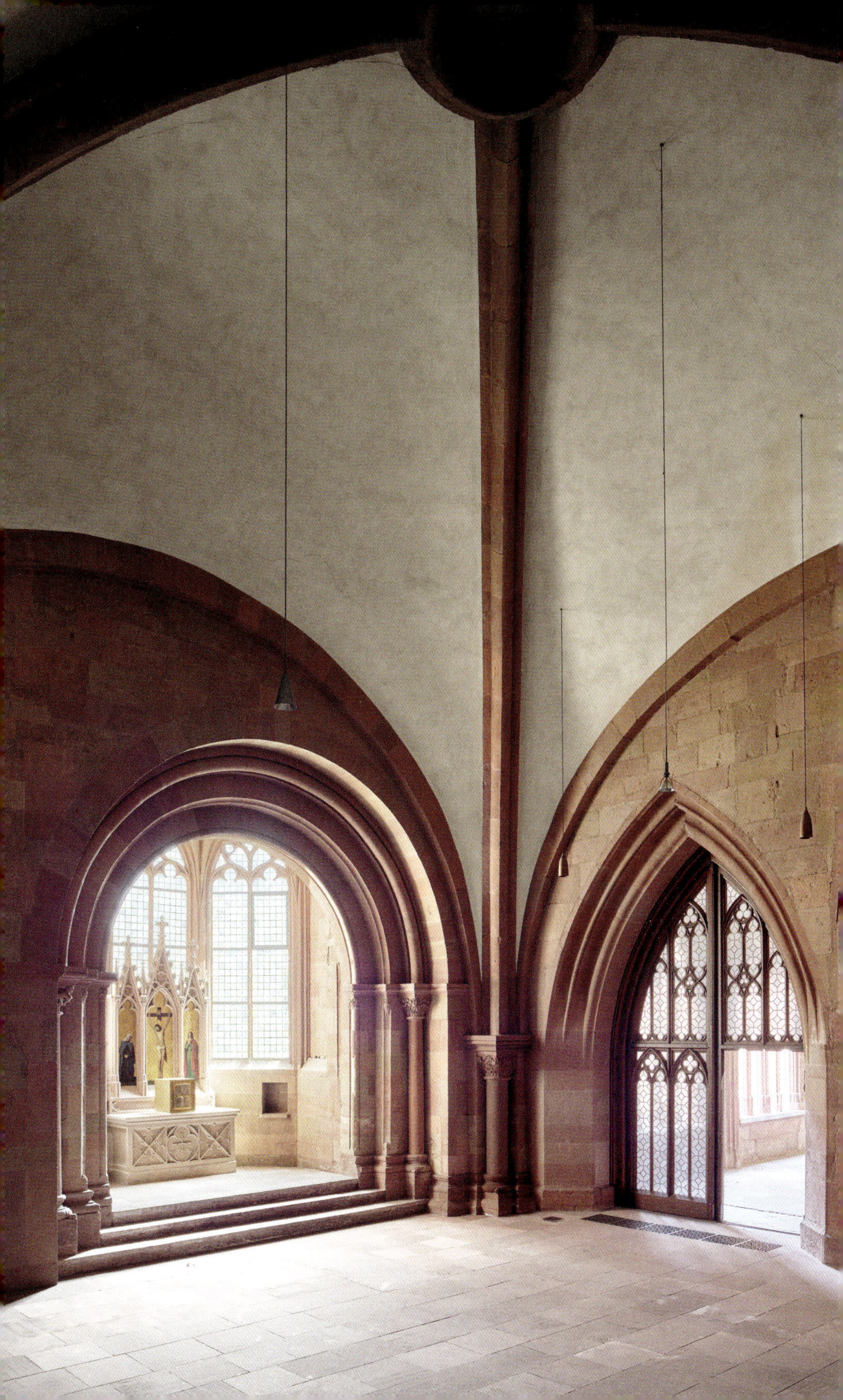

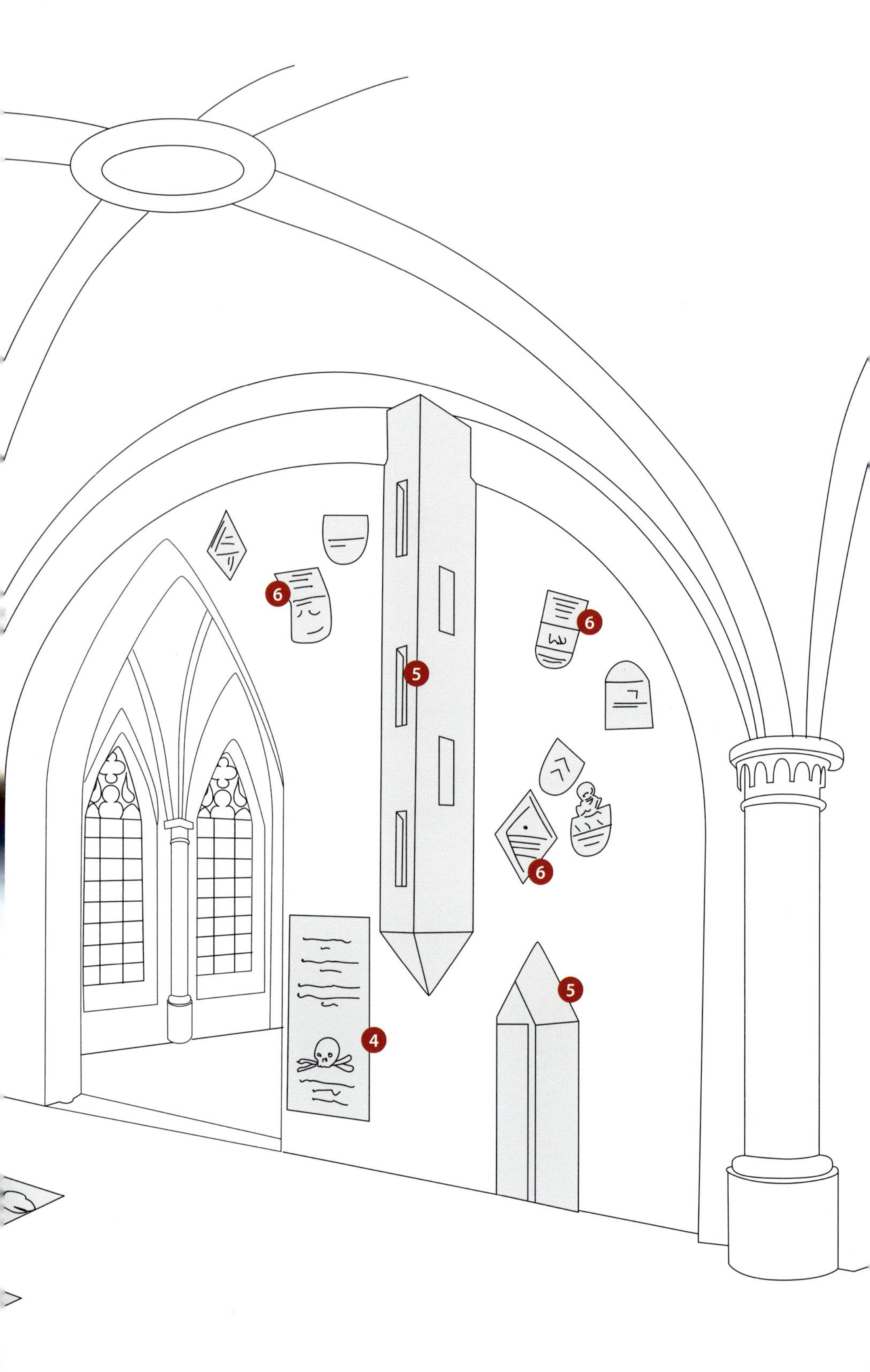
6
6
5
6
5
4

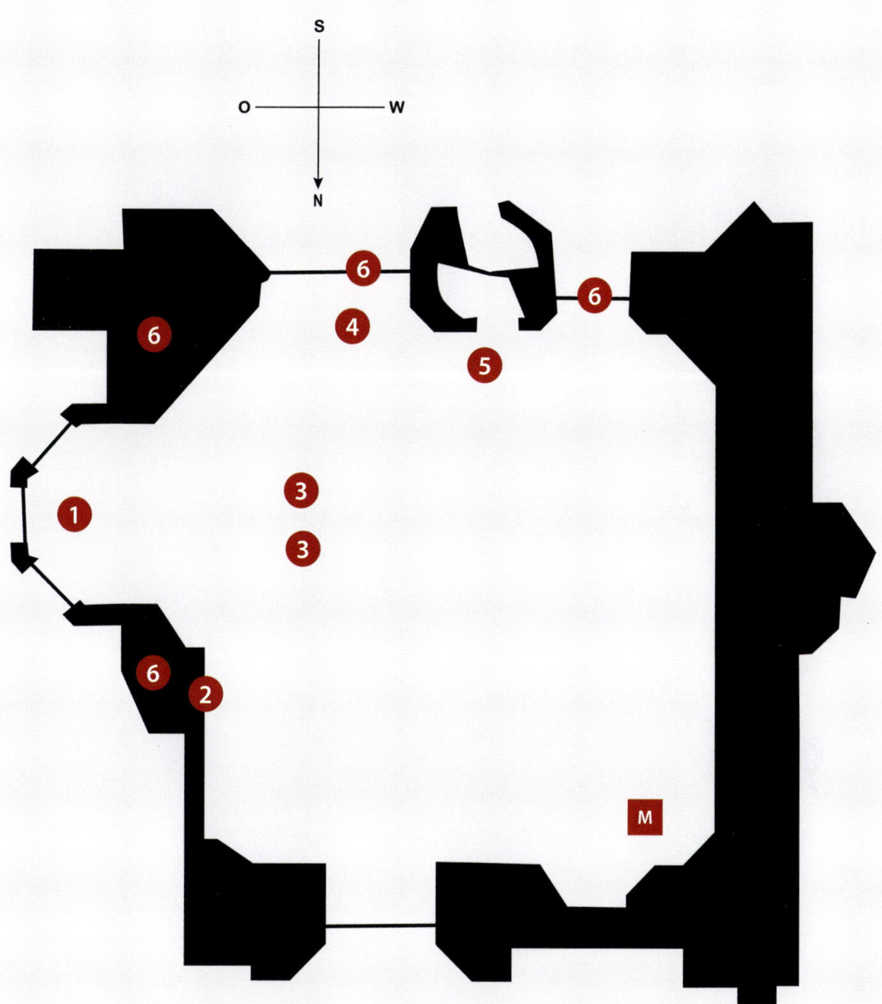

Memorie: Grund- und Aufriss mit Positionierung der Ausstattung (M Standort des Malers)

INNENANSICHT DER MEMORIE DES MAINZER DOMES (TAFEL 4)

I. ZUM RAUM

Blick in das Innere des im frühen 13. Jahrhundert errichteten Saales in Richtung Südosten. Der in der Ecke zwischen dem südlichen Seitenschiff des Domes und dessen westlichem Querhaus gelegene Raum verbindet den Westflügel des Domkreuzgangs (und damit die angrenzenden Funktionsräume) mit dem Dom. Das mächtige Kreuzrippengewölbe des annähernd quadratischen Saales ruht auf runden, hier um einiges zu hohen Wandvorlagen, deren gleichfalls zu hohe Basen ebenso wenig der Realität entsprechen wie die mit Pfeifen anstelle von Blattwerk besetzten Kapitelle.
Links öffnet sich das im 15. Jahrhundert angebaute, mit einem Gitter abgetrennte Ägidienchörlein nach Osten. Die Chorapsis ist hier in ihrem Fünf-Achtel-Schluss ebenso korrekt wiedergegeben wie in der Darstellung des geschlossenen Blendmaßwerkbogens an der Südwand, an den sich zwei Fensteröffnungen anschließen (hier in der Überschneidung nicht sichtbar die dritte Fensteröffnung sowie das abschließende Bogenfeld). Anstelle der zweibahnigen Fenster erscheint jedoch eine dritte Bahn, und auch das Maßwerk, das hier aus Vierpässen zusammengesetzt ist, besteht heute aus je drei Fischblasen. Zum Chor führen zwei Stufen empor, danach folgt korrekterweise eine größere Freifläche, bevor sich die Stufenanlage zum Altar hin fortsetzt. Das dargestellte abschließende Chorgitter war (in dieser schlichten Form?) einst sicherlich vorhanden, ist heute aber nicht mehr erhalten. Rechts neben dem Chor wird der Blick freigegeben auf die ersten beiden Joche des Westflügels des gotischen Kreuzgangs. Durch die verglasten Fenster erkennt man die (allzu schlichten) Holzkreuze über den Gräbern der dort bestatteten Domherrn. Die rechts anschließende Südwand bildet zwar die Lichtöffnungen der dahinter liegenden Wendeltreppe ab, nicht jedoch das Eingangsportal in die Nikolauskapelle, das eigentlich dargestellt sein müsste. Ganz rechts ist der Ansatz der Westwand erkennbar.
Bis in die jüngste Zeit hinein galt der Raum einhellig als der ehemalige Kapitelsaal des Mainzer Domes. 2021 schlug Britta Hedtke jedoch statt dessen eine ursprüngliche Nutzung als Gerichtshalle vor und verortete hier den Sitz der geistlichen Gerichtsbarkeit. Spätestens seit dem 15. Jahrhundert – bedingt durch die Errichtung eines neuen Kapitelsaals an der Südseite des Kreuzganges? – diente der Raum aber ausschließlich als Begräbnisstätte der Domherren und Ort des Totengedächtnisses, daher der Name Memorie (von *memoria* = Gedenken, Erinnerung).

II. ZUR SZENE

In der Ecke rechts ist der Abschied eines offensichtlich am Beginn der Großjährigkeit stehenden Knaben von seinen Eltern dargestellt ***(s. Abb. S. 48/49)***: Begleitet von zwei Ammen weist der Vater zu der Statue eines Ritterheiligen, vermutlich des hl. Mauritius, empor. Ein älterer Mann mit Schwert, vielleicht der Großvater, begleitet das Geschehen, das den Übergang eines weltlichen Edelknaben in das dem Adel vorbehaltene Domkapitel darstellen könnte – einen vielleicht widerstrebenden Übergang, daher der demonstrative Hinweis auf den Ritterheiligen, der Kampf und Gebet miteinander zu vereinen wusste. Allerdings ist für die Memorie nirgendwo eine solche Skulptur überliefert, es handelt sich daher wohl eher um eine präromantisch inspirierte Szene (vgl. den Beitrag Kölsch in diesem Band).

III. ZUR AUSSTATTUNG

1 Der Altaraufsatz

Der hier zu sehende Altaraufsatz ***(Abb. 55)*** wurde 1522 von Domherr Johannes Specht von Bubenheim (gest. 1524) gestiftet, allerdings nicht für die Memorie, sondern vermutlich für die St. Peter-und-Paul-Kapelle des Domes. Im Zuge der Aufstellung eines 1658 gestifteten Barockretabels wurde er von dort entfernt und in die Memorie transferiert. Es handelt sich um einen mit einem Kreuz bekrönten Ädikula-Altar mit einer gut erkennbaren querrechteckigen Sockelzone, welche die heute noch erhaltene Stiftungsinschrift enthielt ***(Abb. 56)***. Im darüber liegenden Rundbogenfeld wäre, analog etwa zu dem 1519 entstandenen Grabaltar des Eichstätter Dompropstes Johann von Wolfstein (Werkstatt Loy Hering; Dom zu Eichstätt), eine Reliefplatte zu erwarten, die laut den schriftlichen Quellen eine *Auferstehung Christi* zeigte und vielleicht beim Umbau im 17. Jahrhundert verloren ging. Stattdessen ist hier eine freistehende Skulptur zu sehen, die vielleicht diese Auferstehungsszene ersetzte; in diesem Fall könnte es sich um die Darstellung eines *Christus Salvator* handeln. Da die Figur aber eine kleine Gestalt auf ihrem linken Arm zu tragen scheint, könnte hier auch eine Muttergottes oder ein hl. Joseph gemeint sein. Das noch 1823 bei Domenico Quaglio unter dem Blendbogen an der Südwand überlieferte Epitaph des Domkantors Christoph von Graenrod (gest. 1601) ist hier ebenso weggelassen wie die bei Quaglio unter dem Fenster daneben zu erkennende Sakramentsnische ***(s. Abb. 13)***.

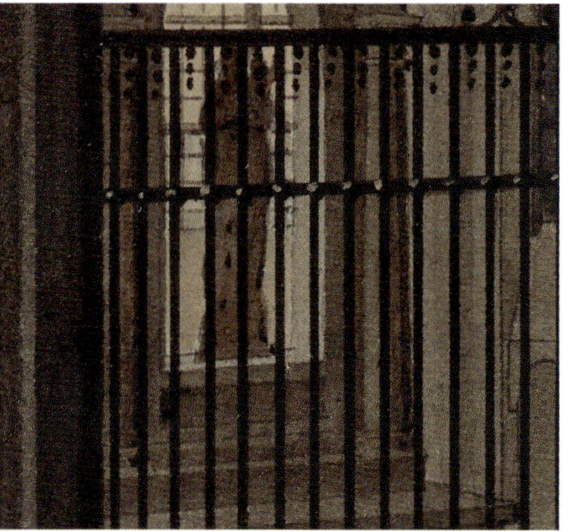

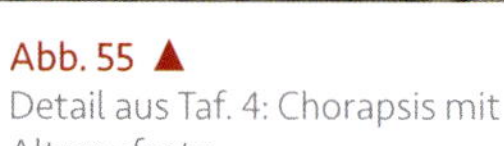

Abb. 55 ▲
Detail aus Taf. 4: Chorapsis mit Altaraufsatz

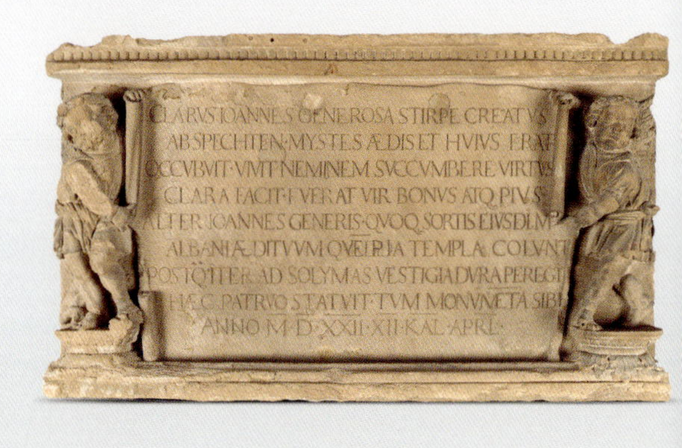

Abb. 56 ▲
Inschriftentafel des Altaraufsatzes aus der Chorapsis der Memorie ❶, heute Bischöfliches Dom- und Diözesanmuseum Mainz, Inv.-Nr. PS 06125

❷ Grabdenkmal des Fuldaer Abtes Hartmann von Kirchberg

Sofern die Formen des Grabdenkmals korrekt wiedergegeben sind, ist dieses aufgrund seines reichen Maßwerkbaldachins frühestens in die zweite Hälfte des 15. Jahrhunderts zu datieren. Der mit liturgischen Gewändern Bekleidete trägt die Mitra und in seiner rechten Hand einen Stab mit Krümme ***(Abb. 57)***. Dennoch handelt es sich nicht um einen Erzbischof, denn auf der Vorderseite der Kasel ist kein Pallium dargestellt. Überliefert ist am Eingang zur Memorie an der Wand zur Michaelskapelle der Grabstein des Hartmann II. von Kirchberg (um 1466–1529 in Mainz; s. Arens 1958, S. 277, Nr. 534), der seit 1487 Mainzer Domherr war und von 1513 bis zu seinem Tod den Titel eines Fürstabtes des Klosters Fulda trug. Von Kaiser Karl V. durch den Koadjutor Johann III. von Henneberg-Schleusingen ersetzt, zog er sich 1521 nach Mainz zurück und fand hier acht Jahre später seine letzte Ruhe in der Memorie.

Eine weitere Graphik, die sein Grabdenkmal überliefert, weicht stark von der hier wiedergegebenen Darstellung ab und zeigt den Verstorbenen nur als Halbfigur, mit beiden Händen einen Kelch umfassend ***(Abb. 58)***. Jung ergänzt statt dessen nach Art eines Krönungsgrabsteines Löwen zu den Füßen und eine in kleinerem Maßstab gehaltene Figur mit gefalteten Händen und Krone rechts. Dies passt jedoch weder zu den schriftlichen Beschreibungen

des Grabdenkmals noch zu der abgebildeten Vergleichsdarstellung. Das über dem Kopf des Verstorbenen angebrachte Wappen (das sich im Original wohl nicht an dieser Stelle befand) mit dem schwarzen Kreuz des Wappens der Fuldaer Abtei identifiziert den Dargestellten eindeutig.
Der Überlieferung nach befand sich der Wappenschild des Verstorbenen über der Tür zur Wendeltreppe an der Südwand der Memorie. Er müsste sich also unter den hier dargestellten fünf Schilden befinden; identifizierbar ist er dort jedoch nicht.

3 Zwei Grabplatten vor dem Chor,

vom Schatten des Gitters weitgehend überlagert. Erkennbar zwei Kleriker, der eine davon mit Mitra, der andere ohne Kopfbedeckung mit erhobener Hand (einen Kelch segnend?). Es könnte sich um den in den Quellen erwähnten Doppelgrabstein des Domkantors Johann Mönch von Rosenberg (gest. 1487) und seines gleichnamigen, bereits 1427 verstorbenen

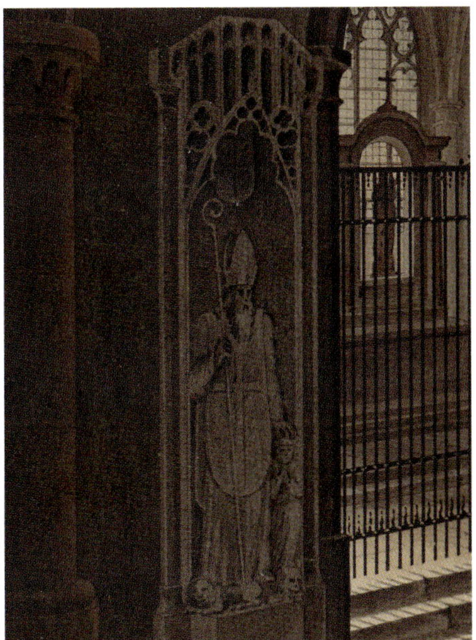

Abb. 57 ▲
Detail aus Taf. 4: Grabdenkmal des Fuldaer Abtes Hartmann von Kirchberg

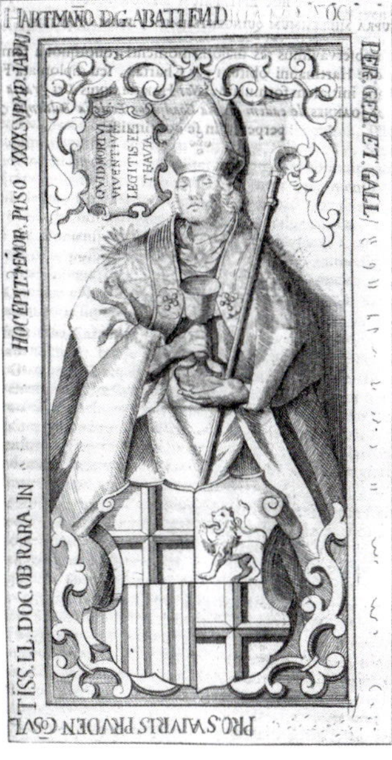

Abb. 58 ▲
Umzeichnung des Grabdenkmals des Fuldaer Abtes Hartmann von Kirchberg 2, in: Schannat 1729, S. 251, Martinus-Bibliothek Mainz, E/959, S. 251

Verwandten handeln (Arens 1958, S. 122, Nr. 224). Der Domkantor war aufgrund seines hohen Amtes berechtigt, die Mitra zu tragen, sein im niederen Rang eines einfachen Domherrn verbliebener Verwandter hingegen nicht. Allerdings liegen die beiden Darstellungen für eine Doppelgrabplatte zu weit auseinander.

4 Grabplatte mit Totenschädel

Rechts vom Torbogen an der Südwand eine mächtige Grabplatte mit umfangreicher Inschrift; im unteren Drittel die Darstellung eines Totenschädels über gekreuzten Knochen.

5 Wendeltreppe

In der Mitte der Südwand der mit schmalen hochrechteckigen Lichtöffnungen besetzte Schacht der zweiläufigen Wendeltreppe, die zur (1793 verbrannten) Dombibliothek im Kreuzgang-Obergeschoss führt. Sie besitzt zwei Zugänge: einen in der dahinter liegenden Nikolauskapelle sowie den hier abgebildeten in der Memorie. Die zugehörige Türöffnung liegt eigentlich direkt unterhalb dieses Schachtes und besteht heute aus einem von einem spitzbogigen Maßwerkfeld überfangenen Segmentbogen; hier jedoch ist diese Öffnung nach rechts versetzt und mit einem dreieckigen oberen Abschluss versehen, unter dem schemenhaft eine tief in das Gewände zurückgesetzte Tür erkennbar wird.

6 Totenschilde an der Ost- und Südwand

Zu Ehren der verstorbenen Domherren wurden im Dom und dessen Annexbauten sogenannte Totenschilde aufgehängt, die an die Verstorbenen erinnerten. Sie zeigten, oft durch eine umlaufende Inschrift ergänzt, das Personenwappen des Toten und bestanden in der Regel aus Holz. Für das 18. Jahrhundert ist nur noch die Aufhängung eines einzigen Totenschildes überliefert, doch davor wurde diese Sitte eifrig gepflegt, so dass anhand der einschlägigen Mainzer Inschriftensammler allein für Memorie, Nikolauskapelle und Kreuzgang 148 Totenschilde belegt sind. Laut dem Mainzer Rechtsprofessor und Antiquar Franz Joseph Bodmann (1754–1820) wurden diese sogenannten *scuta* 1801 im Auftrag der französischen Stadtherren versteigert und von ihm selbst erworben mit der Auflage, sie „in loco“, also am jeweiligen Hängeort zu belassen. Doch Bischof Joseph Ludwig Colmar habe sie 1805 in Unkenntnis der Besitzverhältnisse abnehmen lassen und an

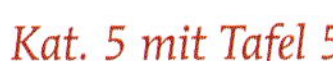

Kat. 5 mit Tafel 5

Johann Conrad (1755–1835)

INNENANSICHT EHEMALIGEN KOLLEGIATSSTIFTS- UND SPÄTEREN PFARRKIRCHE ST. PETER

Signiert rechts unten (Feder in Schwarz):
„JC. [ligiert] inv. 1818."
Bleistift, Feder in Braun und Schwarz, Deckfarben, auf Papier (Ränder mit Papier hinterklebt), 37,7 x 49,9 cm (Blatt; mit Hinterklebung)

Inv.-Nr. G 15861 (Dauerleihgabe der VRM)

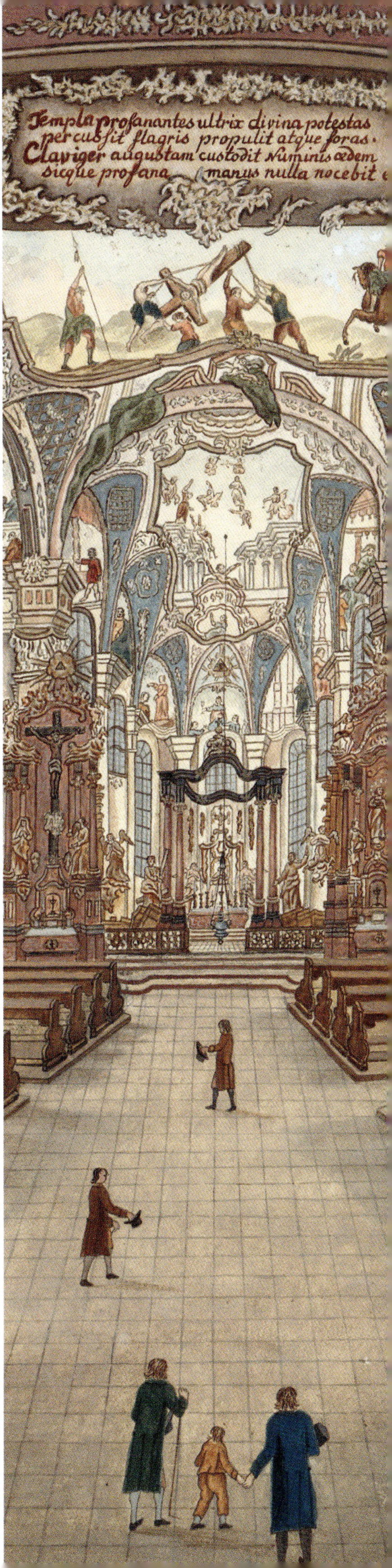

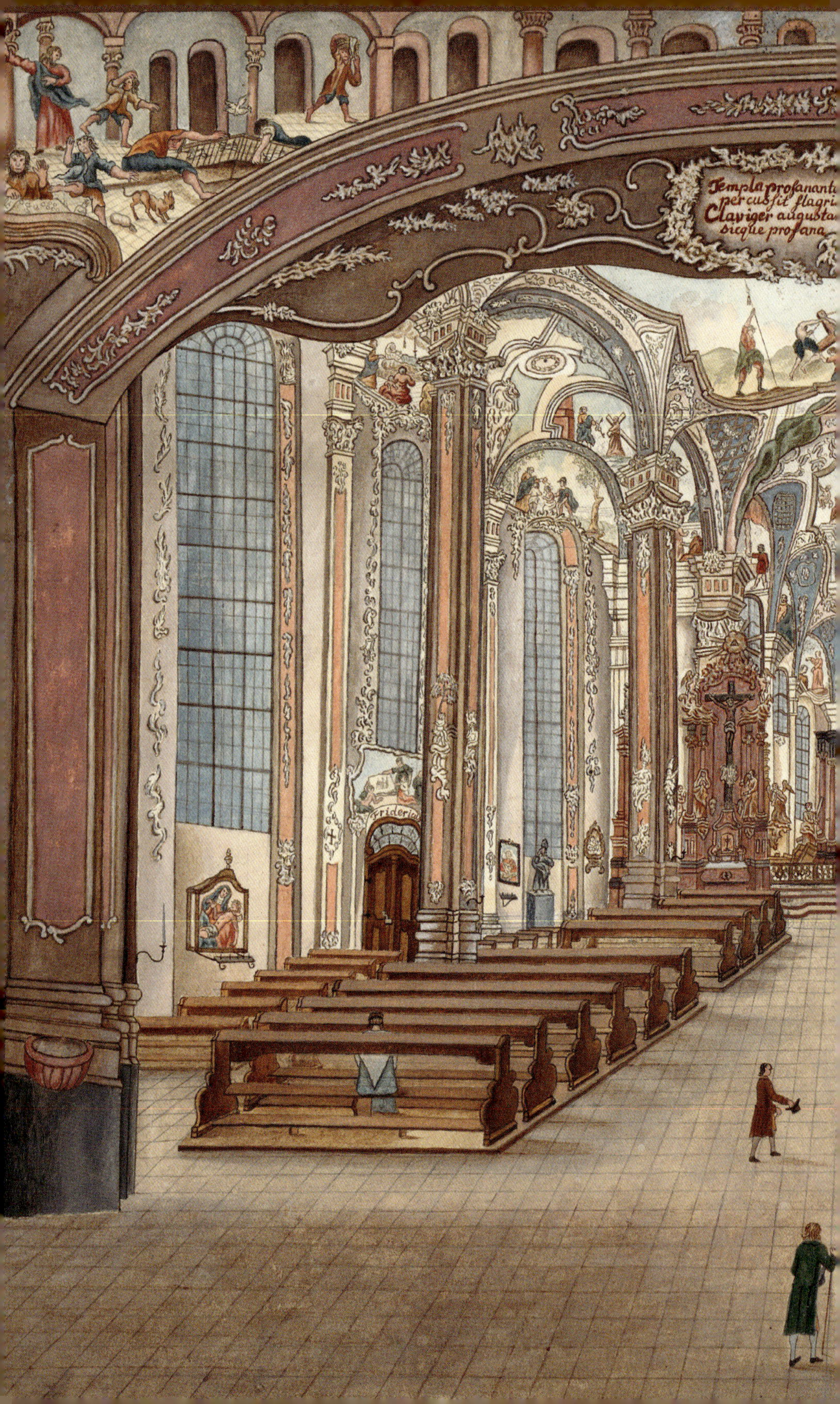
Templa profanant
percussit flagri
Claviger augusta
sicque profana
Friderici

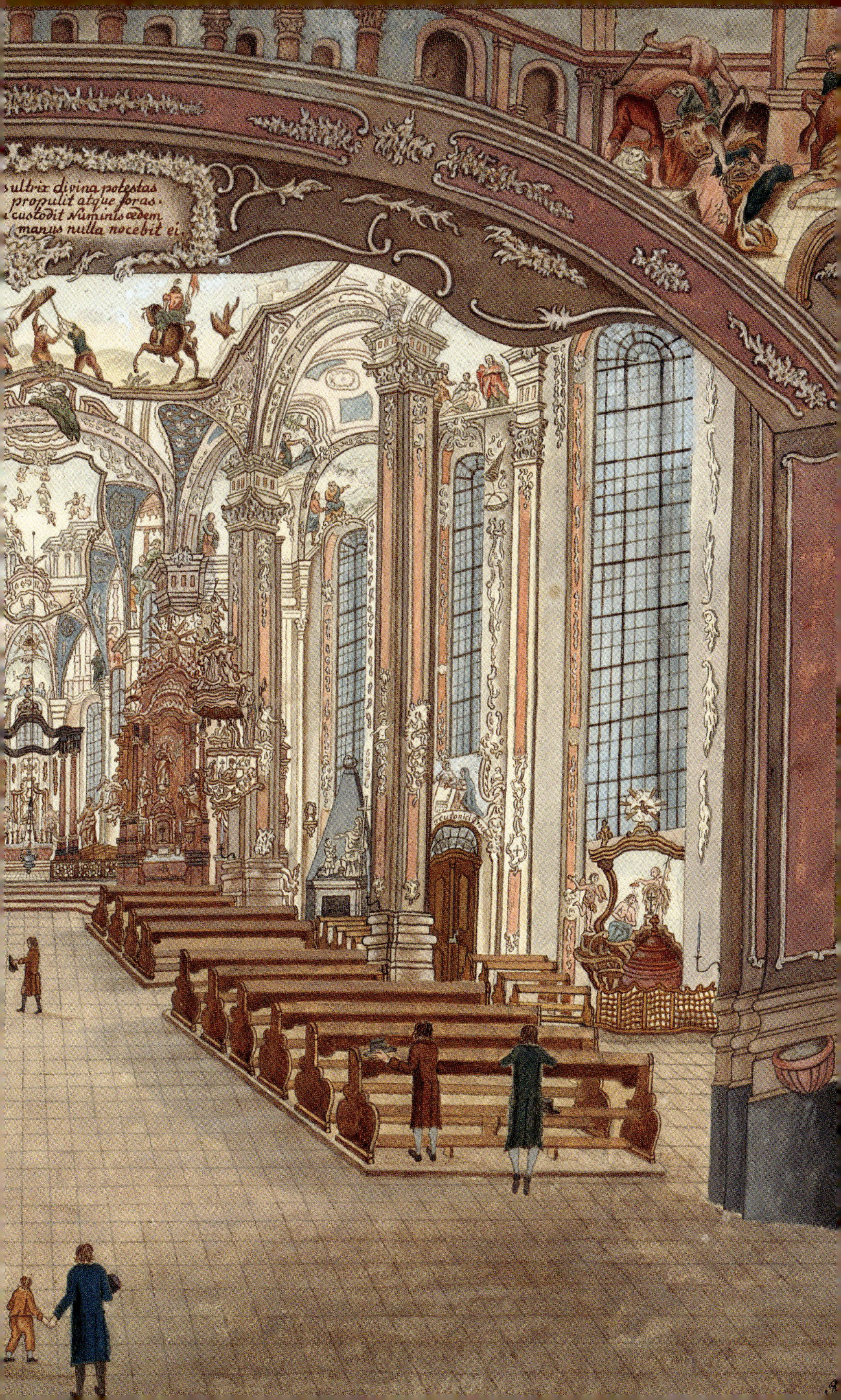
s ultrix divina potestas
propulit atque foras.
custodit Numinis ædem
manus nulla nocebit ei.

seinen Schwager verschenkt, der sie im darauf folgenden Winter verheizt haben soll (Bericht bei Arens 1958, S. [37]). Der Wahrheitsgehalt dieses Berichtes des nicht immer zuverlässigen Antiquars kann nicht mehr überprüft werden, doch tatsächlich hat sich heute kein einziger Totenschild mehr erhalten.

Umso wichtiger ist deren Darstellung in der vorliegenden Zeichnung. Leider sind die Einzelheiten der Schilde, sowohl die Farben als auch die inwendig dargestellten Formen, nur summarisch ausgeführt und im Halbdunkel kaum zu erkennen, so dass sich konkrete Zuweisungen verbieten. Eine halbwegs realistische Darstellung vorausgesetzt, lässt sich aber immerhin feststellen, dass die Wappenschilde mitnichten immer rund waren, wie in Analogie zu Frankfurter Beispielen, etwa in St. Bartholomäus, vermutet wurde. Diese Form findet sich hier nicht, stattdessen dominiert unter den dargestellten 17 Beispielen der oben gerade abgeschlossene Schild mit rundbogiger Unterkante. Auch rautenförmige Schilde finden sich mehrfach. Zwei Beobachtungen lassen vermuten, dass die Darstellung der Schilde zumindest in der Form halbwegs realistisch ist. Zum einen weisen der oberhalb des Eingangs zum Treppenturm hängende Schild sowie jener oberhalb des Abtsgrabmales eine relativ getreue (barocke?) Helmzier auf, wie sie z. B. in den Aufschwörurkunden der Mainzer Domherren immer wieder abgebildet ist. Zum anderen ist der rechts darüber hängende Schild nach unten gekehrt. Dies wurde nur dann praktiziert, wenn das Geschlecht des betreffenden Domherren mittlerweile ausgestorben war.

WINFRIED WILHELMY

QUELLEN/LITERATUR

■ Kautzsch-Neeb 1919, S. 372–393; Arens 1958, S. [29], [37]; Arens 1975, S. 199–207; Schwoch 2008; Hedtke 2021

Tafel 5 ◀◀
Innenansicht ehemaligen Kollegiatsstifts- und späteren Pfarrkirche St. Peter

Abb. 59 ◀
St. Peter vor dem Zweiten Weltkrieg

Abb. 60 ◀
St. Peter nach dem Zweiten Weltkrieg, Blick nach Westen (da keine Innenaufnahme nach Osten zu existieren scheint)

Abb. 61 ◀
St. Peter heute

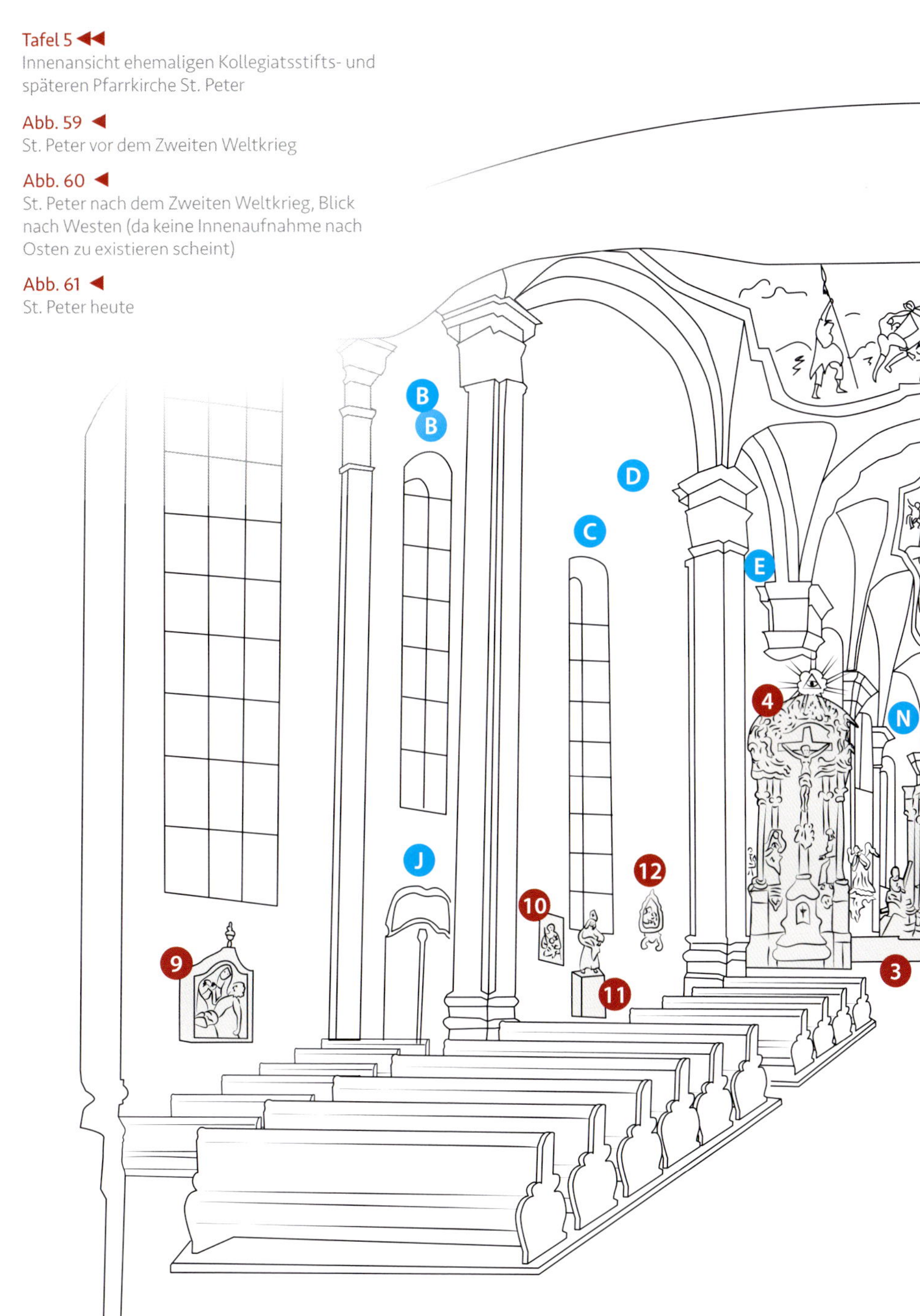

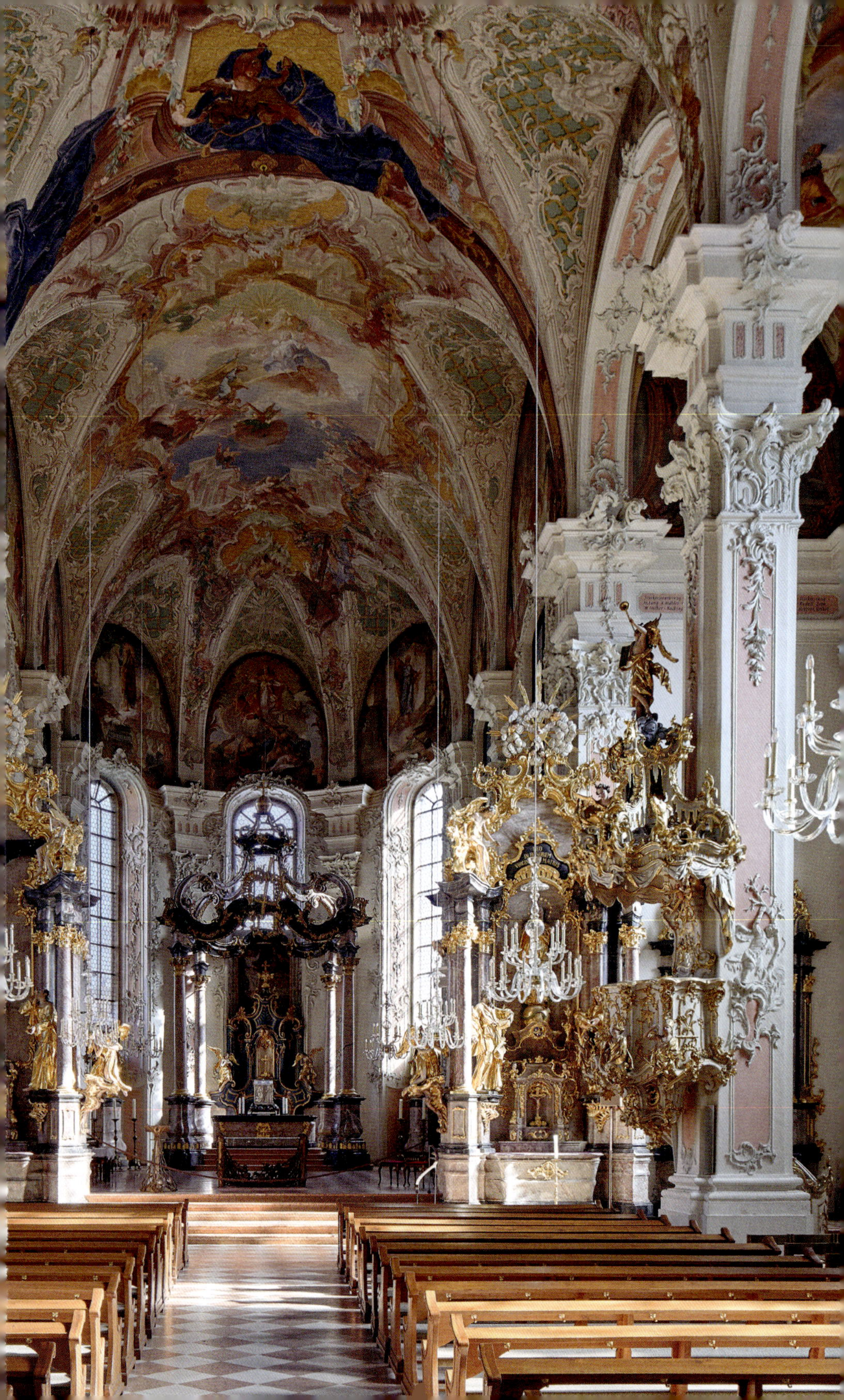

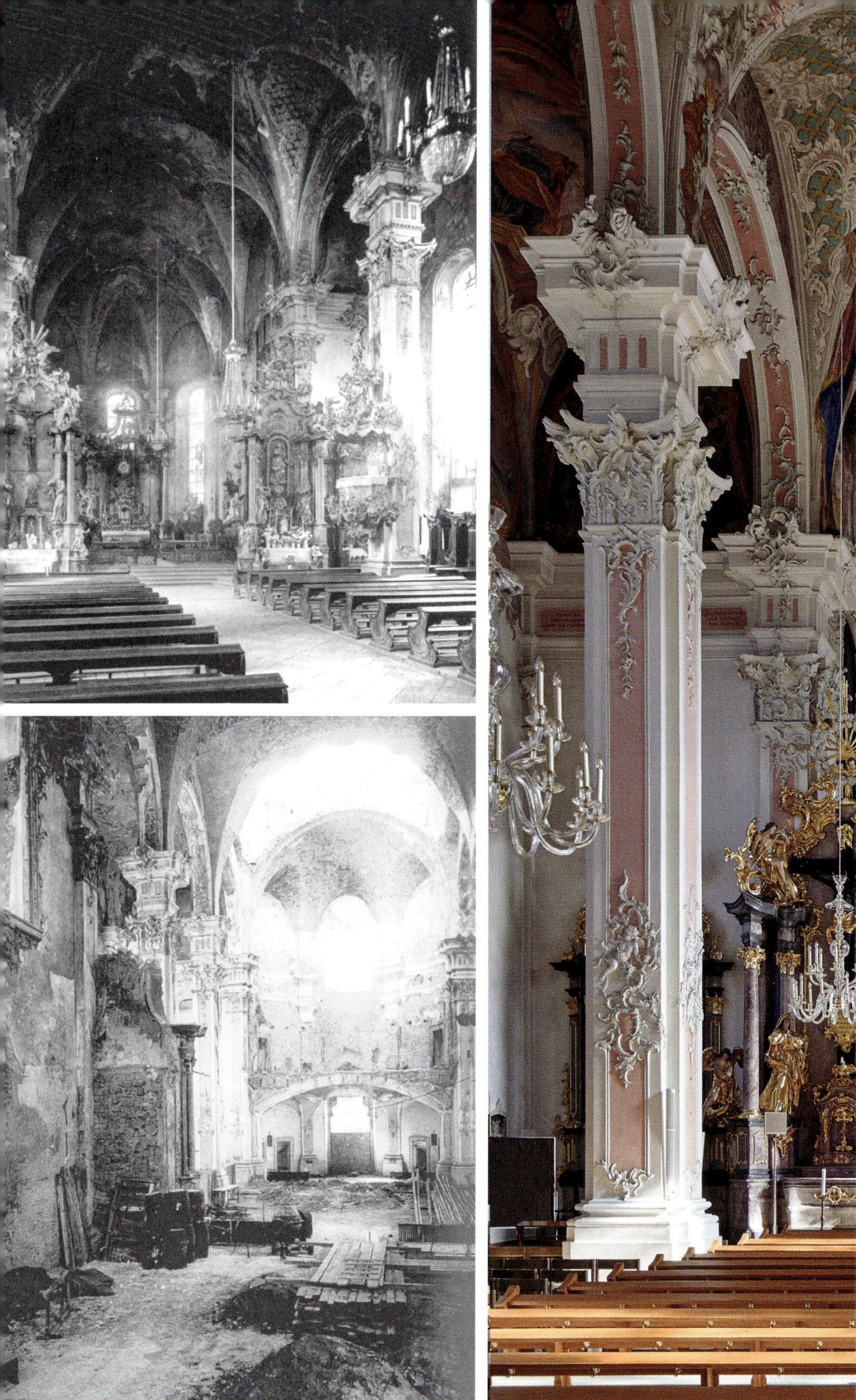

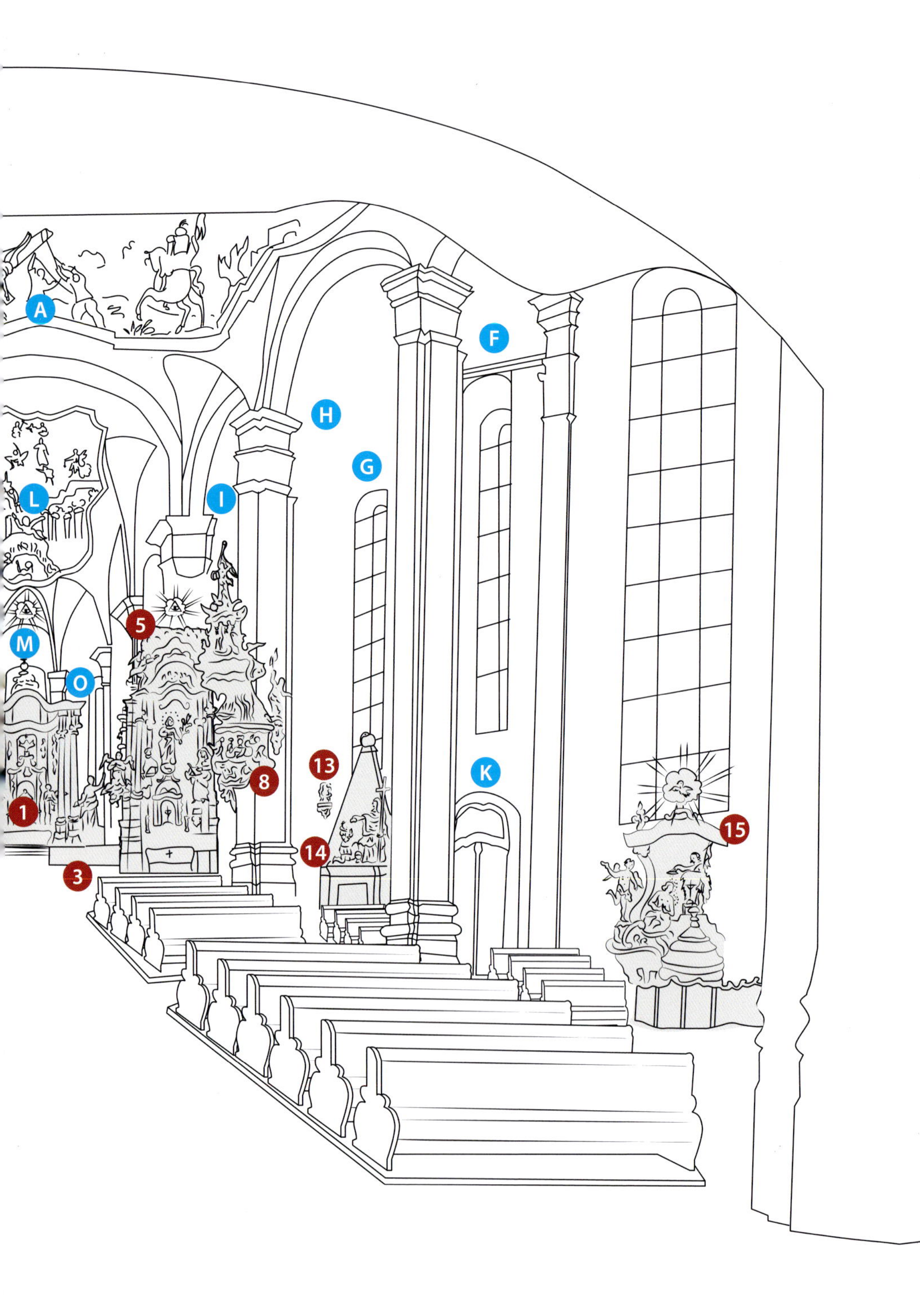
A
F
H
G
I
L
M
O
5
8
1
3
13
14
K
15

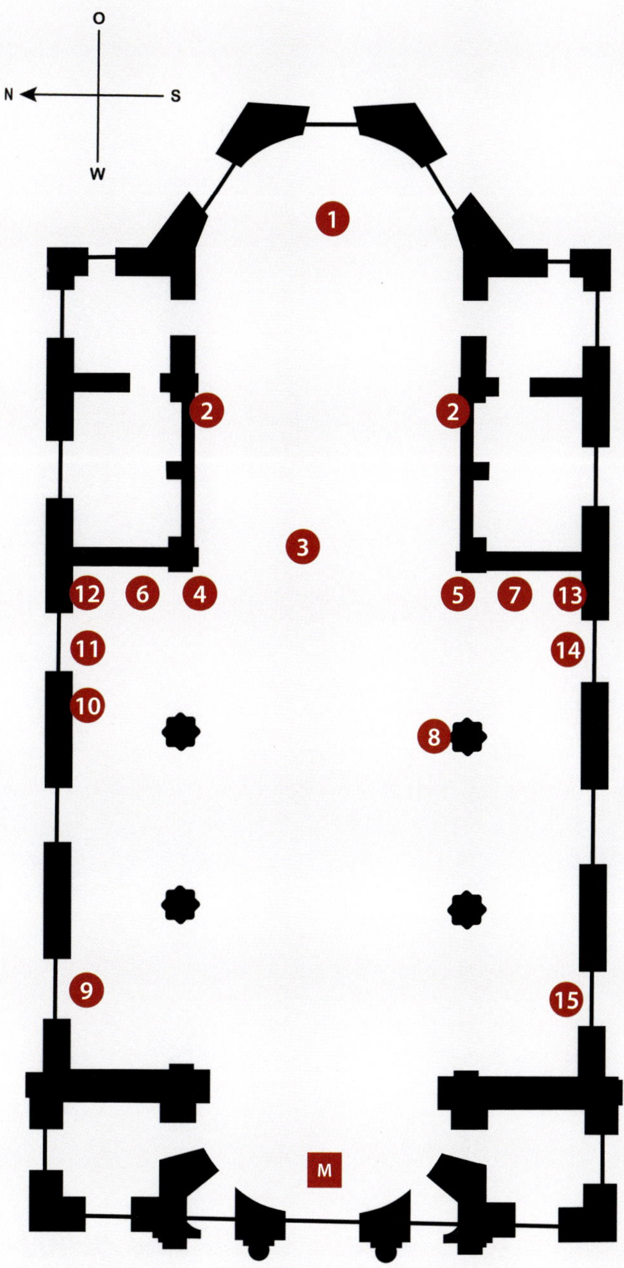

St. Peter: Grund- und Aufriss mit Positionierung der Ausstattung (M Standort des Malers)

INNENANSICHT DER EHEMALIGEN KOLLEGIATSSTIFTS- UND SPÄTEREN PFARRKIRCHE ST. PETER (TAFEL 5)

I. ZUR KIRCHE UND ZUM RAUM

Blick vom Eingang unter der Westempore nach Osten zum Chor der 948 von Erzbischof Friedrich gegründeten Kollegiatsstiftskirche. Der heutige Bau errichtet 1749–1756 nach dem Entwurf von Johann Anton Valentin Thoman. Axialer Blick in die dreischiffige Hallenkirche, weitwinkelartig in die Breite gedehnt, der Bildausschnitt eingefasst durch den Stichbogen der Empore. Dekorativ in die Bildrahmung einbezogen ist das auf der Unterseite der Empore angebrachte Fresko der *Tempelreinigung,* dessen Bildmotive in der Darstellung dazu auseinandergezogen und in die Bogenzwickel verteilt wurden: Links der mit der Geißel drohende Christus, die Geldwechsler am Tisch und der Taubenkäfig sowie aufgeschreckte Kinder und ein Hund, auf der rechten Seite fliehende Händler mit Ochsen und Schafen. Die in der Mitte unterhalb des Bogens wiedergegebene lateinische Inschrift ***(Abb. 62)***, die sich auf der Vorwölbung der Empore befindet und in der Realität nur vom Kirchenschiff aus lesbar ist ***(Abb. 63)***, wurde auf der Darstellung nach unten geklappt und umgedreht, so dass sie in die Bildrahmung einbezogen werden konnte: „Templa profanantes ultrix divina potestas / percussit flagris propulit atque foras. / Claviger augustam custodit Numinis ædem / sicque profana manus nulla nocebit ei." (Die Tempelschänder schlug strafend die göttliche Macht mit Geißeln und trieb sie hinaus. Der Schlüsselträger bewacht das hehre Gotteshaus und so wird ihm keine unheilige Hand Schaden zufügen können).

Durch die breitgedehnte Darstellungsform ist die Weiträumigkeit und Offenheit der Halle mit ihren schlanken Pfeilern treffend charakterisiert. Sie erlaubt zudem – wie auch auf den anderen Interieurs von Conrad – die Wiedergabe einer Fülle von Ausstattungsdetails. Die Detailverliebtheit ist ablesbar u. a. an der Darstellung der Weihwasserbecken am Eingang, die in Wirklichkeit auf den rückwärtigen Lisenen angebracht und entsprechend vom Eingang aus nicht sichtbar sind. Im Unterschied zu Conrads übrigen Ansichten wird die Farbigkeit des Raumes mit den weißen Wänden und den rosafarbenen Füllungsfeldern der Stuckrahmen sowie den Deckenfresken darstellerisch wirkungsvoll eingesetzt, zugleich aber auch kompositorisch modifiziert, etwa durch die dunkle Abtönung des Emporenbogens, der die Funktion eines rahmenden Repoussoirs übernimmt.

Abb. 62 ▼
Detail aus Taf. 5: Inschriftenkartusche unterhalb des Bogens

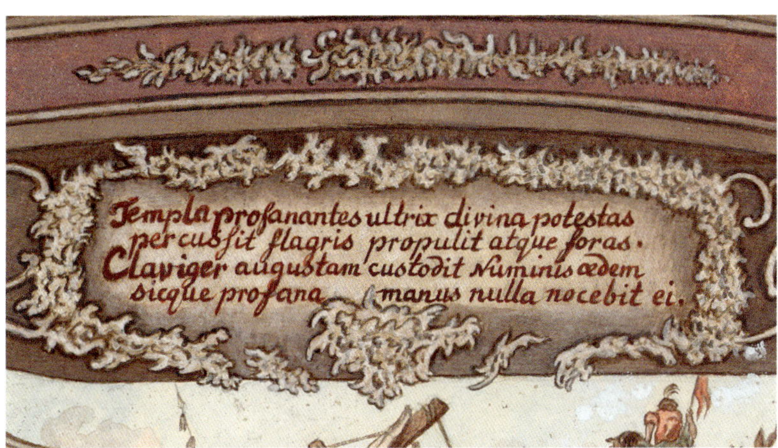

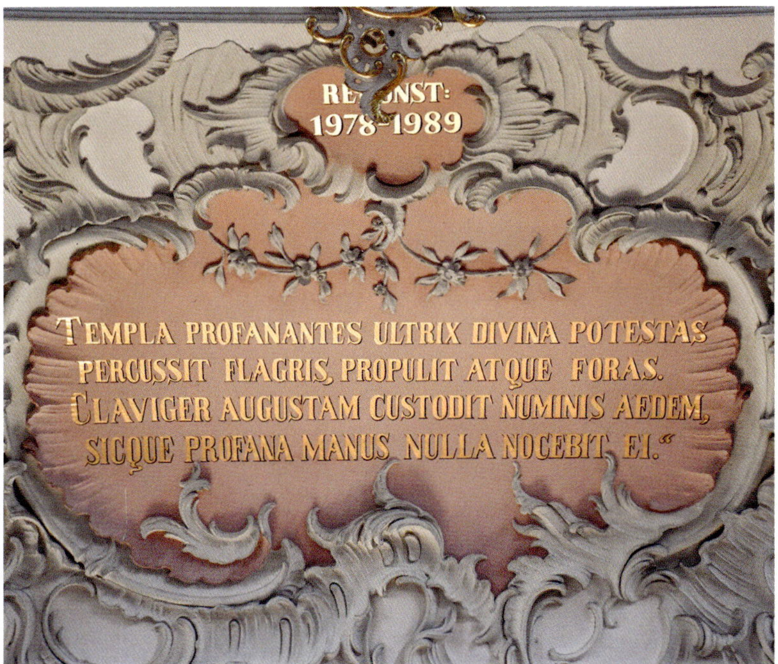

Abb. 63 ▲
Rekonstruierte Inschriftenkartusche an der Empore

II. ZUR AUSSTATTUNG

II.1. Stuck und Fresken

Die reiche und qualitätvolle, großenteils frei angetragene Rokoko-Stuckdekoration des Mainzer Stuckateurs Friedrich Lantz ist mit der allegorischen Darstellung der *Vier Jahreszeiten* und der *Vier Elemente* auf den Freipfeilern des Kirchenschiffes detailliert wiedergegeben.

Die Wand- und Deckenfresken wurden 1755 (im Fresko Jahreszahl auf der Fahne des Reiteroffiziers im Mittelschiff; in der Graphik nicht wiedergegeben) von Josef Ignaz Appiani geschaffen. 1945 mit Ausnahme des Freskos unter der Orgelempore völlig zerstört ***(vgl. Abb. 64)*** bis auf das erhaltene Fresko unter der Orgelempore. 1979–1989 auf Grundlage historischer Photos durch Karl Manninger und Hermenegild Peiker rekonstruiert. Der umfangreiche Zyklus aus 28 einzelnen Szenen zeigt Ereignisse aus dem Leben und Wirken des hl. Petrus. Im Mittelschiff Hauptfresko mit dem *Martyrium des Heiligen* A, wiedergegeben die untere Bildhälfte mit der Szene der auf dem Kopf erfolgten Kreuzigung des Apostelfürsten sowie mit dem lanzentragenden Wachsoldaten und dem vom Rücken her gesehenen Reiteroffizier auf seinem Pferd.

Von den zahlreichen Fresken in den Seitenschiffen erkennbar: Auf der nördlichen (linken) Seite mittleres Wandfresko (angeschnitten durch die Empore): *Auferweckung der Tabita durch Petrus* B; östliches Wandfresko: *Taufe des römischen Hauptmanns Cornelius* C; östliches Deckenfresko: *Quo-vadis* D; Wandfeld über den Seitenaltären: *Die Apostel Petrus und Johannes vor dem Hohen Rat* E. Auf der südlichen (rechten) Seite: mittleres Wandfresko (angeschnitten durch die Empore): *Petrus heilt Kranke* F; östliches Wandfresko: *Petrus straft Ananias und Saphira* G; östliches Deckenfresko: *Geschichte vom Zinsgroschen* H; Wandfeld über den Seitenaltären: *Aufnahme des Matthias unter die Apostel* I.

Über den Seitenportalen in allegorischen Darstellungen die Vorgängerbauten der Peterskirche, links: Alt-St. Peter vor den Mauern als erste, 948 von Erzbischof Friedrich gegründete Stiftskirche J; rechts: Die 1313 vom Stift erworbene Pfarrkirche Udenmünster, an deren Stelle die heutige Kirche errichtet wurde K (die zugehörigen Inschriften durch einzelne Wörter angedeutet; links: „Fridericus“ [überliefert: „QUAM PIETAS STRUXIT FREDERICI PRAESULIS ALMAM / NUNC DEVASTATAM PLANGIT ALAUDA DOMUM.“

Abb. 64 ▶
Innenansicht von St. Peter, ohne die kriegszerstörten Deckenmalereien, vor 1978

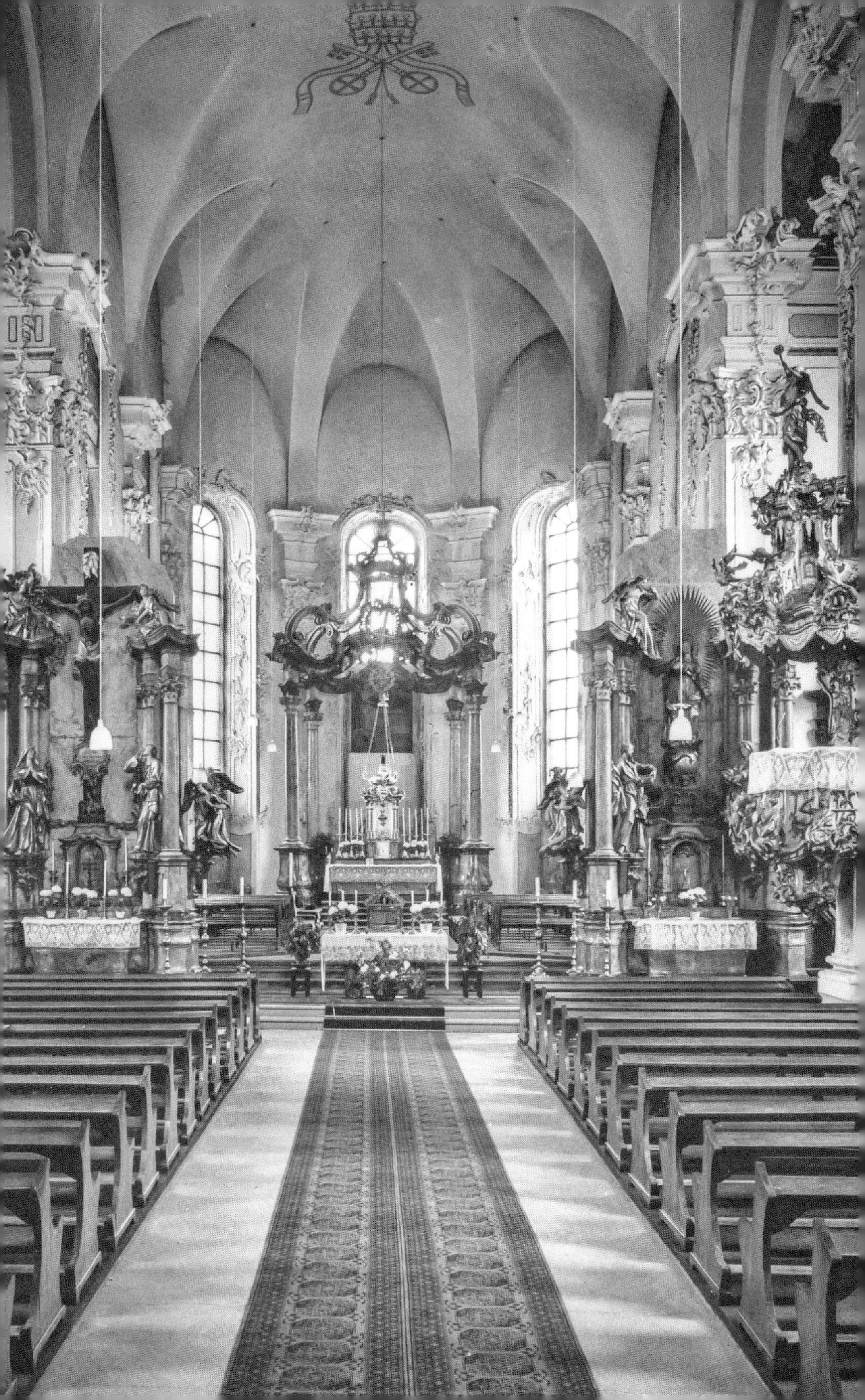

– Über das heilige Haus, das der fromme Bischof Friedrich erbaute, klagt nun – da es verwüstet – die Lerche]; rechts: „Teutonici Proceres" [„TEUTONICI PROCERES TEMPLI SACRA JURA DEDERUNT / PHOENICEM GENUIT FACTA RUINA NOVUM." – Deutschherren gaben die heiligen Rechte der Kirche. Zur Ruine geworden gebar sie einen neuen Phönix]). Auf dem Chorgewölbe: Darstellung des *Hl. Petrus in der Glorie vor der Heiligsten Dreifaltigkeit und der Jungfrau Maria* L. Über dem Hochaltar: *Triumph der Ecclesia* M; im Chorpolygon links: *Heilung des hl. Ignatius von Loyola durch die Erscheinung des hl. Petrus* N; rechts: *Petrus erscheint der hl. Agatha im Kerker* O.

II.2. CHOR

1 Hochaltar

1762 errichtet aus Mitteln des Stiftskantors Nikolaus Jäger (Inschrift und Wappen auf der Rückseite des Querbalkens; in der Graphik nicht wiedergegeben), möglicherweise nach Entwurf von Hofschreiner Franz Anton Herrmann: Aufwendiges Ziborium mit vier Marmorsäulen und Baldachin aus holzgeschnitzten, marmorierten C-Kurven, bekrönt von der Weltkugel mit dem Kreuz, nach dem Vorbild des Hochaltares von Bernini in St. Peter in Rom. Seitlich in den Fensternischen die Statuen der Apostel *Petrus* und *Paulus* von Hofbildhauer Peter Heinrich Hencke. Vor der Rückwand großer barocker Drehtabernakel, flankiert von anbetenden Engeln, zugeschrieben Johannes Förster. Auf der Altarmensa ein Tabernakel in Zeltform von 1814, eingefasst von sechs Altarleuchtern. Vor dem Hochaltar Ewig-Licht-Ampel (vermutlich das vor Ort erhaltene Stück aus versilbertem Kupfer, um 1780/90, mit Stifter-Inschrift „JOHANN PHILIPP KOLLIGS").

2 Chorgestühl

An den Chorwänden Chorgestühl (nur die Armlehnen der Stallen erkennbar, daher im Aufriss nicht nummeriert): Prächtige Schnitzarbeit aus Eichenholz von Hofschreiner Franz Anton Herrmann, der auch das Chorgestühl im Westchor des Domes geschaffen hat. Die Fronten der Kniebänke mit den Reliefs der *Vier Evangelisten* und der *Vier Kirchenväter;* Dorsalwand mit bewegt geschweiftem Gesims, auf dem die von Johann Kaspar Hiernle angefertigten Statuen aufgestellt waren: die hll. *Josef, Johannes von Nepomuk, Johannes der Täufer* (heute alle in den Seitenschiffen aufgestellt) sowie der hl.

Karl Borromäus, jeweils assistiert von Puttenpaaren mit den Attributen der Heiligen. Das Gestühl bis auf die Figuren im Zweiten Weltkrieg verbrannt.

3 Kommunionbank

Am Choreingang Kommunionbank (1913 erneuert, im Zweiten Weltkrieg verbrannt).

II.3. IM LANGHAUS

Innere Seitenaltäre: Kreuzaltar 4 und Marienaltar 5

Die Nebenaltäre im Langhaus gehen vermutlich ebenfalls auf Entwürfe von Franz Anton Herrmann zurück. Die seitlich in die Choröffnung hineingerückten Retabelaufbauten bestehen aus Lahnmarmor mit holzgeschnitzten, reich vergoldeten Bekrönungen, die inneren Altäre aufwendiger instrumentiert mit Freisäulen, Statuen und steinernen Kreuznischen, die weitgehend verdeckten äußeren flacher ausklingend mit rahmenden Pilastern und Gemälden.

4 Kreuzaltar (links)

1756 gestiftet von Nikolaus Jäger, im Zentrum spätgotisches Kruzifix vom Anfang des 16. Jahrhunderts, angeblich aus der alten Peterskirche und dem Bildhauer Hans Backoffen zugeschrieben; wegen seiner Größe bis in den Altarauszug hochgeführt und damit Vorbild für die beiden Kreuzaltäre von St. Quintin und St. Ignaz. Durch die an Corpus (mit teilvergoldetem Lendentuch) und Kreuz im 18. Jahrhundert aufgebrachte schwarzglänzende Fassung als kostbares Gnadenbild herausgehoben, am Kreuzstamm Altarprivileg in Rokokorahmen, seitlich Statuen von *Maria* und *Johannes Ev.* sowie Engel mit Lanze und Ysopstab mit Essigschwamm von Peter Heinrich Hencke.

5 Marienaltar (rechts)

1756 gestiftet von Nikolaus Jäger. *Maria Immaculata,* begleitet von ihren Eltern Joachim und Anna sowie Engeln mit Weihrauchfässern, gearbeitet von Peter Heinrich Hencke. Unter der Weltkugel der Immaculata Wappen der Familie von Scheben, die die Figur in Erinnerung an den in der Gruft von St. Peter bestatteten Hofkanzleidirektor Peter von Scheben († 1742) gestiftet hatte (Gedenkinschrift bei der letzten Restaurierung nicht wiederhergestellt). Auf der Altarmensa Kanontafeln.

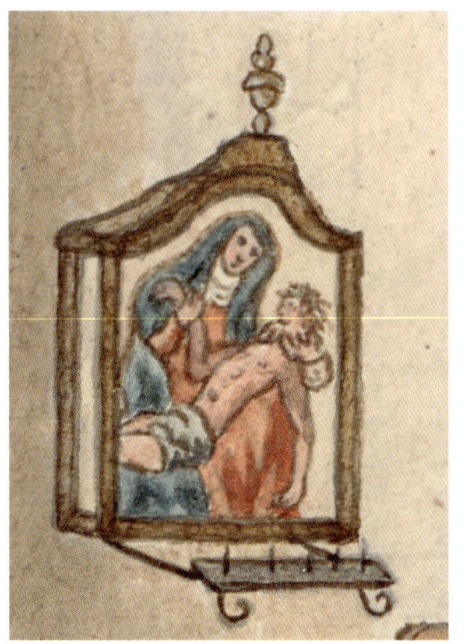

Abb. 65 ▲
Detail aus Taf. 5: Pietà

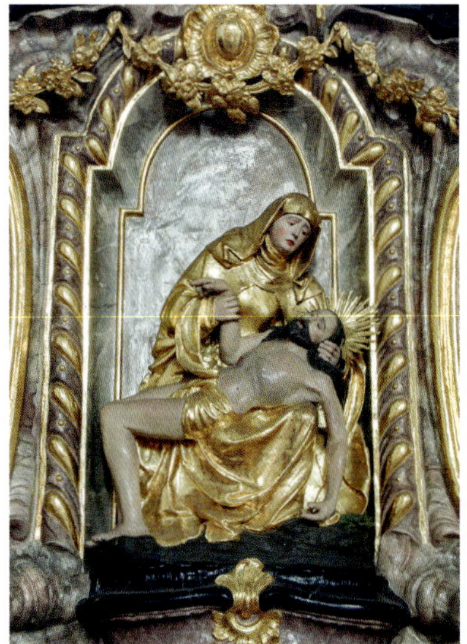

Abb. 66 ▲
Pietà 9, heute noch vor Ort

Äußere Seitenaltäre: Johannes von Nepomuk-Altar 6 und Nikolaus-Altar 7, weitgehend hinter den Freipfeilern verborgen (daher im Aufriss nicht nummeriert):

6 Johannes von Nepomuk-Altar (links)

Geweiht nach Inschrift 1758, ursprüngliche Gemälde von Josef Heideloff. Das Hauptbild mit dem Heiligen in der Glorie gestiftet von Anselm Kasimir Graf von Eltz-Kempenich, dessen Familiengruft sich unter dem Chor und dessen Adelshof sich in unmittelbarer Nachbarschaft befanden; im Auszug Darstellung der *Heiligen Dreifaltigkeit*. 1872 das Hauptgemälde gegen ein *Herz-Jesu*-Bild von Ferdinand Becker als Stiftung der in St. Peter ansässigen Bruderschaft ausgetauscht.

7 Nikolaus-Altar (rechts)

1758 geweiht mit Bezug auf den Namenspatron des Stifters Nikolaus Jäger, das Hauptgemälde von Josef Ignaz Appiani mit Darstellung der *Schülerlegende*, im Auszug ursprünglich *Hl. Barbara* (heute Dom- und Diözesanmuseum; seit 1890 eingesetzt Bildnis des *Hl. Nikolaus als Bischof* von Ludwig Glötzle).

Abb. 67 ▲
Detail aus Taf. 5: *Maria vom Guten Rat*

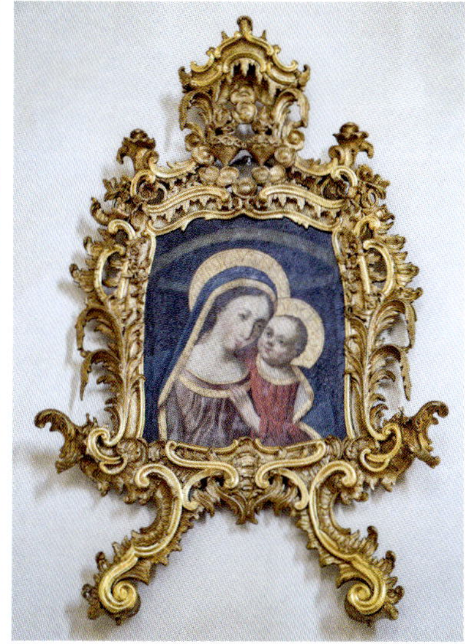

Abb. 68 ▲
Maria vom Guten Rat 12, heute noch vor Ort

8 Kanzel

Im Langhaus am südöstlichen Freipfeiler die von Johannes Förster 1756 geschaffene Kanzel, prächtiger geschnitzter Aufbau in Rokokoformen, Figuren von Peter Heinrich Hencke: am Korb die Personifikationen der *Vier Weltteile* und die päpstlichen Insignien, an der Treppe Petrussymbole, am Schalldeckel Evangelistensymbole und Engel mit Buch und Posaune.

9 Pietà

Im nördlichen Seitenschiff unter dem Fenster im Westjoch: Pietà ***(Abb. 65)***; Schnitzfigur des 16. oder 17. Jahrhunderts, sog. *Vesperbild von Armklaren*, ursprünglich Eigentum der in der Welschnonnenkirche ansässigen Herz-Jesu-Bruderschaft, nach Auflösung des Klosters 1802 nach St. Peter übertragen ***(Abb. 66)***, hier dargestellt mit dem damals vorhandenen hölzernen Rahmen und Leuchterbänkchen (der heutige altarartige Stuckaufbau von 1915).

10 Judas Thaddäus

Im Ostjoch, westliches Wandfeld: Gemälde *Judas Thaddäus* mit dem Medaillonbildnis Jesu (beschädigt erhalten, heute nicht in der Kirche ausgestellt), 18. Jahrhundert, ebenfalls aus dem Welschnonnenkloster.

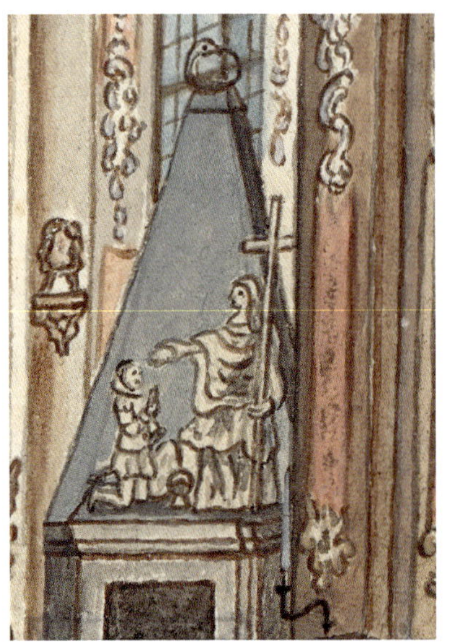

Abb. 69 ▲
Detail aus Taf. 5: Grabdenkmal für Theodor Reichsgraf von Wolkenstein-Rodenegg

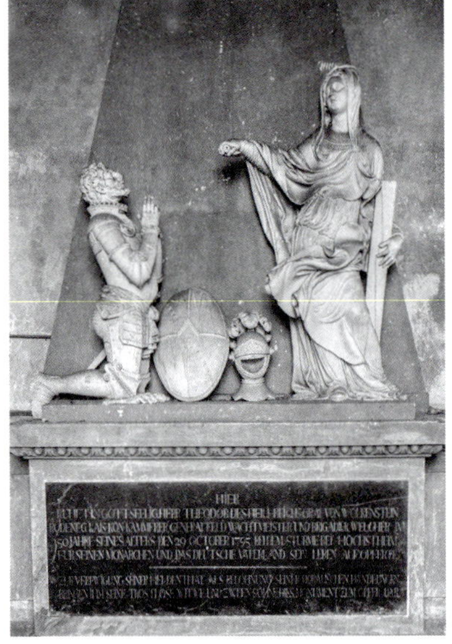

Abb. 70 ▲
Grabdenkmal für Theodor Reichsgraf von Wolkenstein-Rodenegg (14), heute noch stark beschädigt vor Ort

(11) Hl. Bischof

Im Ostjoch, Fensternische: Statue eines Bischofs auf hohem Sockel (nicht identifiziert).

(12) Maria vom Guten Rat

Östliches Wandfeld: In reich geschnitztem Rahmen in Rokokoformen, der Johann Peter Förster zugeschrieben wird, Gemälde *Maria vom Guten Rat* ***(Abb. 67, 68)***, barocke Kopie des populären, weit verbreiteten Gnadenbildes *Madonna del buon consiglio* in der Augustinerkirche in Genazzano bei Rom aus dem 15. Jahrhundert (eventuell Gegenstück zu (13); heute an der Rückseite des Marienaltares).

(13) Kruzifix

Im südlichen Seitenschiff, östliches Wandfeld, vermutlich dargestellt: geschnitzter Rahmen in Rokokoformen mit Darstellung der Leidenswerkzeuge Christi, Mitte des 18. Jahrhunderts, Johann Förster zugeschrieben; darin Holzkruzifix (Gegenstück zu (12), heute auf der Rückseite des Kreuzaltares).

Kat. 6 mit Tafel 6

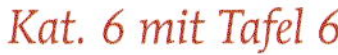

Johann Conrad (1755–1835)

INNENANSICHT DER PFARRKIRCHE ST. QUINTIN

Signiert und datiert links unten (Feder in Schwarz): „JC. [ligiert] inv. 1818."
Bleistift, Feder in Schwarz, Deckfarben, mit Goldbronze getönt, auf Papier (flächig auf Kartonuntersatz montiert), 36,0 x 40,7 cm (Blatt), 37,5 x 42,3 cm (Untersatz)

Inv.-Nr. G 15862 (Dauerleihgabe der VRM)

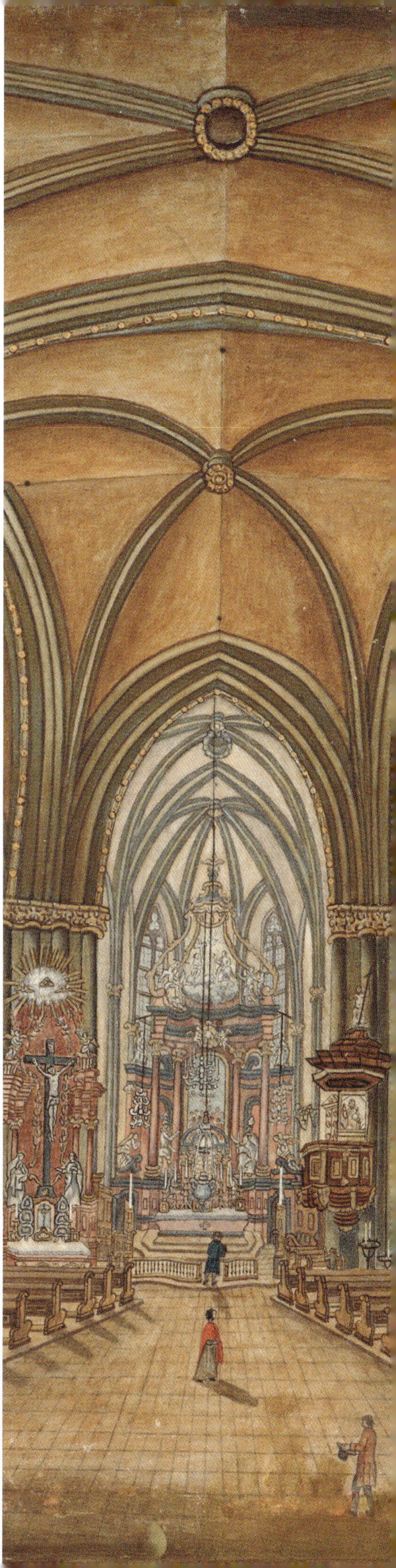

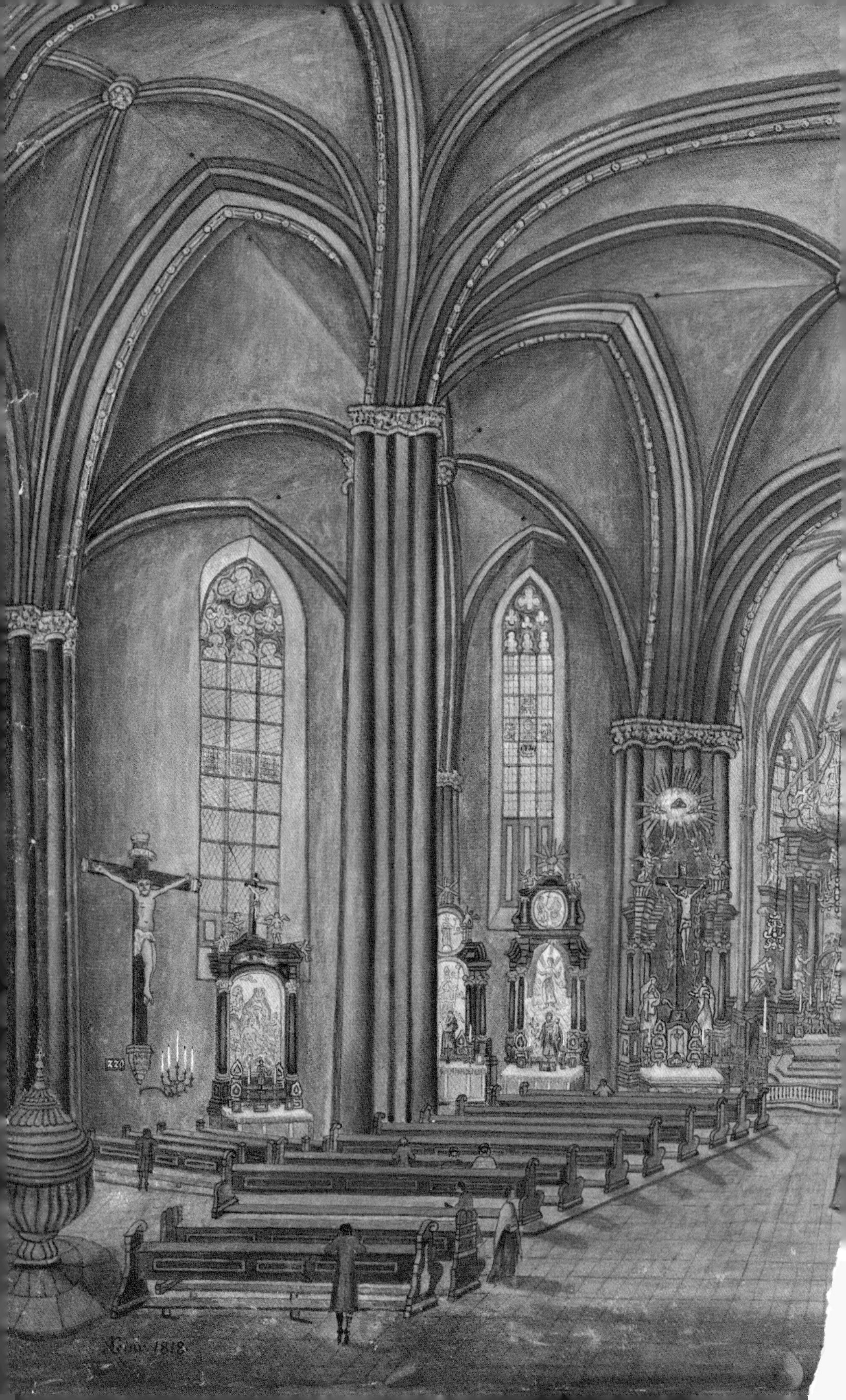
1818

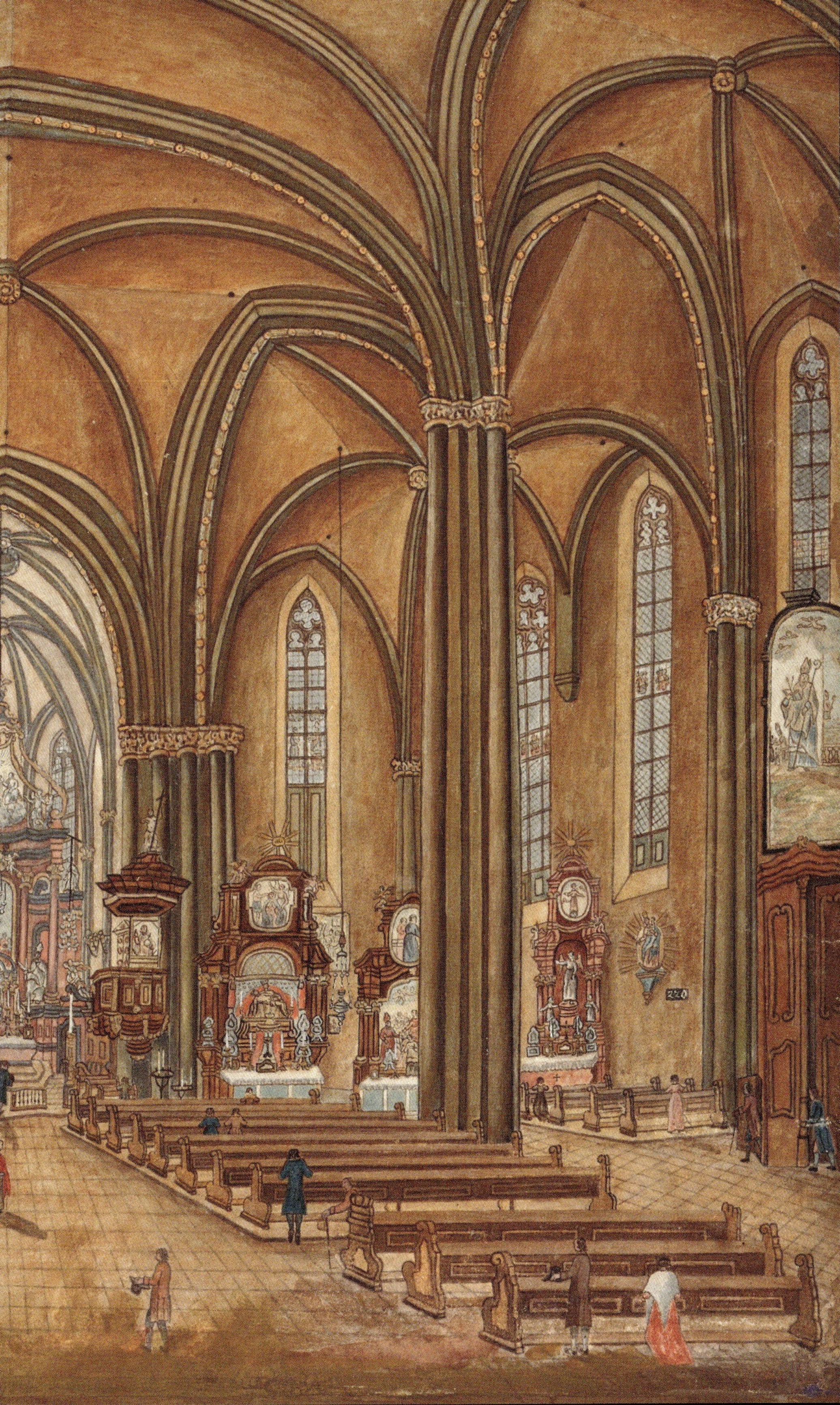
220

14 Grabdenkmal für Theodor Reichsgraf von Wolkenstein-Rodenegg

Östliche Fensternische: Grabdenkmal ***(Abb. 69)*** für den General Theodor Reichsgraf von Wolkenstein-Rodenegg (gefallen 1795 beim Angriff auf Hechtsheim), Werk von Georg Scholl; 1872/73 aus dem Kirchenraum in den Südturm versetzt, dort 1944 stark beschädigt; Rotsandstein mit grauer Fassung, Figuren aus grauem Sandstein ***(Abb. 70)***. Über hohem Sockel mit Inschrift (nicht wiedergegeben) ein Obelisk, davor kniend der Verstorbene in barockem Harnisch mit Helm und Wappenschild, allegorische Figur des Glaubens mit Kreuz (das ganze Grabmal beschädigt erhalten).

15 Taufbecken

Westliche Fensternische: Taufbecken aus Marmor vor stuckierter, marmorierter Rückwand mit Ölmalerei der *Taufe Christi*, an Rahmung Putti; Einfriedung durch bewegtes Gitter (nicht mehr vorhanden).

GEORG PETER KARN

QUELLEN/LITERATUR

- Klepper 1874; Wolf 1969; Karn 2004; Berger 2006

Tafel 6 ◀◀
Innenansicht der Pfarrkirche St. Quintin

Abb. 71 ◀
St. Quintin vor dem Zweiten Weltkrieg

Abb. 72 ◀
St. Quintin nach dem Zweiten Weltkrieg

Abb. 73 ◀
St. Quintin heute

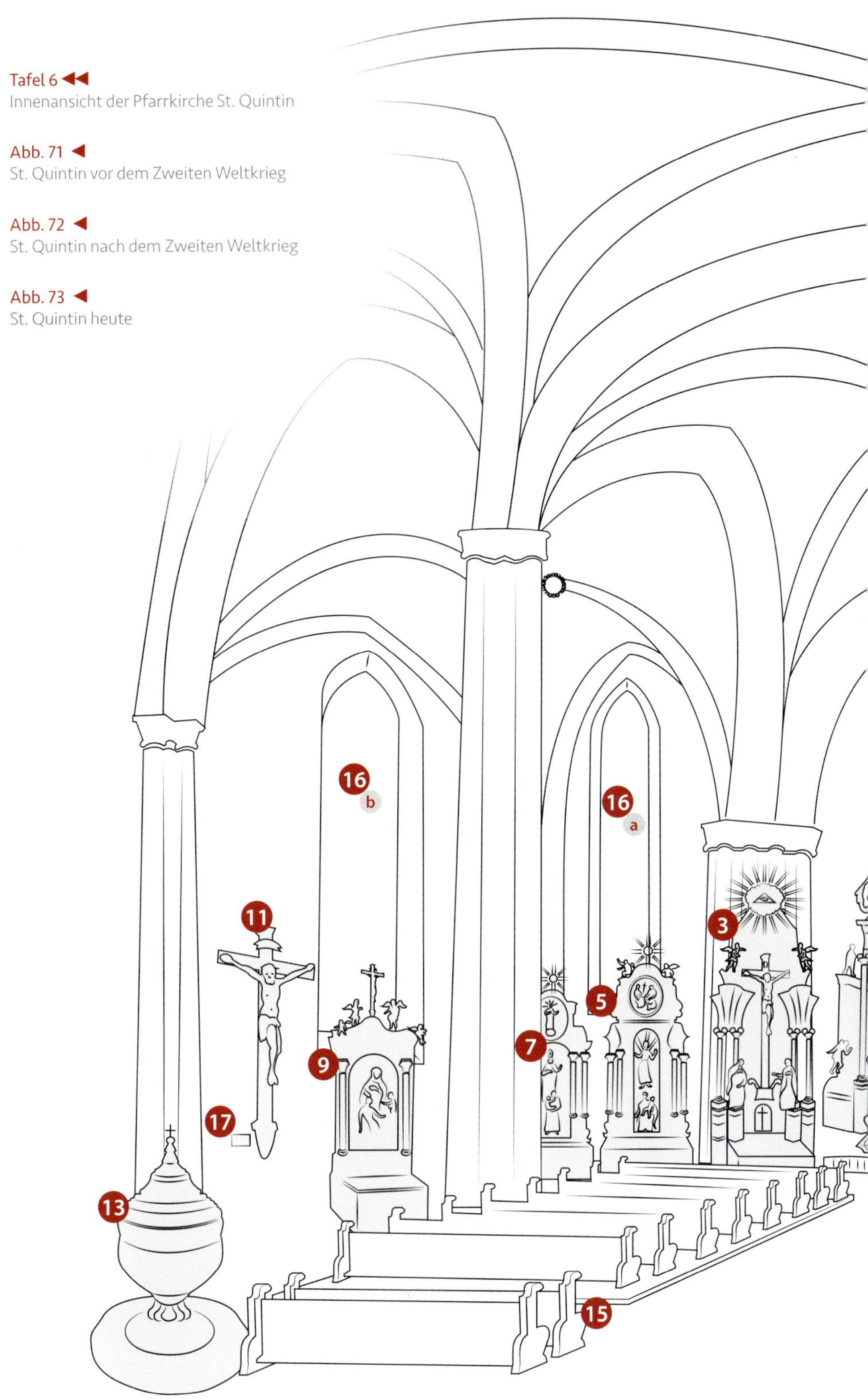

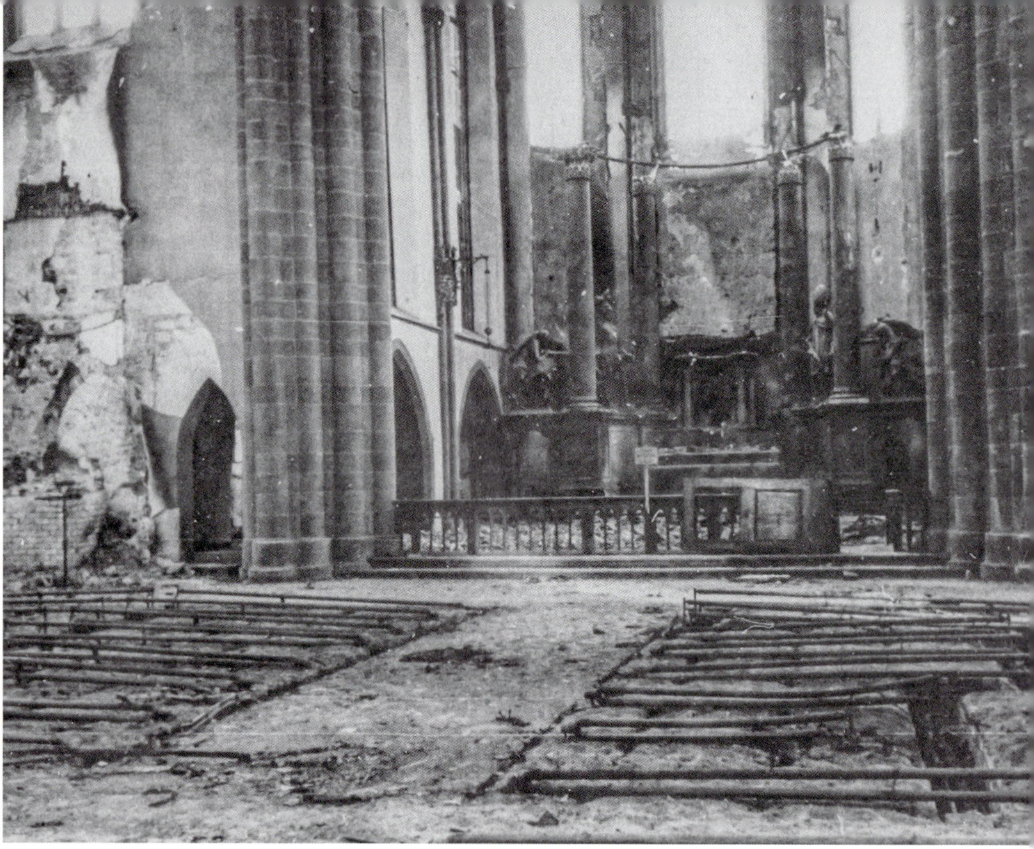

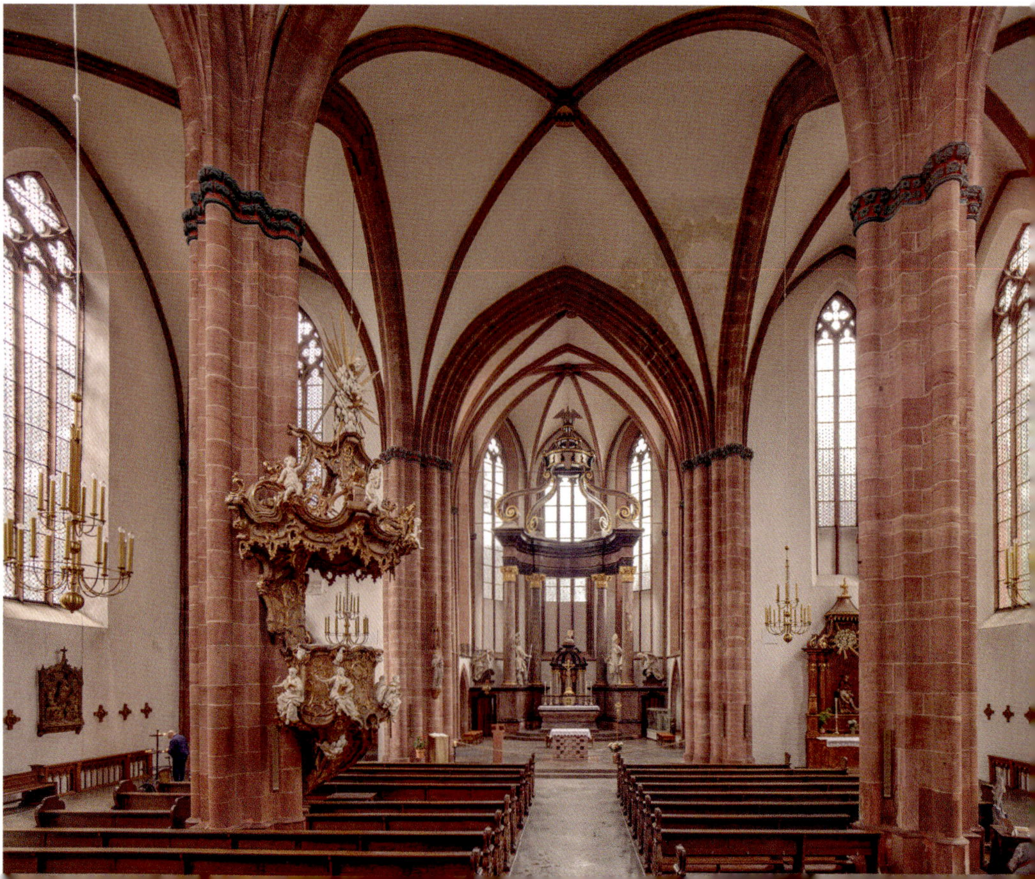

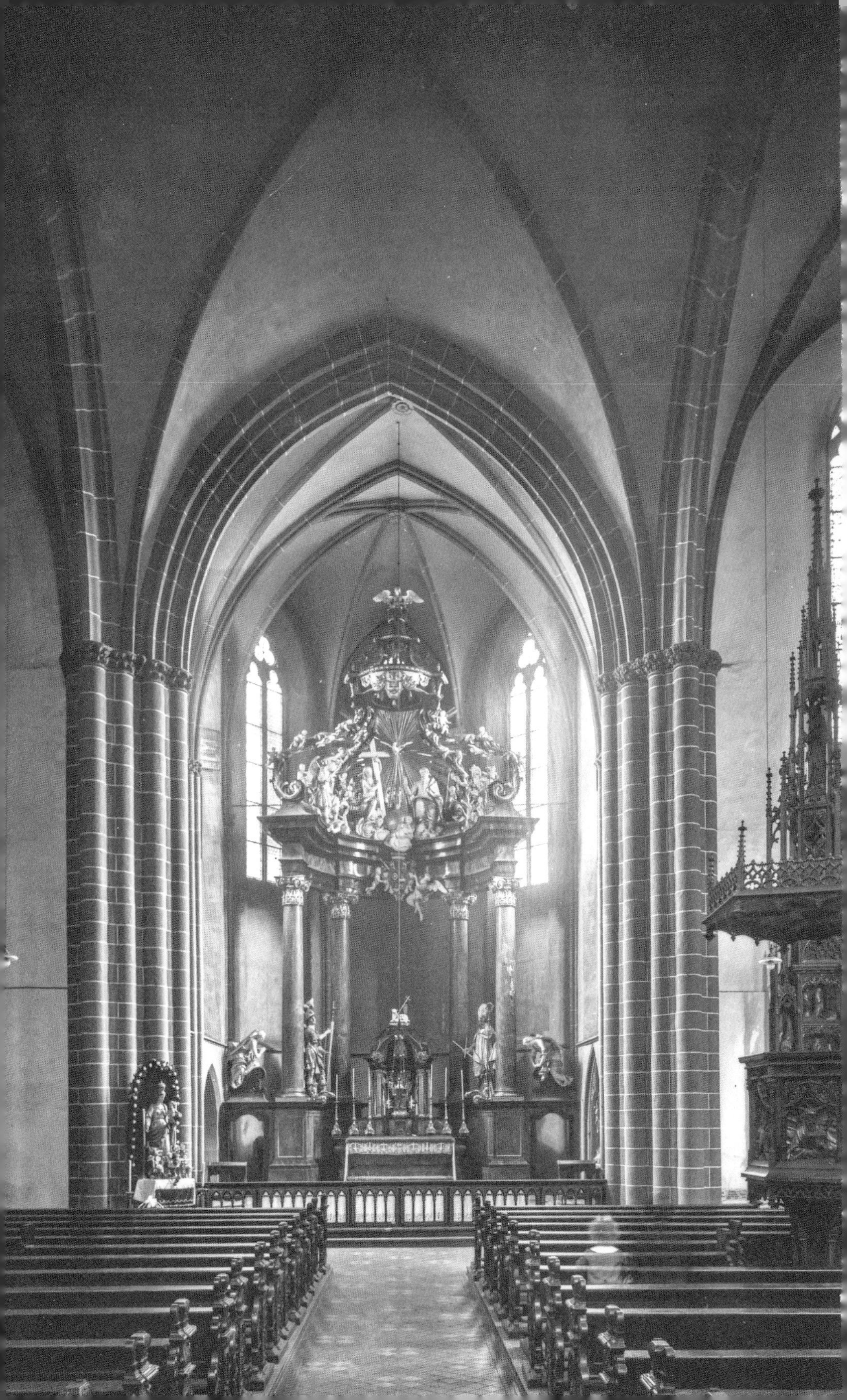

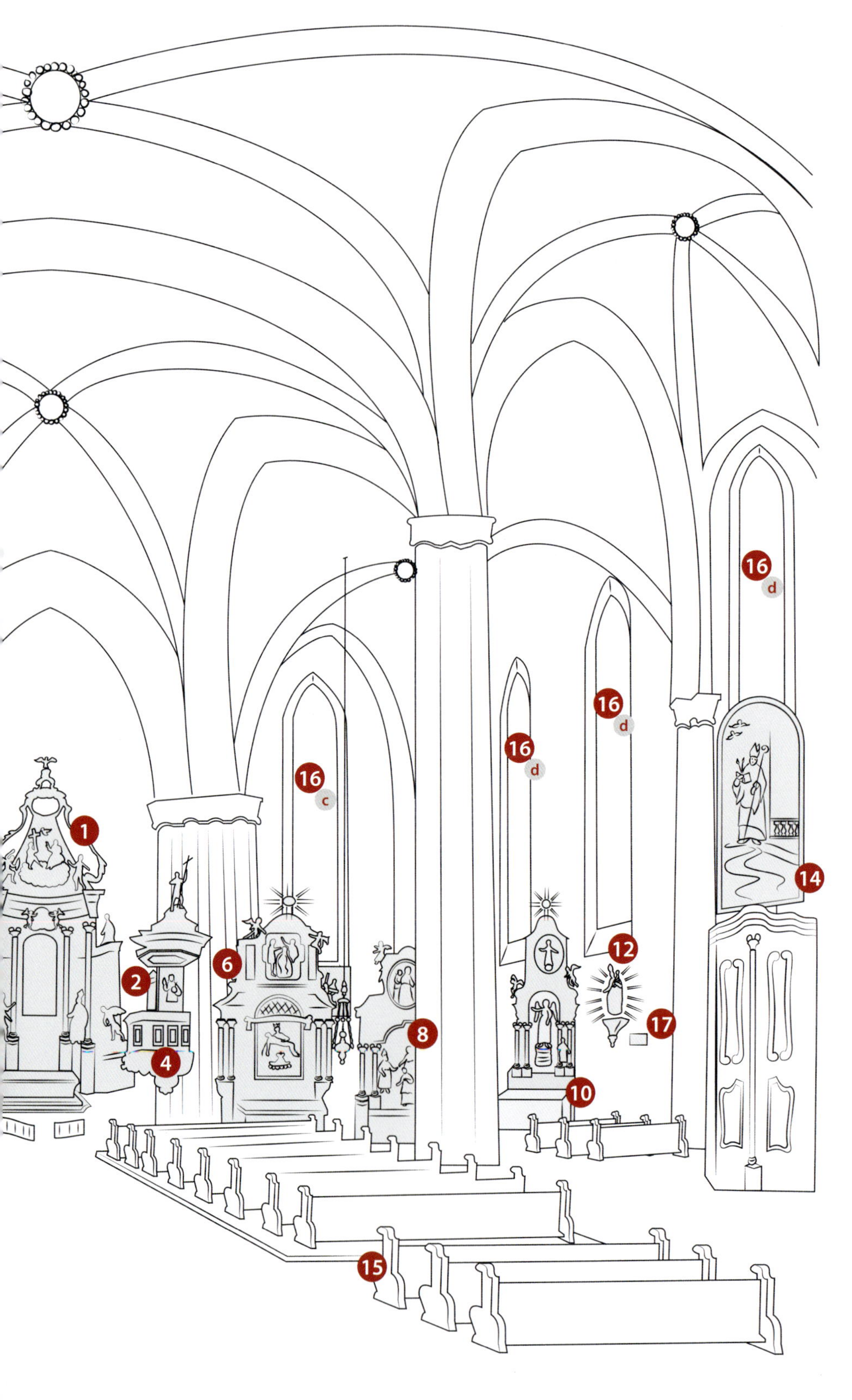
16
d
16
d
16
d
16
c
1
14
12
6
2
17
8
4
10
15

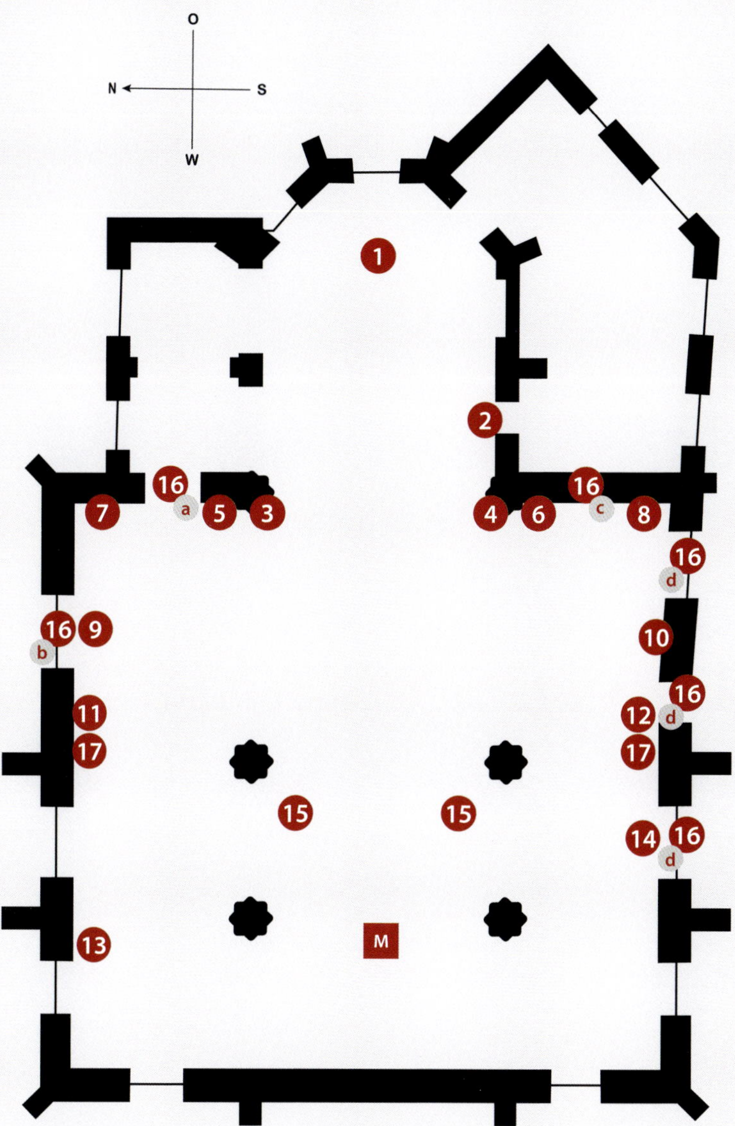

St. Quintin: Grund- und Aufriss mit Positionierung der Ausstattung (M Standort des Malers)

INNENANSICHT DER PFARRKIRCHE ST. QUINTIN (TAFEL 6)

I. ZUR KIRCHE UND ZUM RAUM

Axialer Blick durch das Langhaus in Richtung Osten zum Hochaltar der wohl ältesten, vielleicht noch in merowingische Zeit zurückgehenden Mainzer Pfarrkirche. Dieses hohe Alter spiegelt sich in dem seltenen Patrozinium des römischen Heiligen Quintin wider, der der Legende nach im späten 3. Jahrhundert in Nordfrankreich das Martyrium erlitten haben soll. Das anstelle dieses frühmittelalterlichen Baues von 1288 bis 1330 errichtete Gotteshaus, das hier mit verschiedenen Besuchern und Betern belebt ist, besitzt die vor allem in der Spätgotik beliebte Raumform der Halle, bei der Haupt- und Seitenschiffe meist in gleicher Höhe angelegt sind. In Mainz weisen auch die ebenfalls im 14. Jahrhundert entstandenen Kirchen St. Stephan und Liebfrauen (zerstört) diese Raumform auf, die im 18. Jahrhundert nochmals in St. Peter aufgegriffen wurde. Vom fast quadratischen dreijochigen Langhaus sind das mittlere, schmalere Eingangsjoch und das querhausähnlich breite Joch vor dem Chor zu sehen. Die Seitenschiffe scheinen - wie mit dem Weitwinkel erfasst - seitlich ausgeklappt; das Rippengewölbe der Halle nimmt das obere Drittel des Blattes ein. Das westliche Joch ist nicht zu sehen, hier ist der Standpunkt des Malers anzunehmen.

Bei der Restaurierung 1773 Fußboden des Innenraumes mit dem Bauschutt der abgerissenen mittelalterlichen Augustinerkirche um einen Fuß (25–30 cm) erhöht und mit rechteckigen Bodenplatten erneuert. Gelbliche Raumfassung ebenfalls 1773, Pfeiler (mit gelblichen Blattkapitellen) und Gewölberippen (mit hier in Goldbronze aufgemaltem Dekor an den Gurtbögen) dazu in dunkelgrauer Farbe abgesetzt. Florale Schlusssteine (anstelle der Wappenschilde). Die von einem Ring eingefasste Öffnung im mittleren Joch für die Auffahrt einer Christusfigur an Christi Himmelfahrt und zum Herablassen einer Heilig-Geist-Taube an Pfingsten genutzt.

II. ZUR AUSSTATTUNG

Die 1624 gegründete Gebets-Bruderschaft vom Allerheiligsten Altarsakrament stiftete den Hochaltar sowie weitere Ausstattungsstücke und finanzierte die Restaurierungen der Kirche mit. Die Bruderschaft trug wesentlich zur Ausbreitung des Großen Gebets und der Ewigen Anbetung im ganzen Erzstift bei.

Die Altäre des 18. Jahrhunderts mit Ausnahme des Hochaltares fast alle im 19. Jahrhundert entfernt und durch eine neugotische Ausstattung ersetzt.

Umfassende Restaurierung 1880–1883. Schon zuvor Bau und Ausstattung durch die Pulverturmexplosion 1857 stark beschädigt, alle Glasmalereien zerstört. Fast die gesamte verbleibende Ausstattung der Kirche verbrannte im Zweiten Weltkrieg bei dem Bombenangriff vom 12./13. August 1942. Die heutige ältere Ausstattung kommt zum Großteil aus anderen Kirchen, vor allem aus St. Emmeran.
Die seit dem 15. Jahrhundert bezeugten Patrozinien der sieben Altäre und des Hochaltares haben sich auch bei späteren Altarweihen erhalten. Die Darstellungen der Altargemälde und der Figuren lassen nicht zwingend das Patrozinium ablesen, da die Altäre nicht nur einem, sondern mehreren Heiligen geweiht sein können. Die dargestellten Seitenaltäre zeigen trotz Unterschieden im Detail fast alle einen ähnlichen Aufbau aus doppelter Säulenstellung, gesprengtem Giebel und Auszug sowie mit zwei Ausnahmen eine ähnliche Farbigkeit. Daher wohl etwa gleichzeitige Entstehung zu Beginn des 18. Jahrhunderts, nur der Kreuzaltar deutlich später. Die Seitenaltäre sind von außen gesehen zum Hochaltar hin in der Höhe gestaffelt. Auf allen Seitenaltären Altartuch, Altarkreuz, Kanontafeln, Kerzenleuchter und silberne Reliquiare; blaue Antependien mit weißen Borten, nur beim Altar im rechten Seitenschiff und der architektonisch ausgestalteten Mensa des Kreuzaltares scheint kein eigenes Antependium vorgehängt.

II.1. CHOR

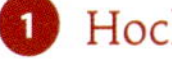

1 Hochaltar

Im Jahr 1724 zum 100-jährigen Bestehen der Gebets-Bruderschaft gestiftet, aber erst 1738 von Maximilian von Welsch in Form eines Ziboriums über vier Marmorsäulen entworfen und 1739–1741 ausgeführt. Die Namen aller dabei beteiligten Künstler und Handwerker sind überliefert. So stammen die heute noch erhaltenen weiß gefassten Stuckfiguren der Kirchenpatrone (von beiden besaß die Kirche bis Ende des 18. Jahrhunderts Reliquien) sowie die Figuren der adorierenden Engel vom Hofbildhauer Burkhard Zamels: hl. Quintin (links, ***Abb. 74, 75***) mit Brustpanzer und federgeschmücktem Helm, Hände und Füße in Ketten gelegt und einen langen Bratspieß als Zeichen seines Martyriums haltend. Rechts der hl. Blasius in bischöflichem Ornat mit zwei gekreuzten Kerzen. Das Ziborium mit der Darstellung der *Heiligen Dreifaltigkeit,* flankiert von den Erzengeln Michael und Raphael (Patrone der sakramentalen Bruderschaft), bekrönt von einem volutengetragenen Kronreif mit Pelikan von Johann Nager und Burkhard Zamels; von Putten

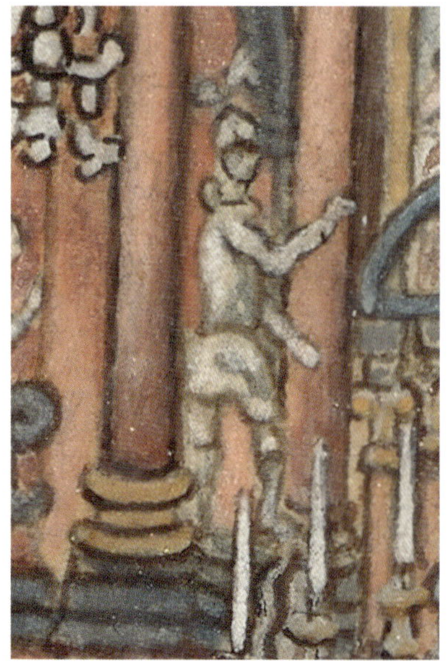

Abb. 74 ▲
Detail aus Taf. 6: Hl. Quintin

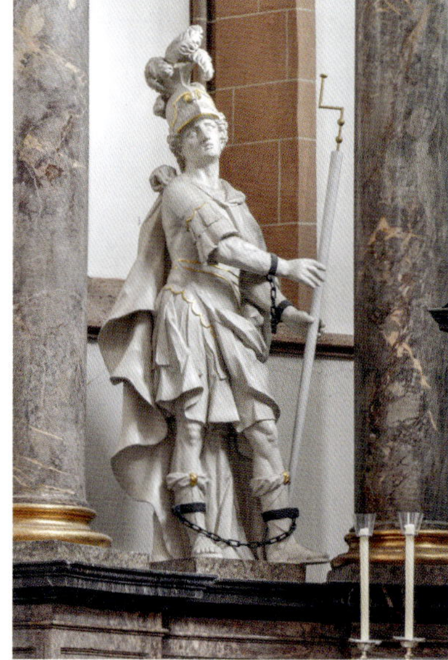

Abb. 75 ▲
Hl. Quintin am Hochaltar 1, heute noch vor Ort

flankiertes Wappen des amtierenden Erzbischofs Philipp Karl von Eltz am Architrav. Altaraufbau im Zweiten Weltkrieg komplett zerstört und heute ohne oberen Figurenschmuck in vereinfachter Form rekonstruiert ***(Abb. 73)***. Die mit hellem Glas versehenen Apsisfenster sind im unteren Drittel von konkaven Wandstücken mit Rundbogennischen und Pilastern verdeckt, die dem Ziborium als Rücklage dienen (im 19. Jahrhundert beseitigt). Auf deren Abschlussgesims rechts und links zwei weitere Figuren (hll. Sebastian und Rochus?), die Durchgänge darunter mit Türen verschlossen. Hochaltarbild mit der Darstellung des *Letzten Abendmahls* von Gustav Heinrich Hoch (1740). Eine vom Triumphbogen herabhängende silberne Ewig-Licht-Ampel in Vasenform verdeckt den von Johann Nager und Steinmetz Johannes Dillmann gearbeiteten Tabernakel (dessen Kruzifix und ziboriumsartige Nische noch zu erkennen), davor zu Seiten je drei Kerzenhalter gestaffelt. Drei vielarmige Kronleuchter (vielleicht aus hellem Muranoglas), zwei davon an Eisenstangen zwischen Hochaltargesims und Apsiskapitellen herabhängend, der größere Leuchter mittig am Ziborium aufgehängt. Zwei mindestens zwei Meter hohe Kerzenleuchter flankieren die freistehende

Mensa hinter der Kommunionbank. Die Kommunionbank 1724 zum Jubiläum der Bruderschaft gestiftet, schon 1750 durch eine neue ersetzt: konkav ausschwingend mit schlanken, zweifach gewirtelten Stäben. Seitlich Gestühl für Altaristen und Bruderschaft mit eingetieften Rechteckfeldern im Dorsale, beide von Hofschreiner Franz Anton Herrmann. Sakristeiglocke aus kleinem achtteiligen Geläut an zwei Querstangen mit durchbrochenen metallenen Wangen.

2 Epitaph Knebel von Katzenelnbogen

Von einem Dreiecksgiebel bekröntes Wandepitaph ***(Abb. 76)***; Ahnenprobe des Ludwig Franz Friedrich von Knebel von Katzenelnbogen (1692–1754) über sechs Generationen mit 22 um das Wappen des Verstorbenen aufgereihten Wappenschilden: auf der linken Seite der väterliche Zweig der Knebel von Katzenelnbogen, auf der rechten Seite der mütterliche der Waldbott von Bassenheim. Heute am westlichen Teil der Nordwand der Kreuzkapelle ***(Abb. 77)***. 1752 fand die erste Beisetzung in der Knebel'schen Familiengruft in der Kirche statt.

II.2. AUSSERHALB DES CHORES

3 Kreuzaltar

1777 anstelle eines älteren Vorgängers am nördlichen Triumphbogenpfeiler durch Bildhauer Johannes Eschenbach und Schreiner Johannes Reisser ausgeführt. Maria und Johannes zwischen zwei Säulen unter dem über das gesprengte Gebälk hinausragenden Kruzifix, bekrönt vom Auge Gottes in einer Strahlengloriole. Der Altar hebt sich durch Größe und rötliche Farbigkeit von den übrigen Altären ab. Verwandt in der Komposition die beiden Kreuzaltäre in St. Peter und St. Ignaz. Im 19. Jahrhundert an die Ostseite des nördlichen Seitenschiffes unterhalb des Fensters versetzt, anstelle des Mariae-Himmelfahrt-Altares 5. 1942 verbrannt.

4 Kanzel

1716 anstelle einer älteren vielleicht an einem anderen Standort errichtet, hier am rechten Triumphbogenpfeiler. Der Kanzelkorb mit eingetieften Feldern, Rückwand mit Relief oder Gemälde des *Salvator mundi*, auf dem polygonalen Schalldeckel ein auferstehender Christus mit Kreuzstab ***(Abb. 76)***. Bereits 1823 wurde die Kanzel durch eine neue ersetzt, die nach Zahlbach gelangte.

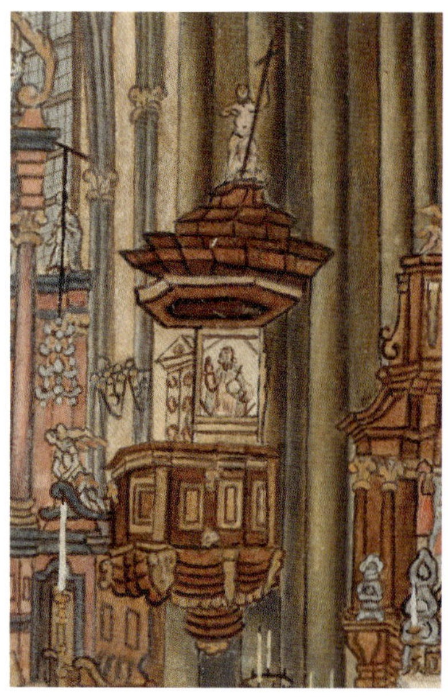

Abb. 76 ▲
Detail aus Taf. 6: Epitaph Knebel von Katzenelnbogen, halb verdeckt durch die barocke Kanzel

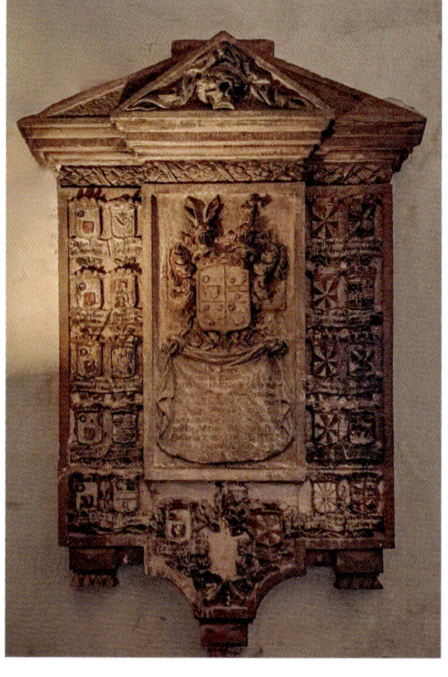

Abb. 77 ▲
Epitaph Knebel von Katzenelnbogen ②, heute Kreuzkapelle St. Quintin

⑤ Linker innerer Seitenaltar: Mariae-Himmelfahrt-Altar

1715 zu Ehren der Unbefleckten Empfängnis und Aufnahme Mariae in den Himmel geweiht. Hauptbild mit Relief der *Himmelfahrt Mariae,* umgeben von einer Wolken- und Engelsgloriole, im Auszug Gemälde der *Heiligen Dreifaltigkeit* in Erwartung der Marienkrönung ***(Abb. 78)***. Vor dem Altarbild eine Josephsfigur, die nicht mit der heute in St. Quintin vorhandenen identisch ist. Seit 1634 gab es eine Stiftung für eine jährlich abgehaltene 30-tägige Muttergottesverehrung nach Mariae Himmelfahrt (Muttergottesdreißiger). 1833 war der Mariae-Himmelfahrt-Altar abgeschlagen und eingelagert worden, er wurde 1844 nach (Mainz-) Drais verkauft, wo er seitdem als Hochaltar der Pfarrkirche Maria Königin dient ***(Abb. 79)***.

⑥ Rechter innerer Seitenaltar

Auf einem hohen, breiten Sockel in einer Nische mit hellblau-golden kassettierter Kalotte das in Mainz besonders verehrte spätgotische Gnadenbild der *Schmerzhaften Muttergottes* aus St. Agnes ***(Abb. 80, 81)***, das 1802 mit der

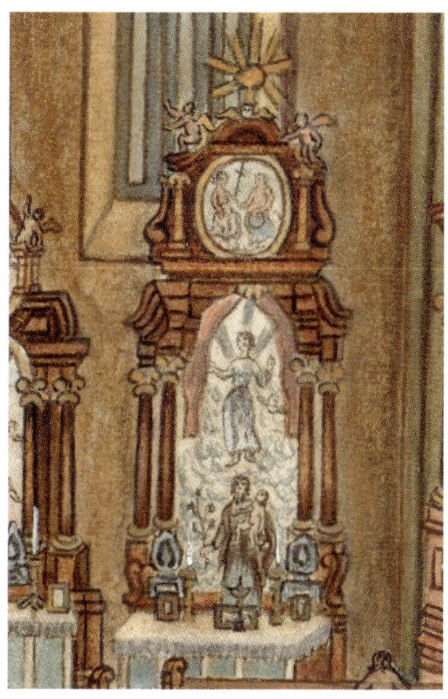

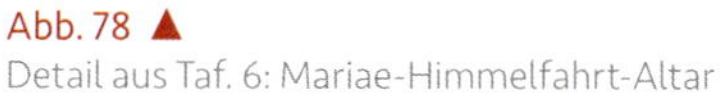

Abb. 78 ▲
Detail aus Taf. 6: Mariae-Himmelfahrt-Altar

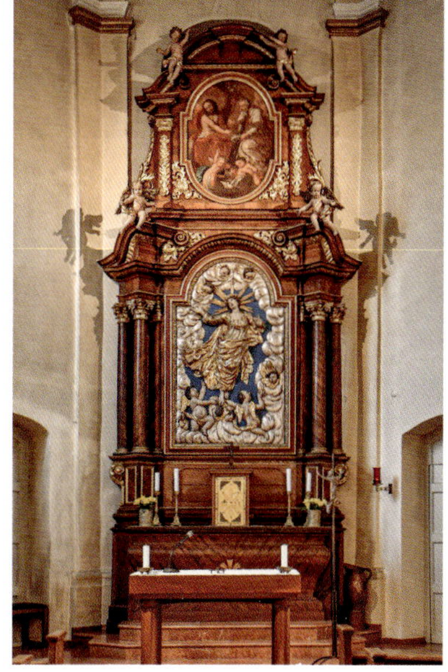

Abb. 79 ▲
Mariae-Himmelfahrt-Altar 5, heute Mainz-Drais, Maria Königin

Auflösung des Klosters am Schillerplatz in die Quintinskirche übertragen worden war. Davor Tabernakel mit Vorhangbaldachin, vom Gewölbe hängt eine silberne Ewig-Licht-Ampel herab. Im Auszug des Altares *Verkündigung Mariae* (?), was auf einen älteren Marienaltar hinweisen könnte. Das Gnadenbild wird flankiert von zwei Reliquiaren zwischen den Säulen rechts und links; zwei weitere Reliquiare auf der Mensa davor. Zwei Kerzen seitlich des Gnadenbildes, vier weitere auf der Mensa. Links vom Altar zwei schmiedeeiserne, wenig bestückte Kerzenhalter, ein höherer ringförmiger, der andere rechteckig. Rechts ein kleineres Votivbild oder Relief. Hinter dem Altar rechts oben eingemauert das um 1500 entstandene Relief mit der *Kreuztragung Christi*; 1844 an die Wand des südöstlichen Seitenschiffes unterhalb der Fenster versetzt und dort erhalten.

7 Linker äußerer Seitenaltar

Altargemälde mit einem Bischof, der ein Attribut vor der Brust hält, an der rechten Seite von drei fliegenden Engeln begleitet. Es könnte sich hierbei

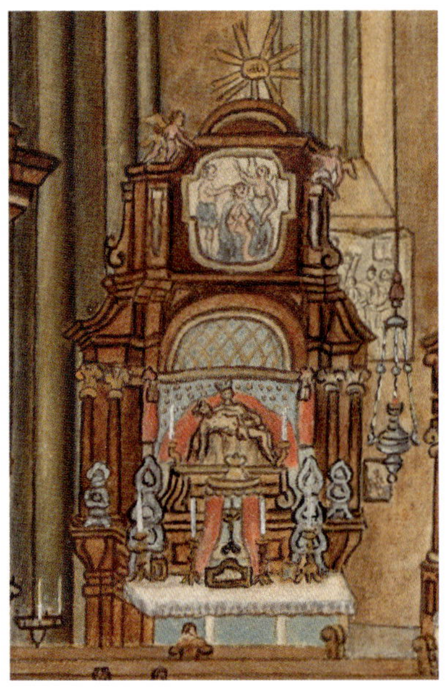

Abb. 80 ▲
Detail aus Taf. 6: Gnadenbild der *Schmerzhaften Muttergottes*

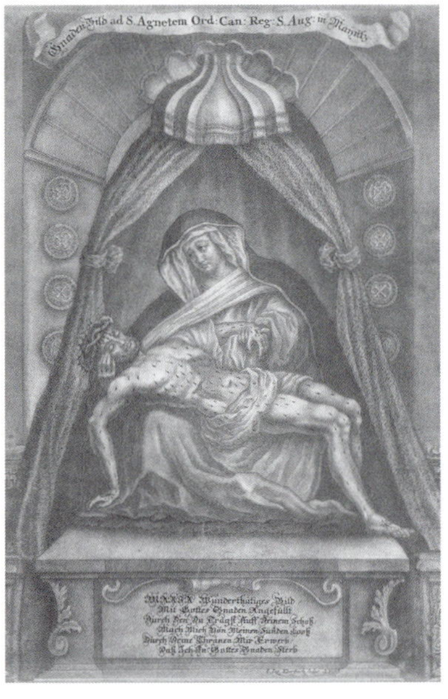

Abb. 81 ▲
Barocke Radierung mit Darstellung des Gnadenbildes der *Schmerzhaften Muttergottes* ❻ (Bischöfliches Dom- und Diözesanmuseum Mainz, Inv.-Nr. G 15868), das Gnadenbild 1942 verbrannt

um den seit 1601 bezeugten, 1715 neu geweihten Nikolaus-Altar handeln; das Gemälde ist vielleicht identisch mit einem im Dommuseum erhaltenen Altarblatt. Für das Jahr 1732 ist die Restaurierung des Altarbildes des Nikolaus-Altares durch Johann Ludwig Heinrich Winterstein und eine Neuvergoldung dokumentiert. Im Auszug *Maria Immaculata*, auf der Weltkugel stehend, eine Lilie in der Hand; vor dem Altarbild eine Figur des hl. Antonius von Padua mit dem Jesusknaben.

❽ Rechter äußerer Seitenaltar

Auf der Mensa die Figur des hl. Aloysius von Gonzaga, links daneben ein Kerzenleuchter und ein Reliquiar ***(Abb. 82)***. Hiervon im unteren Teil verdeckt die linke Figur des Altargemäldes, ein in Rot, der Farbe des Martyriums gekleideter Bischof. Er wendet sich zur Bildmitte mit einer stehenden weiblichen Heiligen in hellerem Rot. Im Hintergrund dazwischen eine größere Menge weiterer Personen, darüber Engel, die einen Gegenstand über

die zentrale Figur halten. Vermutlich handelt es sich hier um den Ursula-Altar, der 1716 der hl. Ursula, ihren Gefährtinnen (die auf dem Altarbild möglicherweise dargestellten 11.000 Jungfrauen) und der hl. Katharina neu geweiht worden war. Tatsächlich ist das hier dargestellte Gemälde in Farbgebung und Komposition weitgehend identisch mit einem heute noch erhaltenen Barockgemälde ***(Abb. 83)***, das in der Bildmitte die hl. Ursula mit Pfeil und der Märtyrerpalme zeigt, begleitet von Papst Cyriacus und ihrem Bräutigam Aetherius (links) sowie ihren Gefährtinnen (dort rechts), darüber Engel mit Palmzweigen. Der Ursula-Altar aus St. Quintin gelangte mit einem neu dafür angefertigtem Altarblatt der hl. Bilhildis in die 1885 geweihte Bilhildiskirche in der Mainzer Neustadt, wo der Altar 1945 verbrannt ist, das originale Altarblatt scheint im Dom- und Diözesanmuseum erhalten.
Zum Teil durch den Mittelschiffspfeiler verdeckt das Gemälde im Auszug mit zwei Personen, eine davon in Rückenansicht, die möglicherweise um einen Sarkophag stehen.

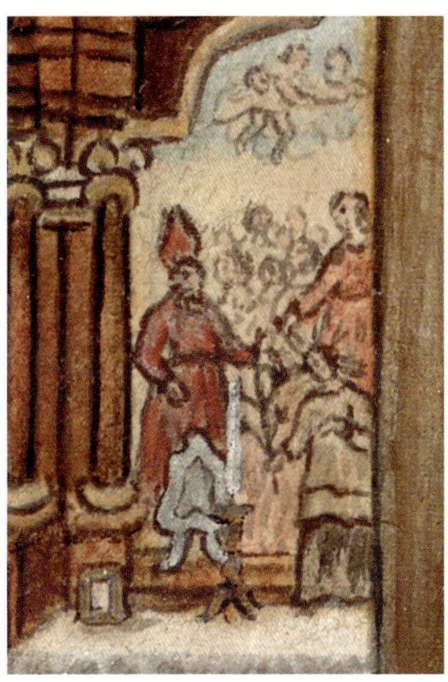

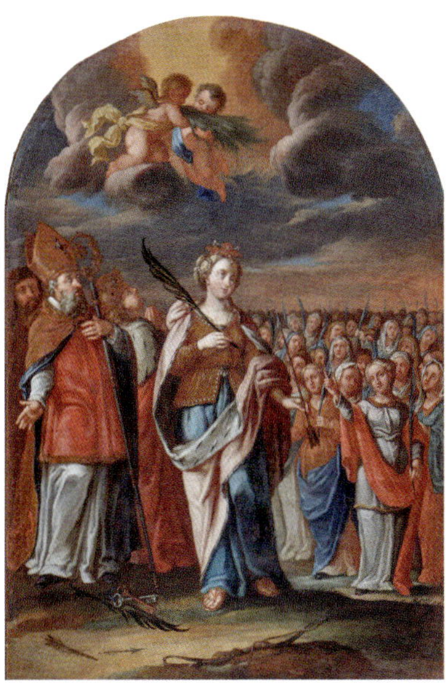

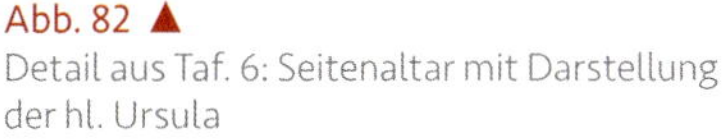

Abb. 82 ▲
Detail aus Taf. 6: Seitenaltar mit Darstellung der hl. Ursula

Abb. 83 ▲
Hl. Ursula, begleitet von Papst Cyriacus und den 11.000 Jungfrauen 8, Bischöfliches Dom- und Diözesanmuseum Mainz, Inv.-Nr. M 02217

9 Altar im linken Seitenschiff

Mit einfacher Säulenrahmung und großem Altarbild der *Beweinung Christi*; auf dem Giebel ein von Putten flankiertes Kreuz. Auf dem Altartisch Figur eines jugendlichen Heiligen, der einen Reif oder einen Schild hält. Wahrscheinlich handelt es sich hier um den 1716 dem Leiden Christi, der Kreuzauffindung und der Kreuzerhöhung geweihten Altar.

10 Altar im rechten Seitenschiff

Dieser hebt sich, analog zum Kreuzaltar 3, in seiner rötlichen Farbigkeit von den übrigen Altären ab. In einer Nische ein Engel auf hohem Sockel, der in der ausgestreckten Rechten einen länglichen Gegenstand hält. Zu Seiten des Sockels zwei kleinere Figuren in langen Gewändern, die in ihrer Darstellung an die hll. Cosmas und Damian, die Patrone der Ärzte, Apotheker und Barbiere erinnern. Im Auszug Gemälde einer auf der Weltkugel mit ausgebreiteten Armen stehenden Maria (?). Für 1716 ist eine Altarweihe belegt, die das alte Patrozinium der hll. Cosmas und Damian übernimmt und um Maria als Heil der Kranken sowie die hll. Raphael, Lukas und Pantaleon – ebenfalls Patrone der Ärzte – erweitert.

11 Triumphkreuz von 1399

Kruzifix über einer Konsole mit nicht lesbarer Inschrift. Darunter fünfarmiger geschwungener, gestaffelter Kerzenhalter an der Wand. Verschiedene im Haupt des Gekreuzigten eingelassene Reliquien und Urkunden (1399, 1650 und 1724) überliefert. Das monumentale Kreuz hing zunächst am Triumphbogen zwischen Chor und Schiff, nach Abbruch des Lettners wurde es, wie hier zu sehen, an die nördliche Seitenschiffwand, 1902 vorrübergehend dann in den Hochaltar versetzt. 1942 verbrannt.

12 Muttergottes

Mondsichelmadonna mit Kind, Krone und Szepter in einer Strahlenglorie auf einer blau-goldenen Konsole. Möglicherweise handelt es sich um die Figur, die bei der großen Prozession nach Fronleichnam mit Darstellung biblischer Themen und Symbole *(octava corporis Christi)* von den Barbieren mitgetragen wurde, s. 10.

13 Taufstein

1713 aus rotem und schwarzem Lahnmarmor vom Steinmetzmeister

Valentin Müller gearbeitet. Der mit einem Reichsapfel bekrönte Kupferdeckel von Johann Martin Emmerich wurde bereits 1717 von demselben erneuert. Der Taufstein steht heute im ersten Joch des südlichen Seitenschiffes ***(Abb. 85)***. Im Vergleich zum Original zeigt Bruder Conrad die Godronierung vereinfacht als Rillen; Taufstein und Deckel stellt er in ihrer Form deutlich überlängt dar ***(Abb. 84)***.

14 Hl. Blasius

Über dem spätbarocken Windfang großes, in der Höhe bis zur Kapitellzone reichendes Gemälde ***(Abb. 88)*** in rundbogigem Rahmen (heute verschollen). Der heilige Bischof, der zu den Vierzehn Nothelfern zählt, hält die gekreuzten Kerzen und ein geöffnetes Buch als Attribute in der rechten Hand, in der linken den Bischofsstab. Im zweigeteilten Hintergrund sind wohl Begebenheiten seiner Vita dargestellt: In der linken Szene vielleicht die Mutter, die ihr Kind, dem eine Gräte im Hals steckt, zu Blasius bringt (darauf bezieht sich der am 3. Februar erteilte Blasiussegen, der vor Halskrankheiten bewahren soll). Die rechte Szene hinter einer Balustrade: Wohl Blasius, der über das Wasser schreitet, das auf sein Kreuzeszeichen hin fest wie das Erdreich wurde, nachdem der Fürst ihn hatte ertränken lassen wollen, weil er sich weigerte, die Götzen anzubeten.

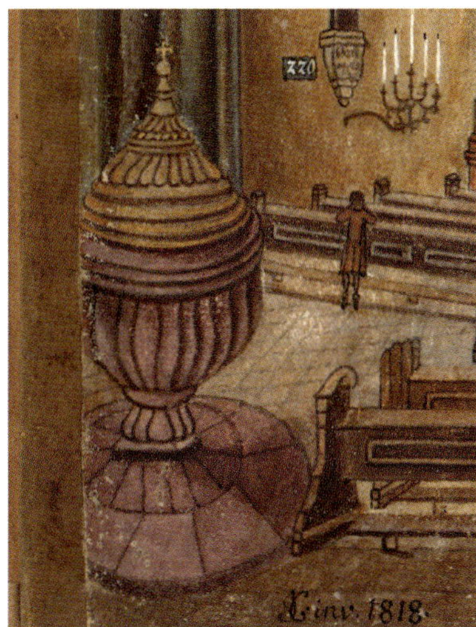

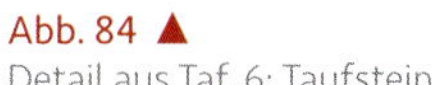

Abb. 84 ▲
Detail aus Taf. 6: Taufstein

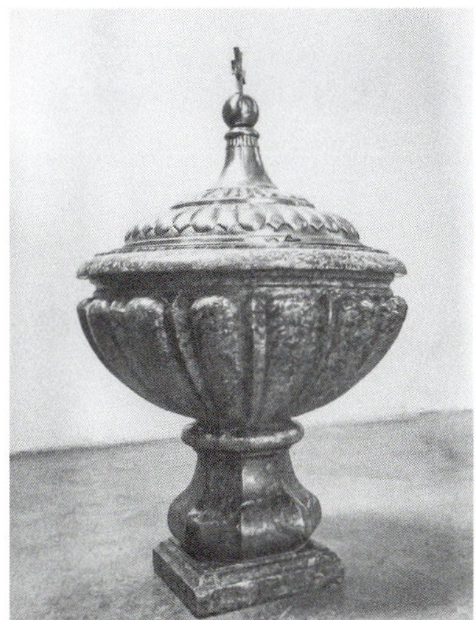

Abb. 85 ▲
Taufstein 13, heute noch vor Ort

15 Kirchenbänke

1775 wurden 22 Kirchenbänke neu angeschafft, mit geschwungenen Wangen. Zwischen diesen zwei Bänke mit symmetrischen Wangen ***(Abb. 86)***, wahrscheinlich mit Knorpelwerk, wahrscheinlich spätes 17. Jahrhundert; ähnlich den heute aufgestellten aus St. Christoph ***(Abb. 87)***.

16 Maßwerkfenster mit Glasmalereien

1724 gestiftete Fenster zum 100-jährigen Jubiläum der Gebets-Bruderschaft vom Allerheiligsten Sakrament: Klarglas aus rechteckigen oder rautenförmigen Feldern mit farbigen Glasmalereien von Glasmaler Bernhard Hoven aus Köln; alle bei der Pulverturmexplosion 1857 zerstört; Fensterbahnen im unteren Teil teilweise unterschiedlich hoch zugesetzt.

16 a Dreibahniges Fenster der Stirnseite des nördlichen Seitenschiffes: Stiftung der Domvikare, gut lesbar die inschriftliche Datierung „1724“, Anbetung des Allerheiligsten Altarsakraments durch zwei kniende Engel mit den nicht dargestellten, aber überlieferten Inschriften „Ecce panis angelorum“ (Seht, das Brot der Engel) und „Vicarii metropolitani fieri fecerunt“ (Die Domvikare

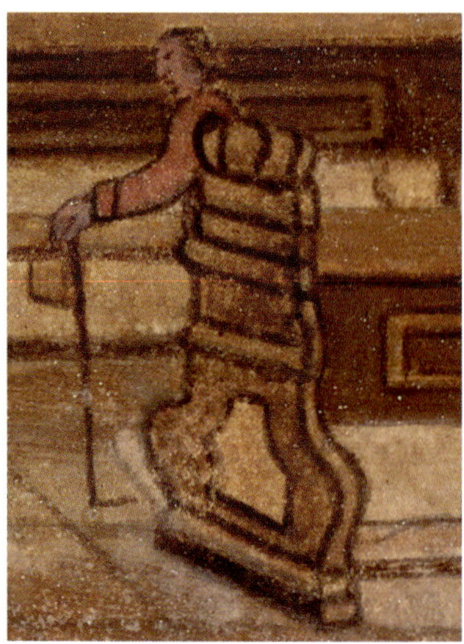

Abb. 86 ▲
Detail aus Taf. 6: Kirchenbankwange

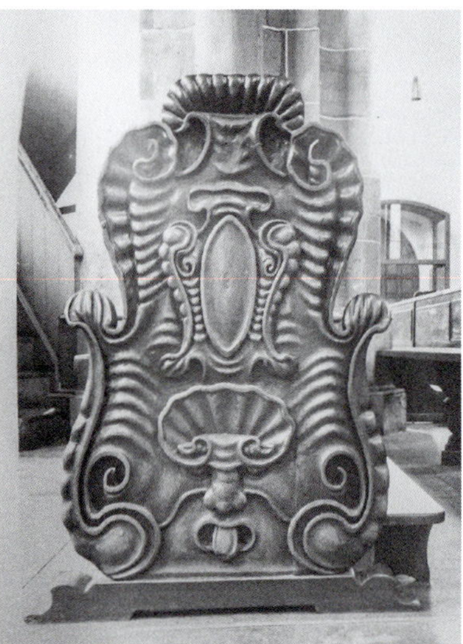

Abb. 87 ▲
Kirchenbankwange mit Knorpelwerk 15, aus St. Christoph, ähnlich der 1942 in St. Quintin verbrannten Wangen

haben dafür gesorgt, dass es [das Fenster] gemacht wird). Darüber Lamm Gottes auf dem Buch mit den sieben Siegeln (?).

16 b Dreibahniges Fenster zum Kirchhof: Drei Wappenscheiben in einer Reihe, überliefert das Mainzer Rad mit der Inschrift „Der wohllöbliche Stadtrat von Mainz".

16 c Zweibahniges Fenster zur Quintinsgasse an der Stirnseite des südlichen Seitenschiffes: Fenster mit den Kirchenpatronen hll. Quintin (links) und Blasius (rechts), die fast die Hälfte der Fenster einnehmen, darüber wohl Wappenschilde der Stifter.

16 d Drei Fenster zur Quintinsgasse: Zwei zweibahnige und ein dreibahniges Fenster mit Wappen der Rokoch'schen Erben, jeweils in gleicher Höhe angebracht. Die Familie besaß eine Grablege in der Quintinskirche, Edmund Rokoch (kurfürstlicher Rentmeister, Ratsherr, Vermögensverwalter von St. Quintin) hatte im 17. Jahrhundert u. a. eine neue Ausmalung und Chorfenster gestiftet.

17 Liedanzeigen

Unter der angezeigten Nummer 220 findet man im *Gesang- und Gebetbuch für die mainzer Diözes* (Erstauflage 1787, neunte Auflage, 1821) von Ernst Xaver Turin das *Sanctus:* „Heilig, heilig, heilig bist du, du o Herr Gott Sabaoth".

LUZIE BRATNER

QUELLEN/LITERATUR

■ Dom- und Diözesanarchiv Mainz, Nachlass Arens, Akz. 8–93, Nr. 56, Kirchen Q–S;

■ Forschner 1905; Schuchert 1939; Gessner 1949; Fritzen 1958; Arens 1967; Glatz/Glatz 2007

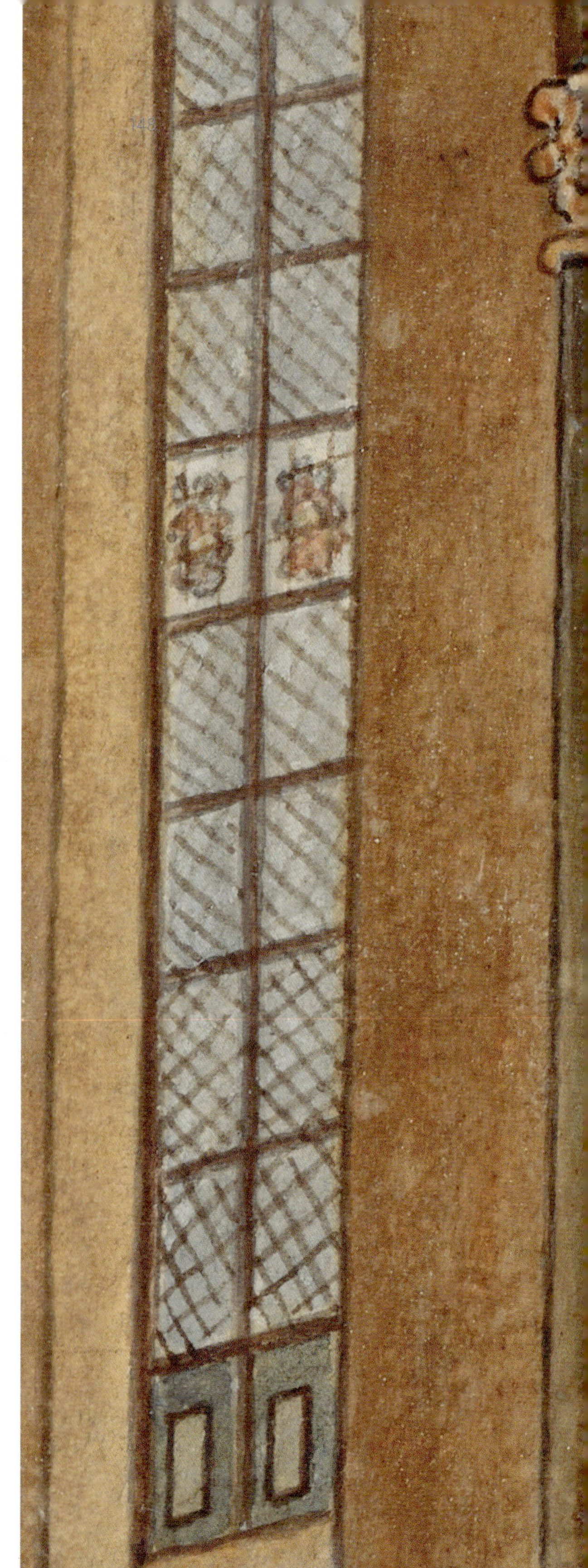

Abb. 88 ▶
Detail aus Taf. 6: Hl. Blasius

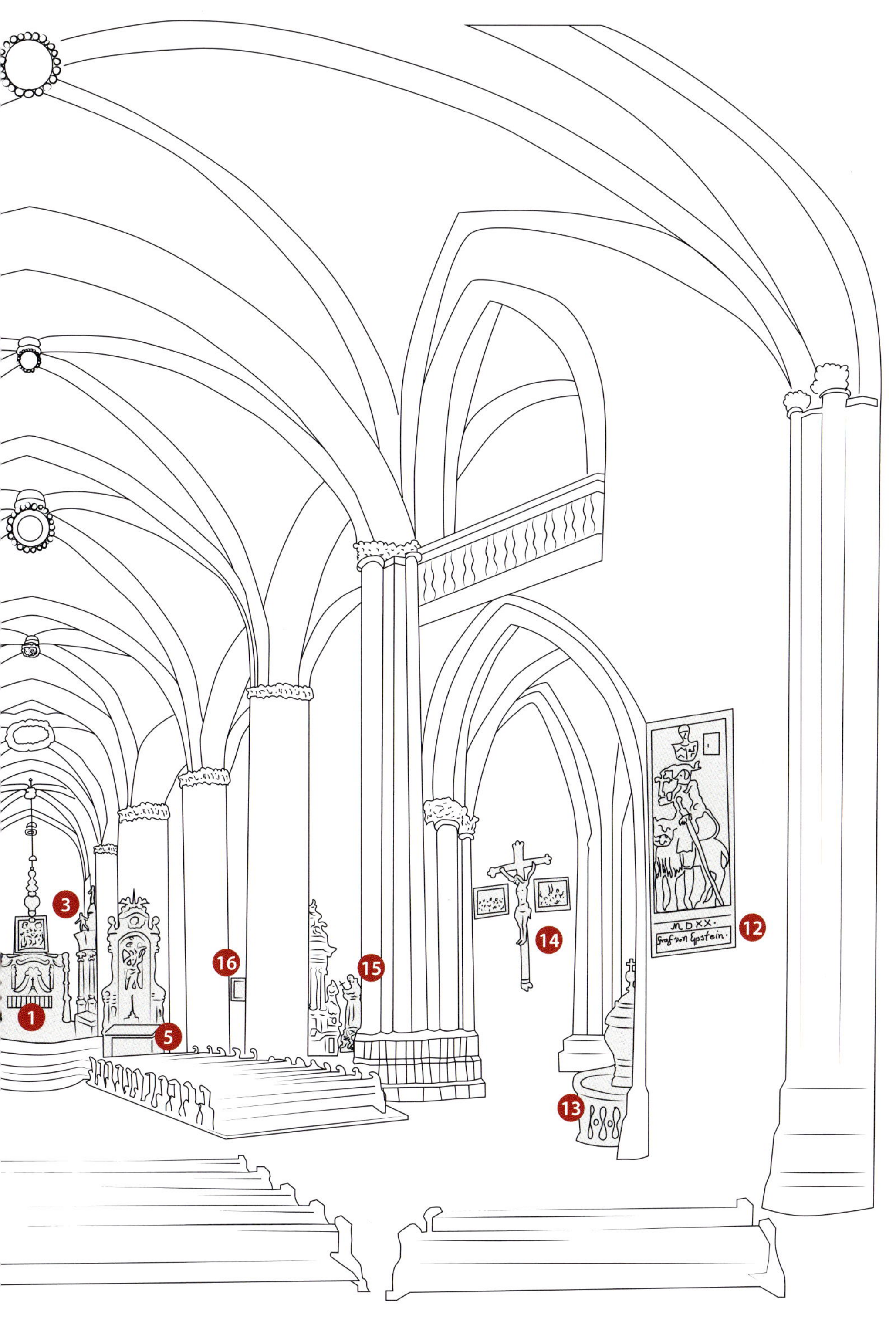
1
3
5
16
15
14
MDXX.
Graf von Epstein.
12
13

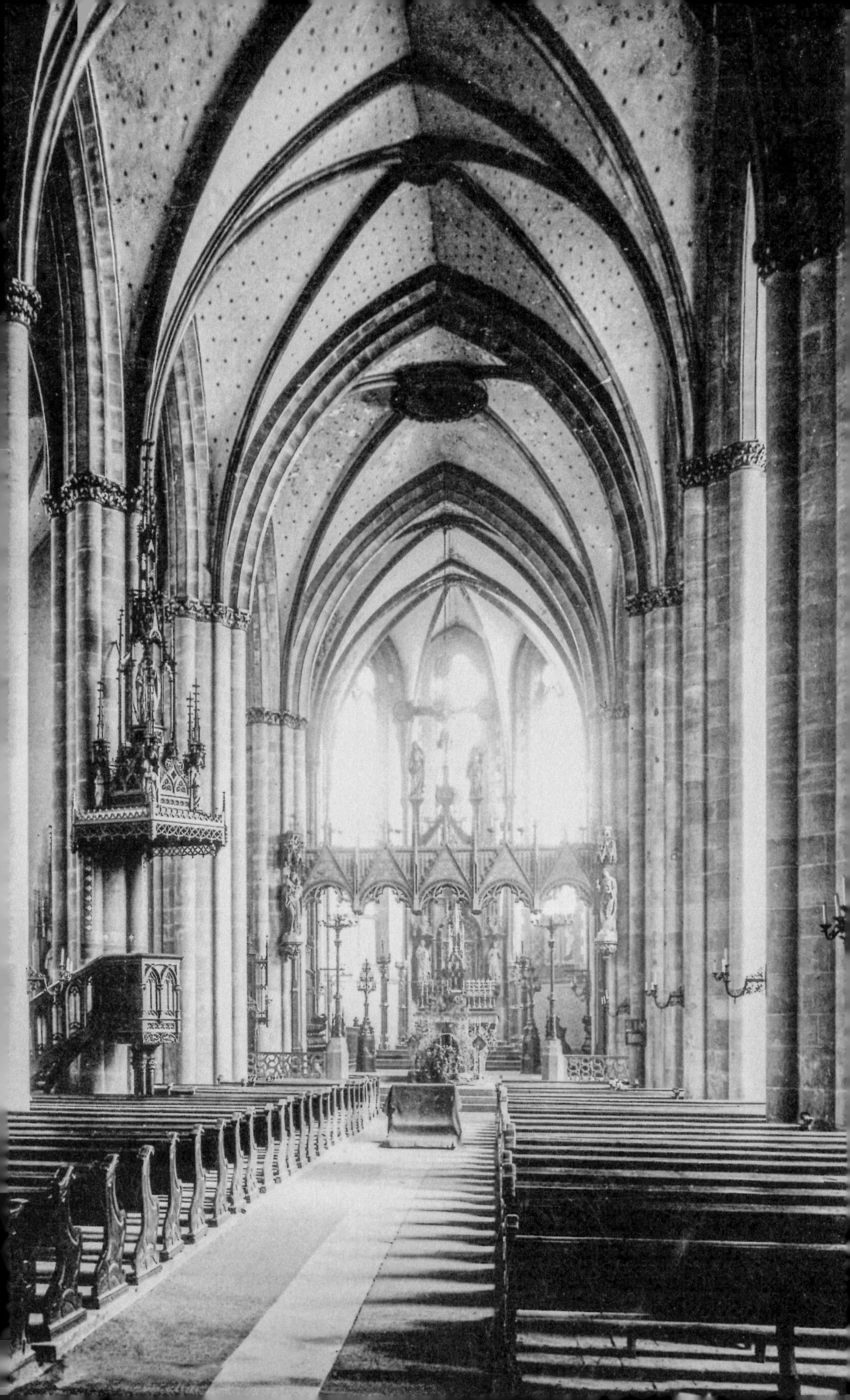

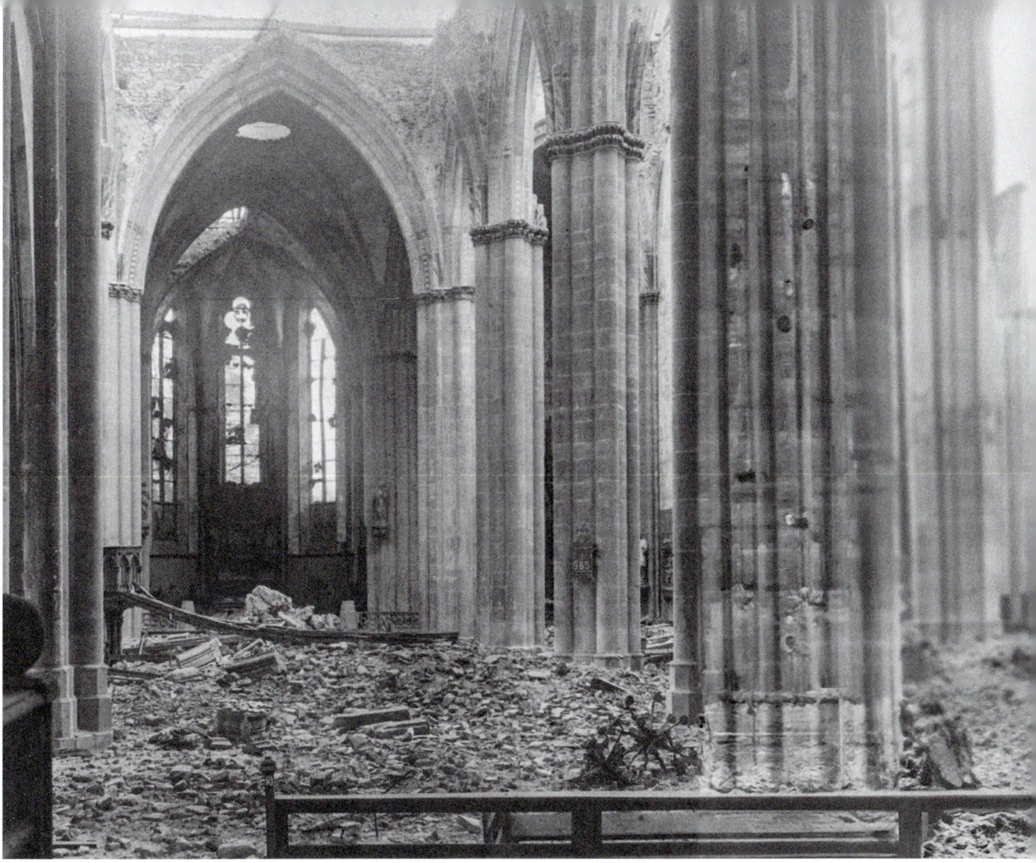

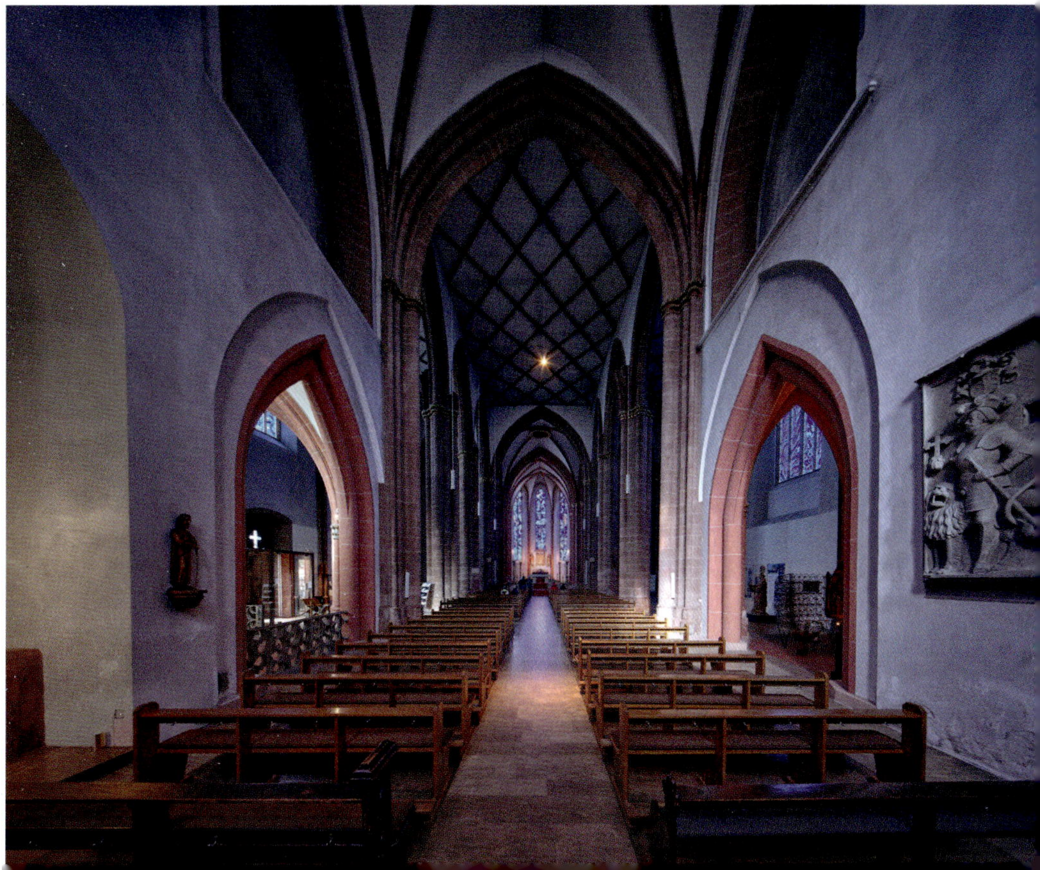

Tafel 7 ◄◄
Innenansicht der ehemaligen Stifts- und heutigen Pfarrkirche St. Stephan

Abb. 89 ◄
St. Stephan vor dem Zweiten Weltkrieg

Abb. 90 ◄
St. Stephan nach dem Zweiten Weltkrieg

Abb. 91 ◄
St. Stephan heute

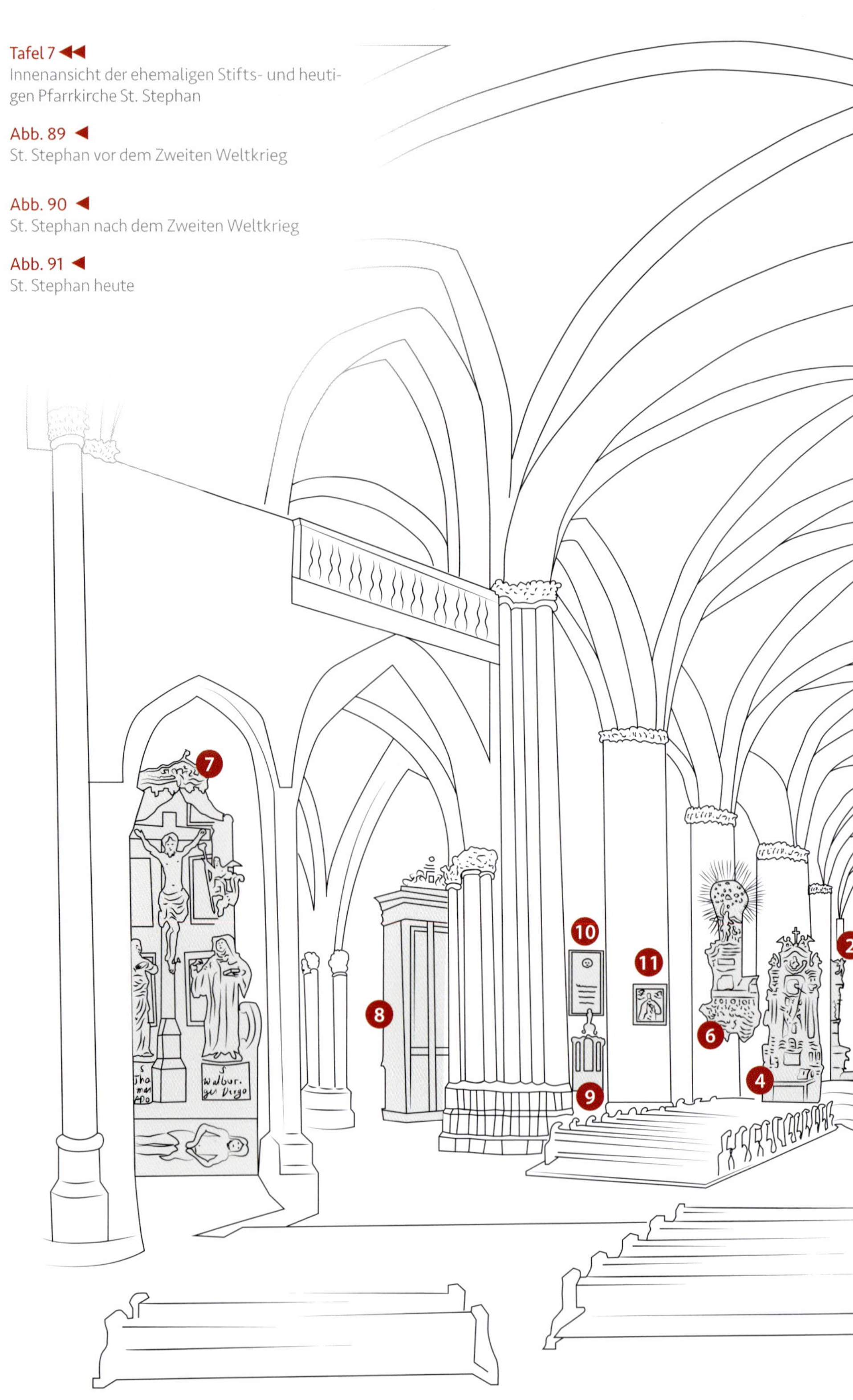

Kat. 7 mit Tafel 7

Johann Conrad (1755–1835)

INNENANSICHT DER EHEMALIGEN STIFTS- UND HEUTIGEN PFARRKIRCHE ST. STEPHAN

Signiert und datiert rechts unten (Feder in Schwarz): „Conrad inv. / 1818." Bleistift, Feder in Braun und Schwarz, Deckfarben, auf Papier (Ränder mit Papier hinterklebt), 38,8 x 50,1 cm (Blatt; mit Hinterklebung)

Inv.-Nr. G 15863 (Dauerleihgabe der VRM)

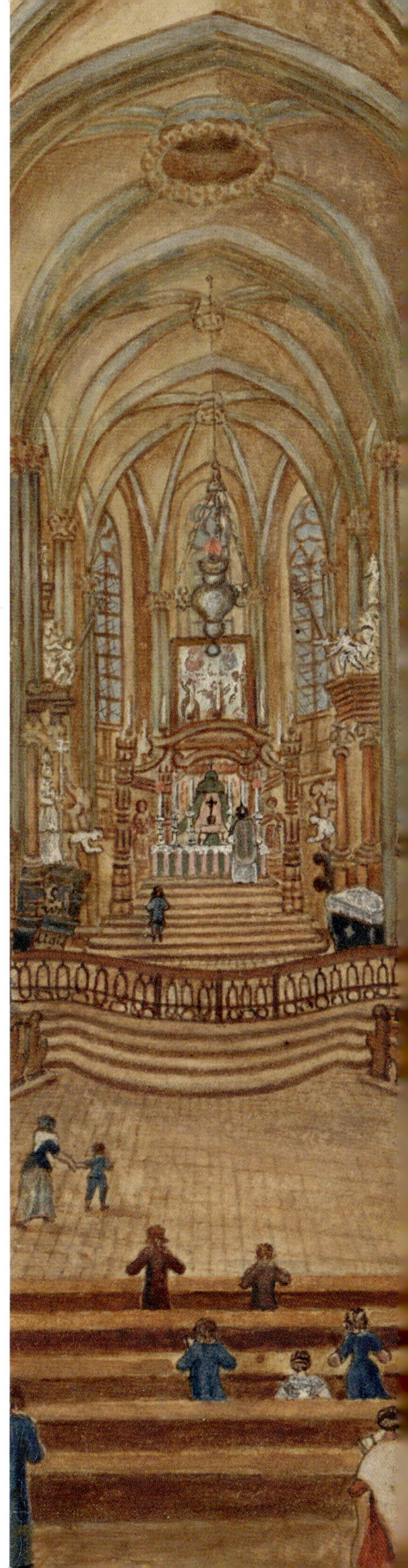

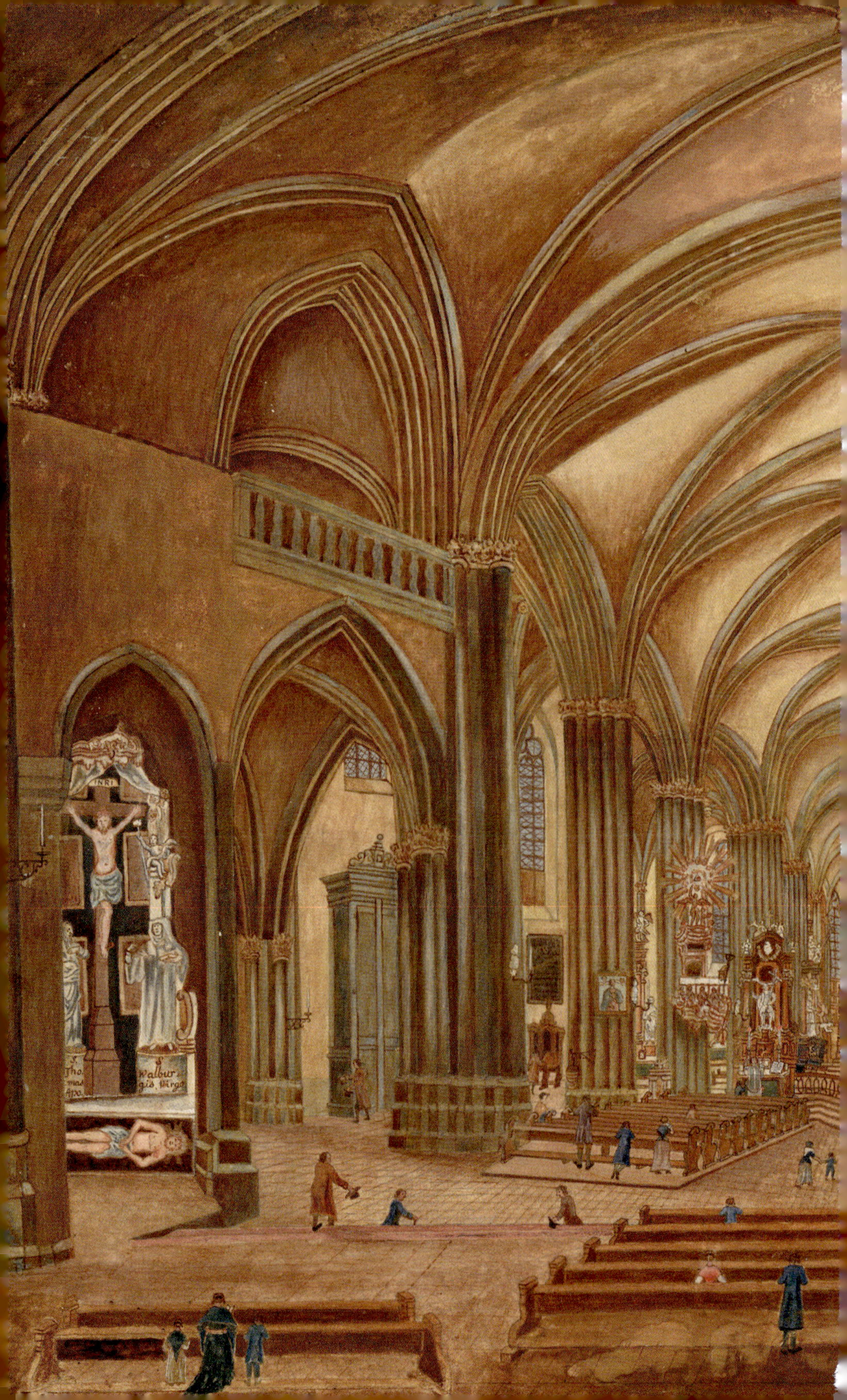
INRI
S.
Tho
mas
Apo.
S.
Walbur
gis Virgo

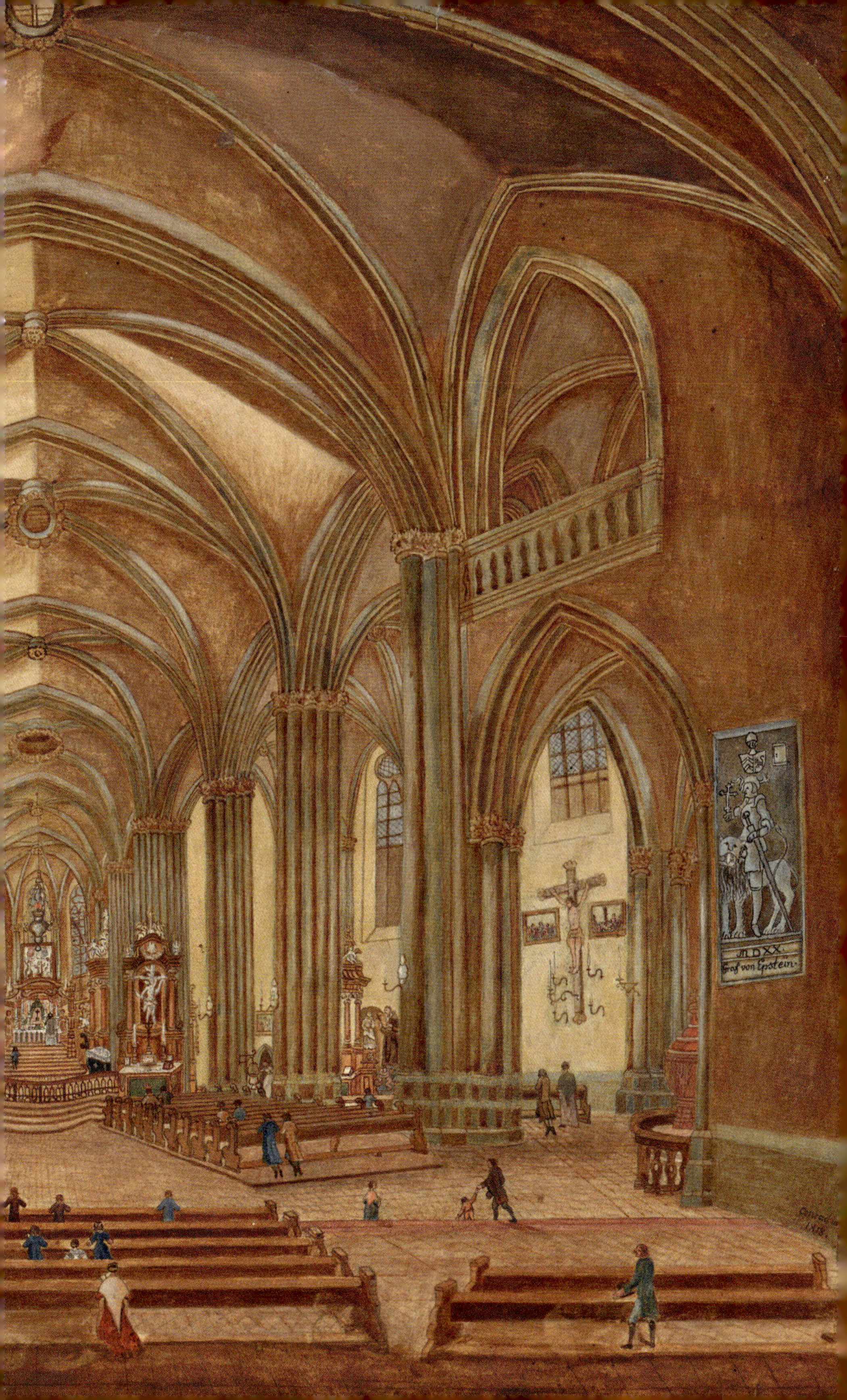
MDXX.
Graf von Epstein

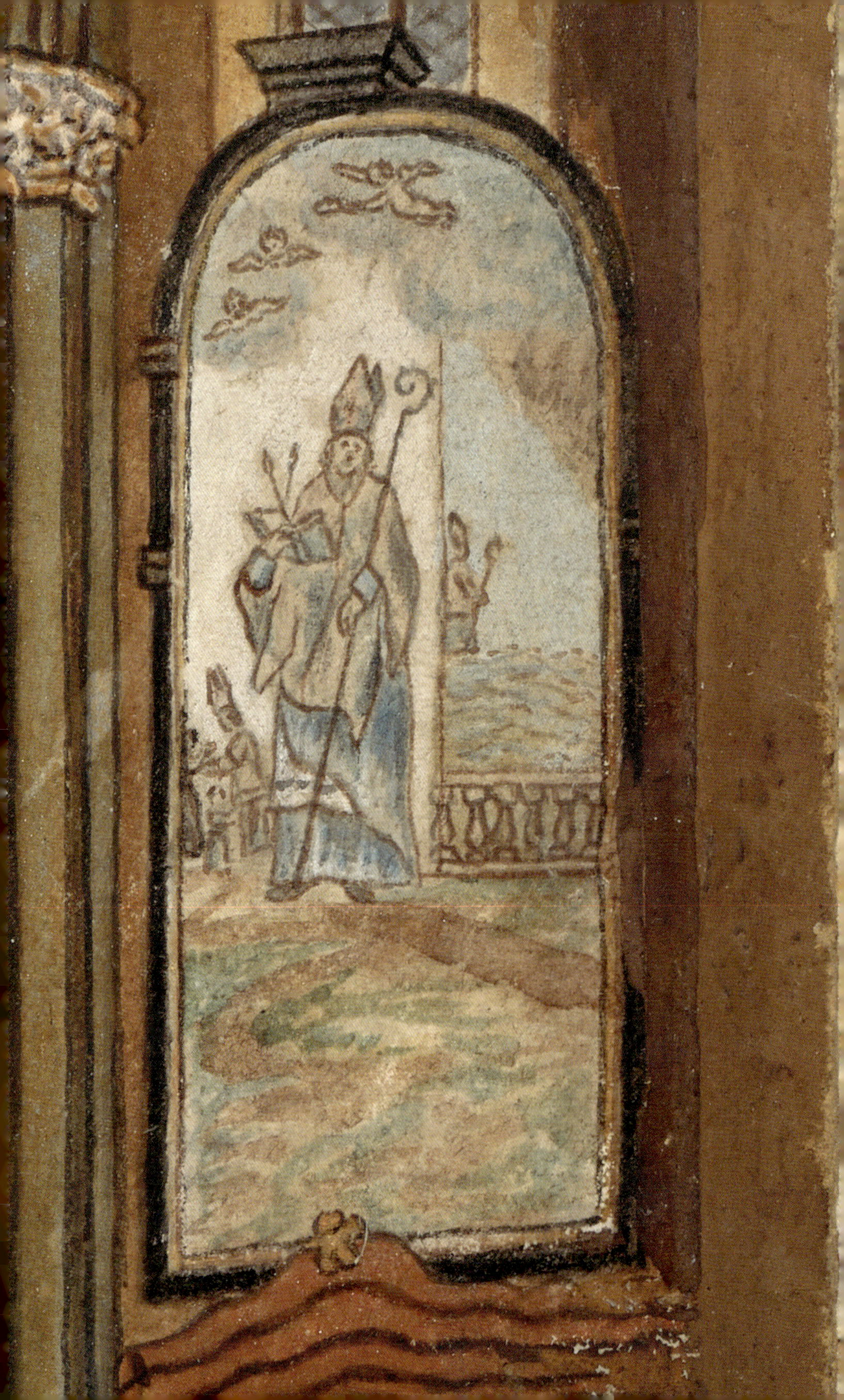

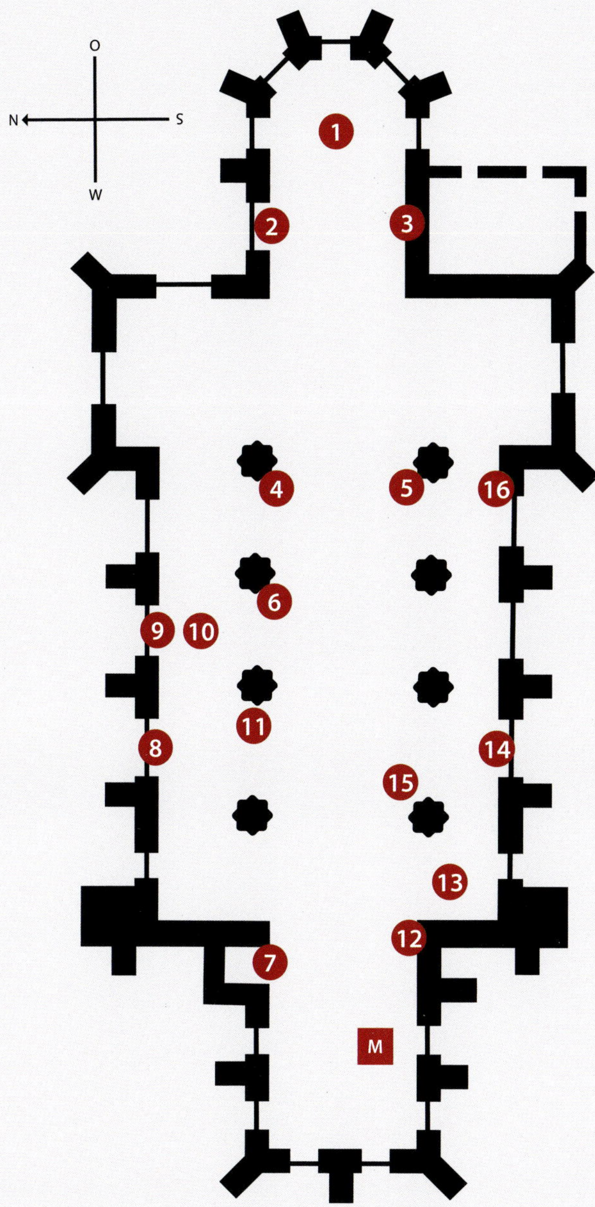

St. Stephan: Grund- und Aufriss mit Positionierung der Ausstattung (M Standort des Malers)

INNENANSICHT DER EHEMALIGEN STIFTS- UND HEUTIGEN PFARRKIRCHE ST. STEPHAN (TAFEL 7)

I. ZUR KIRCHE UND ZUM RAUM

Blick aus dem westlichen Chor durch das Mittelschiff in Richtung Osten und in den Hauptchor jener Kirche, die Erzbischof Willigis für das von ihm am Ende des zehnten Jahrhunderts gegründete Stift am höchsten Punkt der Stadt errichten ließ. Dabei erscheint insbesondere das westliche Querhausjoch zur Verbesserung der Sicht in den Kirchenraum wie mit dem Weitwinkel ausgeklappt.

Der heutige Bau der Kirche entstand zwischen 1257 und 1338 als kreuzförmige, dreischiffige Hallenkirche mit zwei Querschiffen und zwei Choranlagen, nach Osten polygonaler Chorschluss, nach Westen gerader Abschluss. Die Graphik überliefert als einzige bildliche Darstellung die reiche Ausstattung der Barockzeit. Diese wurde nach der Pulverturmexplosion des Jahres 1857, die zu Zerstörungen auch im Inneren der Kirche führte, weitestgehend entfernt und durch eine neugotische Ausstattung ersetzt. Im Zweiten Weltkrieg wurden die Stephanskirche schwer beschädigt ***(Abb. 90)*** und insbesondere die Gewölbe zerstört, die auf der Innenansicht noch intakt sind.

Die Raumfassung auf der Darstellung Johann Conrads entspricht den Gegebenheiten nach der Renovierung von 1749, die in der - heute in der Nordwand des Westchores eingelassenen - Wiederherstellungsinschrift dokumentiert ist. Die Graphik entstand 70 Jahre nach dieser barocken Raumfassung, die hier entsprechend gealtert erscheint. In den Rechnungen der Kirchenfabrik ist die Rede von einer neuen Kanzel, der Orgel und den Nebenaltären, welche „ziervergoldet“ wurden. Damals wurden auch die Kapitelle golden abgesetzt. Insgesamt ergibt sich ein prächtiges, strahlendes Raumbild ganz im Sinne des 18. Jahrhunderts. Der Fußboden ist mit hellen Tonplatten belegt. Der Vordergrund der Darstellung ist bestückt mit einer auffallend großen Anzahl massiver Kirchenbänke, zwischen denen zahlreiche Kirchenbesucher, Männer, Frauen und Kinder, zu sehen sind. Eigenartig wirken die rund 30 sehr kleinen Figuren im Verhältnis zur mächtigen Architektur und insbesondere zu der hohen Sockelzone. Um den erwünschten Bildausschnitt zu ermöglichen, differieren alle Maßstäbe erheblich. Dies gilt auch für Details der Bündelpfeiler, der Kapitelle und anderer Merkmale im Kirchenraum.

II. ZUR AUSSTATTUNG

II.1. DER CHOR

 Hochaltar

Das Aussehen des ehemaligen Hochaltares, der aus einem Konglomerat gotischer und barocker Versatzstücke bestand, ist nur in diesem Aquarell überliefert. An der mit einem textilen (?) Antependium mit Vertikalstreifen verkleideten gotischen Mensa, zu der zahlreiche Stufen nach oben führen, zelebriert rechts ein in prunkvolle liturgische Gewänder gekleideter Priester ***(Abb. 92)***. Auf der Mensa ist ein hohes, ebonisiertes Standkreuz erkennbar, das von einem (Stoff?-)Baldachin überfangen wird. Hierdurch wird das dahinterliegende, im Jahr 1500 von Stiftsdekan Johannes Fust gestiftete Wandtabernakel verdeckt, das nicht nur die Funktion des Mittelbildes des Ziborienaltares übernahm, sondern darüber hinaus auch zur Aufnahme der wichtigsten Reliquien der Stiftskirche diente. Nur schemenhaft zu erkennen sind die das Tabernakel flankierenden Figuren der beiden Schutzpatrone der Kirche, die hll. Stephanus

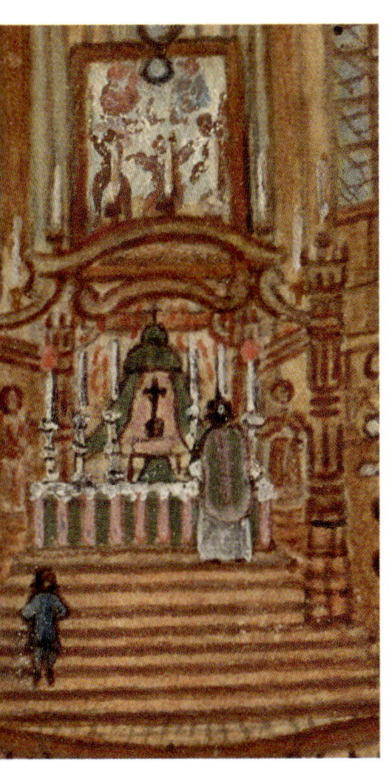

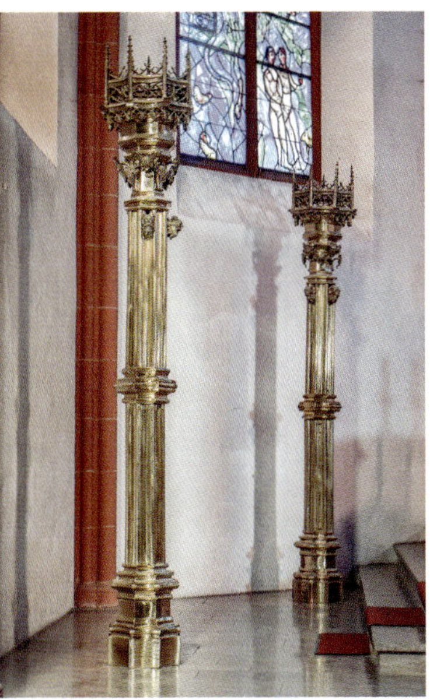

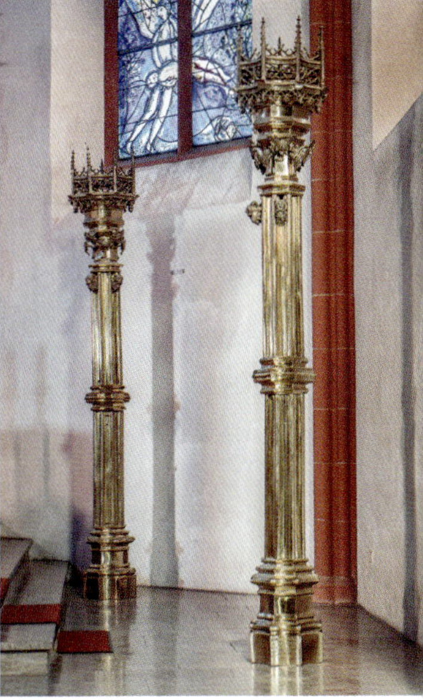

Abb. 92 ▲
Detail aus Taf. 7: Vier Velumkandelaber um den Hochaltar, darüber hochrechteckiges Gemälde mit Steinigung des hl. Stephanus

Abb. 93 ▲
Vier Velumkandelaber (1), heute vor Ort

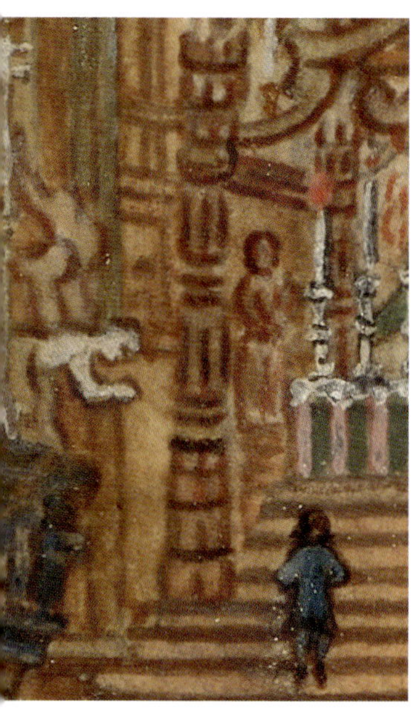

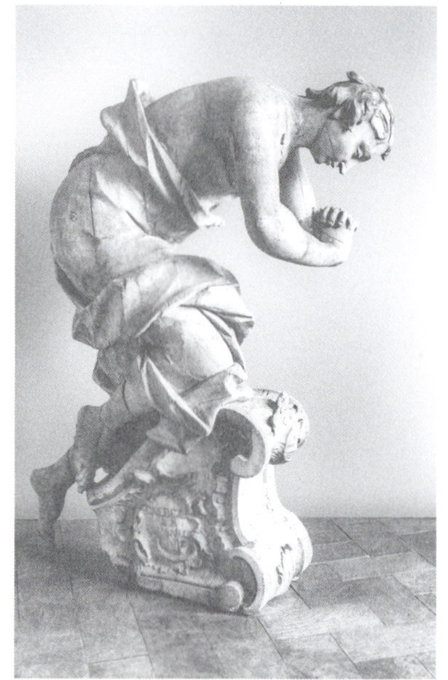

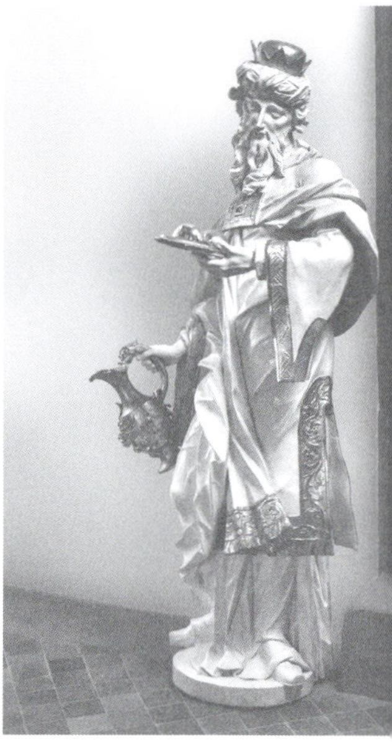

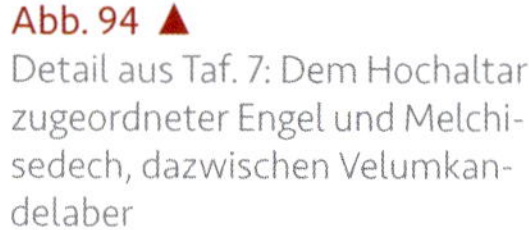

Abb. 94 ▲
Detail aus Taf. 7: Dem Hochaltar zugeordneter Engel und Melchisedech, dazwischen Velumkandelaber

Abb. 95 ▲
Dem Hochaltar zugeordneter Engel ❶, heute Liebieghaus Frankfurt

Abb. 96 ▲
Melchisedech ❶, heute St. Michael, Dieburg

und Maria Magdalena. Um die Mensa herum stehen die vier 1509 gestifteten und heute noch erhaltenen Velumkandelaber aus Messing ***(Abb. 93)*** mit aufgesteckten weißen Kerzen. Sie sind paarweise nach hinten mit Vorhangstangen verbunden, an denen einst die den Altar verhüllenden Tücher angebracht waren. Das vordere und das hintere Kandelaberpaar trägt ferner jeweils einen offenen, geschwungenen Giebelaufsatz und bildet so die Säulen für einen Altarbaldachin, der in seinen Formen dem Hochaltar der Mainzer Pfarrkirche St. Peter entsprach ***(s. Abb. 61)***. Dahinter ist ein großformatiges, leicht hochrechteckiges Gemälde mit einer Darstellung der *Steinigung des hl. Stephanus* (?) erkennbar. Dem Hochaltar zugeordnet sind die zwei Statuen der alttestamentlichen Priester Aaron und Melchisedech ***(Abb. 94, 99)***. Diese beiden Figuren, die Johann Kaspar Hiernle zugeschrieben werden, haben sich bis heute in der katholischen Pfarrkirche St. Michael zu Münster bei Dieburg erhalten ***(Abb. 96, 97)***. Davor deutlich erkennbar sind zwei weißgefasste Engel in Demutshaltung ***(Abb. 94, 99)***,

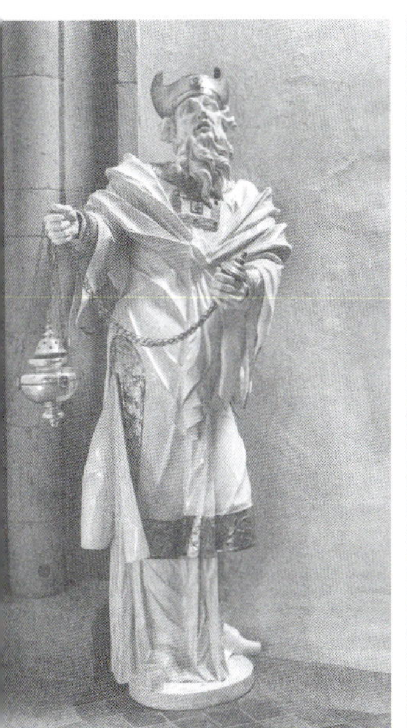

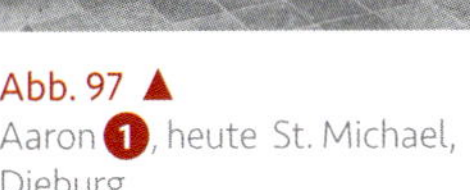

Abb. 97 ▲
Aaron 1, heute St. Michael, Dieburg

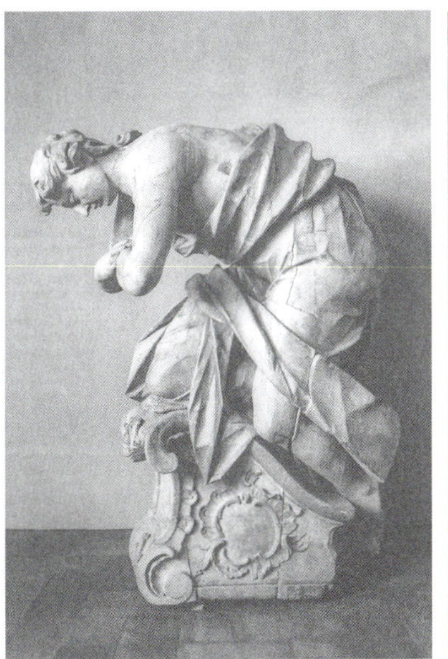

Abb. 98 ▲
Dem Hochaltar zugeordneter Engel 1, heute Liebieghaus Frankfurt

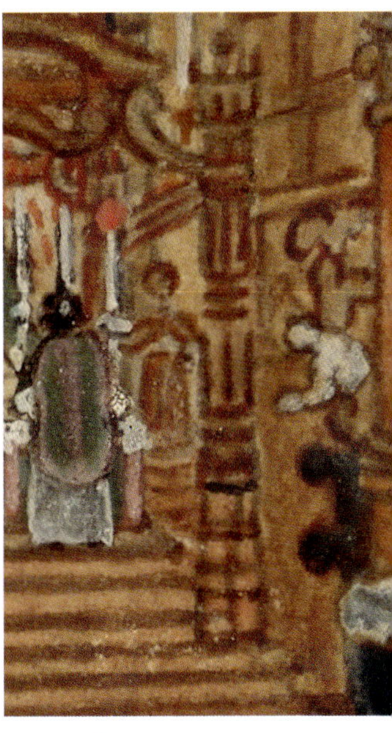

Abb. 99 ▲
Detail aus Taf. 7: Dem Hochaltar zugeordneter Engel und Aaron, dazwischen Velumkandelaber

die auf konsolartigen, mit Voluten und Rocaillen verzierten Podesten knien und entweder von Johann Kaspar Hiernle oder dessen älterem Bruder Sebastian gearbeitet wurden. Sie befinden sich heute im Liebieghaus in Frankfurt ***(Abb. 95, 98)***. Alle vier genannten Figuren sind eine Stiftung des Weihbischofs Christoph Nebel (1690–1769) aus dem Jahre 1755.

2 Willigis-Altar und 3 Bonifatius-Altar

Im westlichen Teil des Ostchores waren bis 1857 an der Nord- und an der Südwand zwei weitere Altäre angebracht. Der nördliche Altar wurde 1727 im Auftrag des Dekans Johannes Sartorius errichtet und zeigte als zentrale Darstellung eine Skulptur des hl. Willigis, hier am Sockel bezeichnet mit „S. / Wi/ligi[s]“. Auf der gegenüberliegenden Seite ließ Weihbischof Nebel 1753 zu Ehren des hl. Bonifatius einen entsprechend gestalteten Altar errichten, dessen zentrale, hier nicht sichtbare Figur heute noch im südlichen Flügel des Domkreuzgangs erhalten ist. Eine Kopie steht vor der Gotthard-Kapelle

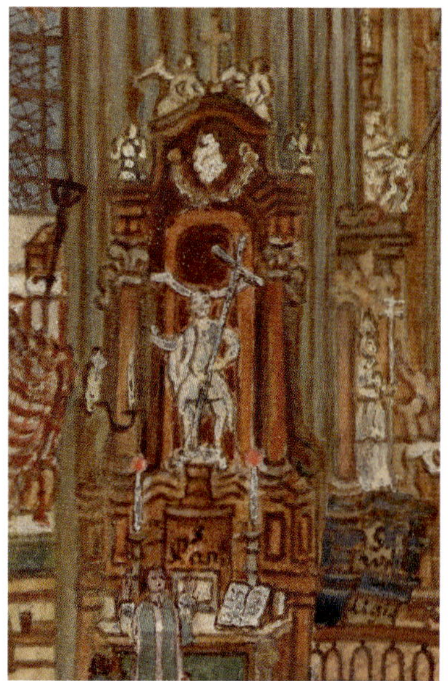

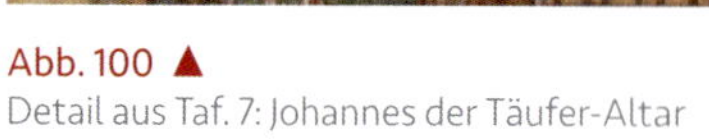

Abb. 100 ▲
Detail aus Taf. 7: Johannes der Täufer-Altar

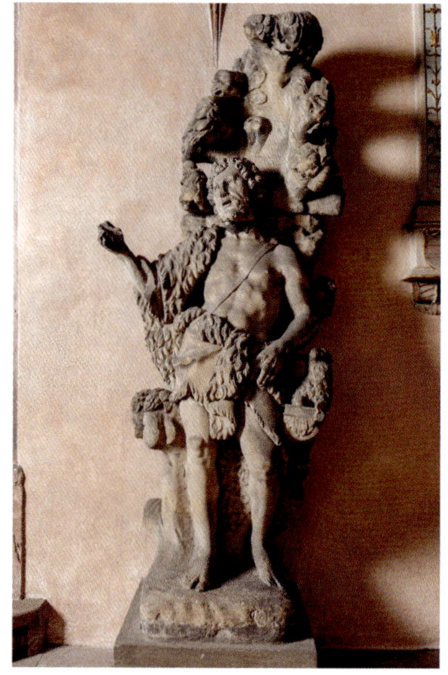

Abb. 101 ▲
Hl. Johannes der Täufer aus dem Johannes der Täufer-Altar 4, heute Mainz, Domkreuzgang

am Markt. Beide Stifter waren in Grüften, deren Lage nach dem Zweiten Weltkrieg entdeckt wurde, vor den Altären beigesetzt.

II. 2. AUSSERHALB DES CHORES

Zwischen Langhaus und östlichem Querhaus befindet sich ein niedriges Kommuniongitter, vor dem vier halbrund geschwungene Stufen zur Vierung emporführen.

Seitenaltäre: 4 Johannes der Täufer-Altar und 5 Sebastians-Altar

Am östlichen Ende des Langhauses erheben sich an den Bündelpfeilern leicht schräg gestellt zwei Altäre, die 1710 von Dekan Sebastian Loth gestiftet wurden ***(Abb. 100, 102)***. Patrone sind Johannes der Täufer links und der hl. Sebastian rechts. Die überlebensgroßen Skulpturen konnten bei der Umgestaltung der Kirche nach der Pulverturm-Explosion von 1857 erhalten werden und befinden sich heute im südlichen Flügel des Domkreuzgangs ***(Abb. 101, 103)***. Es handelt sich um Werke des Mainzer Bildhauers

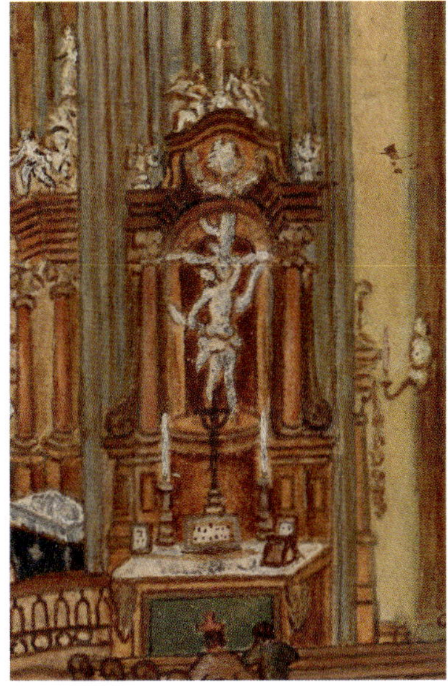

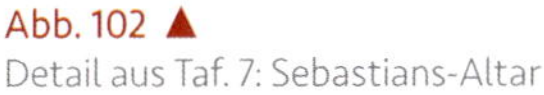

Abb. 102 ▲
Detail aus Taf. 7: Sebastians-Altar

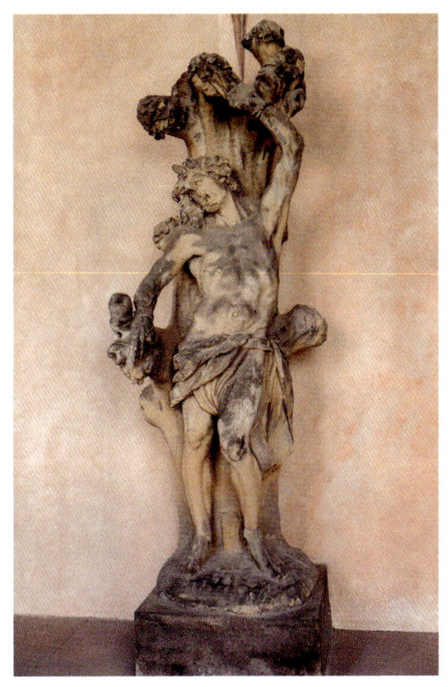

Abb. 103 ▲
Hl. Sebastian aus dem Sebastians-Altar 5, heute Mainz, Domkreuzgang

Franz Matthias Hiernle. Die Originalfiguren tragen an ihrer Sockelplatte die Initialen „SLD“, aufzulösen mit dem Namen des Stifters „Sebastianus Loth Decanus“. Sie werden überhöht durch „Bäume“, vor denen sie „agieren“.

6 Kanzel

Auf der linken Seite des Kirchenschiffes erkennt man die sehr qualitätvolle, reich dekorierte Kanzel der Barockzeit ***(Abb. 104)***. Auf dem Schalldeckel ist deutlich ein nach oben weisender Schutzengel mit einem begleitenden Knaben zu erkennen. Darüber ist ein großer, heute nicht mehr erhaltener Strahlenkranz mit dem Auge Gottes zu sehen. Links vom Pfeiler der Beginn des Kanzelaufgangs. Die Kanzel entstand im Zuge der Barockisierung der Kirche um 1749 und gilt als Werk des Mainzer Bildhauers Johann Kaspar Hiernle. Nach ihrem Verkauf 1859 baute man sie in St. Alban in Bodenheim wieder auf ***(Abb. 105)***. Dabei wurden Teile des Aufganges und des Korbes nicht weiter verwendet und gelangten später in das Museum der Stadt Worms. Heute befinden sie sich als Dauerleihgabe im Dom- und Diözesanmuseum Mainz.

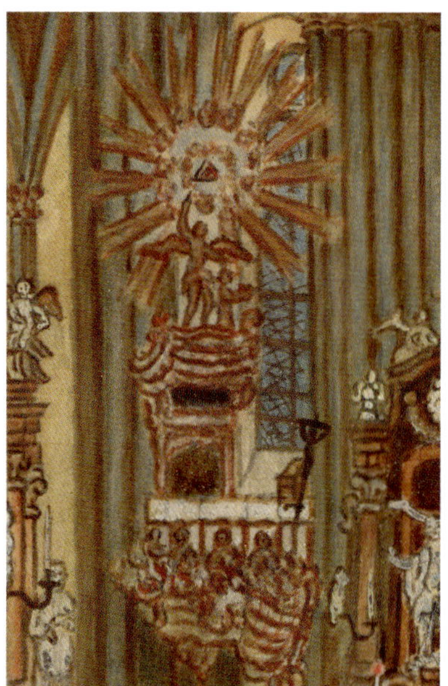

Abb. 104 ▲
Detail aus Taf. 7: Barocke Kanzel

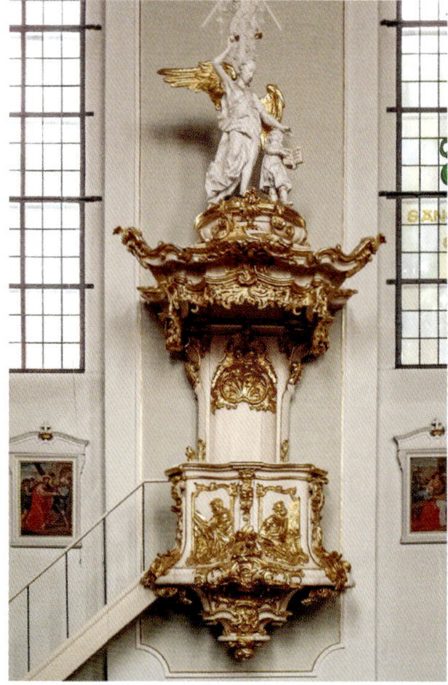

Abb. 105 ▲
Barocke Kanzel aus St. Stephan ❻, heute St. Alban, Bodenheim

Die reichen Schnitzereien zeigen auf den Treppenwangen die *Drei theologischen Tugenden Glaube, Liebe, Hoffnung* und am Korb die *Vier Evangelisten,* darunter das Relief mit der Darstellung des *Johannes Ev.* ***(Abb. 106)***.

❼ Kreuzaltar in der Heilig-Grab-Kapelle

Im westlichen Querhaus der Kirche schweift der Blick zunächst in die kleine Heilig-Grab-Kapelle links ***(Abb. 107)*** mit dem darin aufgestellten Kreuzaltar. Der Gekreuzigte wird hier umgeben von mehreren Engeln, die nicht nur das Tuch des bekrönenden Baldachins, sondern auch den Stab mit dem Essigschwamm emporhalten. Das Kruzifix wird nicht, wie zu erwarten wäre, von Maria und Johannes flankiert, sondern von aufgesockelten Statuen der hl. Jungfrau Walburga und des Apostels Thomas. Diese Identifizierung ist gesichert durch die Inschriften am Sockel der Figuren: „S. / Tho-/mas / Apo." bzw. „S / Walbur-/gis Virgo". Als Unterbau der Gruppe fungiert ein Relief

Abb. 106 ▶
Evangelist Johannes von der barocken Kanzel aus St. Stephan ❻, heute Bischöfliches Dom- und Diözesanmuseum Mainz, Inv.-Nr. PH 06135

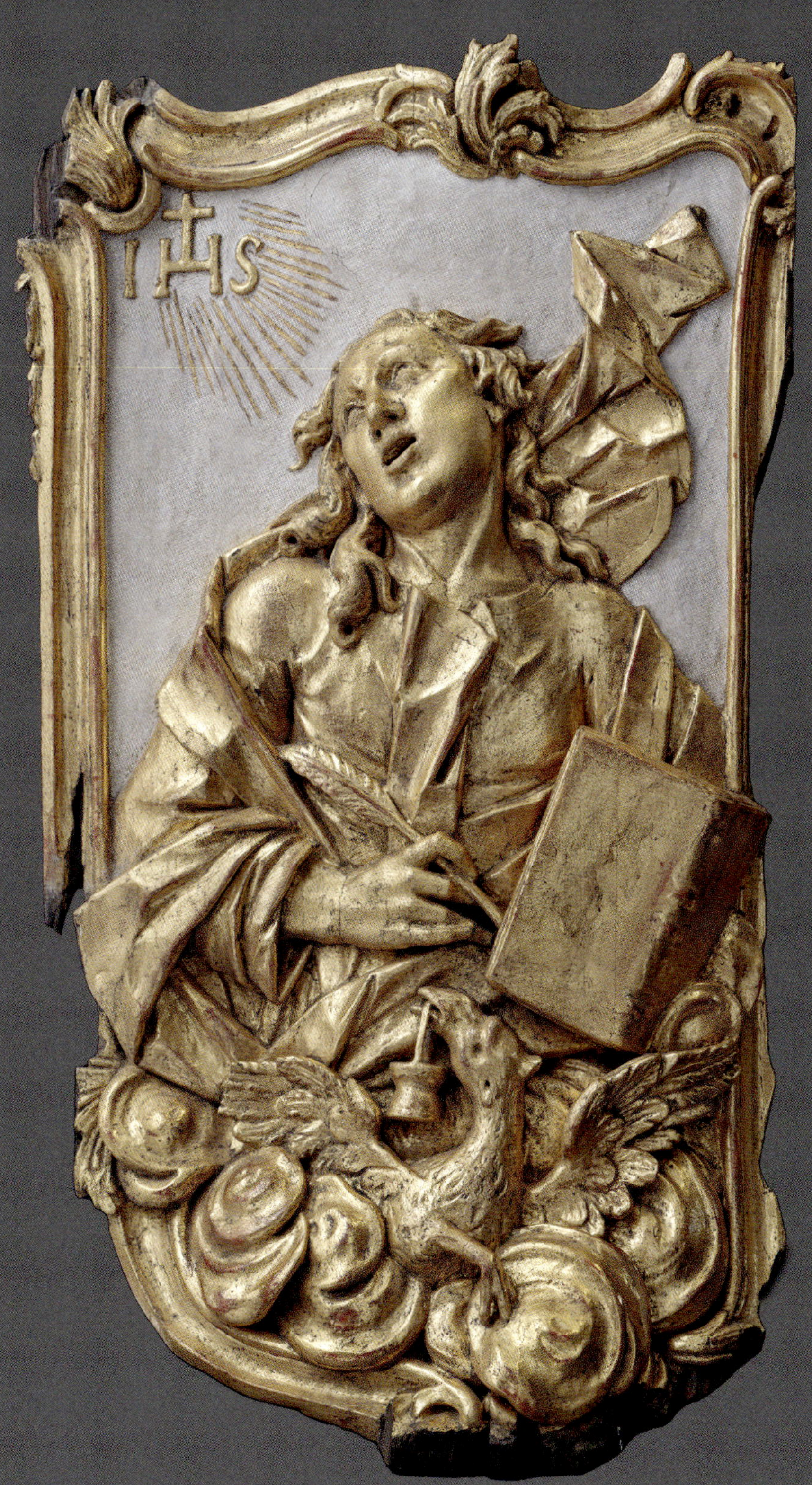
IHS

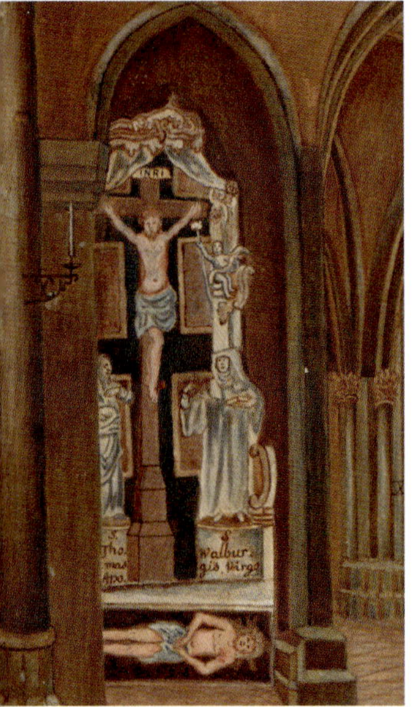

Abb. 107 ▲
Detail aus Taf. 7: Kreuzaltar in der Heilig-Grab-Kapelle

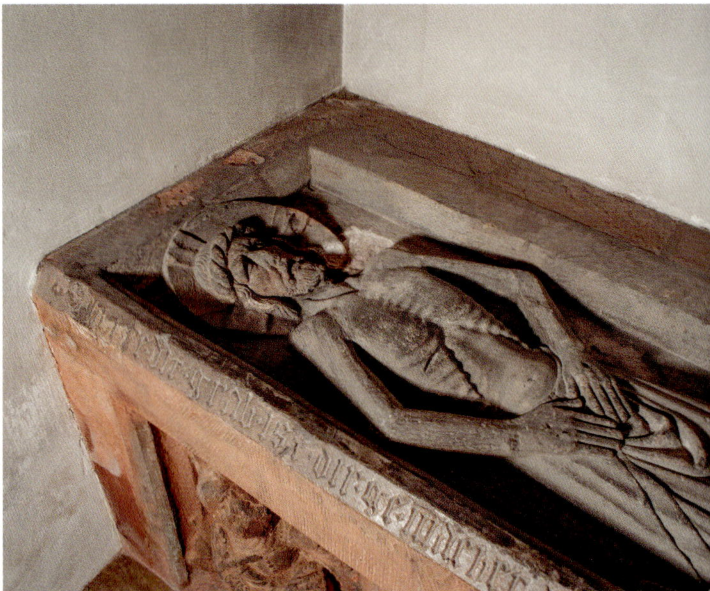

Abb. 108 ▲
Heilig-Grab-Christus 7, heute noch vor Ort

des toten Christus, hier zur besseren Sichtbarkeit nach vorne „geklappt" und gedreht ***(Abb. 107)***. Es befindet sich heute, zusammen mit einem Relief der schlafenden Wächter, in einer spitzbogigen Nische an der Nordwand der Kirche, die sich an das nördliche Turmjoch anschließt ***(Abb. 108)***.

8 Windfang und 9 Beichtstuhl

Im ersten Joch des nördlichen Seitenschiffes ist ein mächtiger Windfang zu sehen. Darauf folgt unterhalb eines blauschimmernden Fensters ein Beichtstuhl.

10 Epitaph des Johannes Schemburg

Über dem Beichtstuhl 9 befindet sich das schlichte Epitaph des 1758 verstorbenen Vikars Johannes Schemburg ***(Abb. 109)***. Die untere Hälfte nimmt eine Kartusche mit ausführlicher Inschrift ein, darüber flankieren zwei Wappenschilde einen Totenschädel ***(Abb. 110)***. Die Grabplatte befindet sich seit jeher an der Nordwand des nördlichen Seitenschiffes.

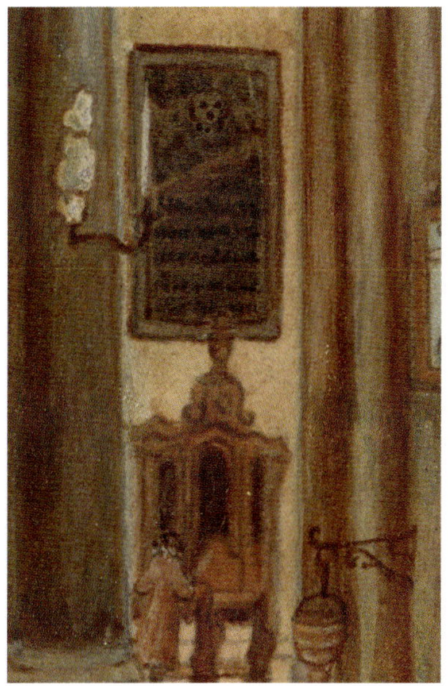

Abb. 109 ▲
Detail aus Taf. 7: Epitaph des Johannes Schemburg

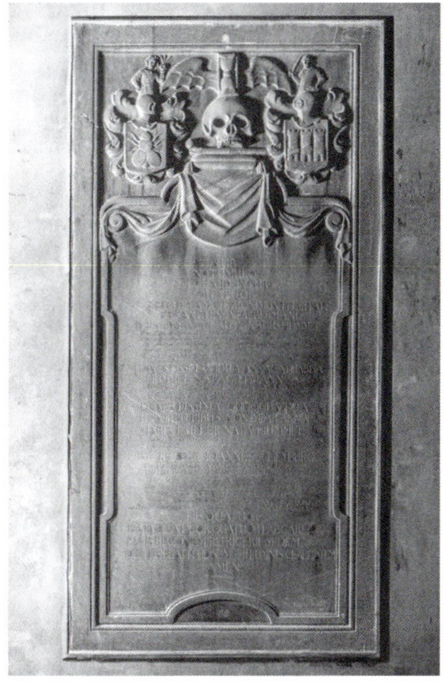

Abb. 110 ▲
Epitaph des Johannes Schemburg 10, heute noch vor Ort

11 Gemälde mit Mariendarstellung (?)

Quadratisches Gemälde mit Halbfigur einer weiblichen Heiligen im blauen Mantel mit Kind auf dem Schoß (?), darüber links und rechts je ein Engel.

12 Grabdenkmal des Gottfried IX. von Eppstein-Münzenberg

An der rechten Wand der westlichen Vierung – und in der Innenansicht ganz vorne – befindet sich auch heute noch am ursprünglichen Ort das Grabdenkmal des Gottfried IX. von Eppstein-Münzenberg ***(Abb. 112)***, Graf zu Diez (gestorben 1522). Zwischen seinen Beinen erkennt man einen domestizierten Löwn ***(Abb. 111)***. Inschrift (mit falscher Datierung): „MDXX / Graf von Epstein“.

13 Taufstein

Am westlichen Ende des südlichen Seitenschiffes, umgeben von einer Balustrade ***(Abb. 113)***, ein Taufstein mit gotischem Maßwerkfries ***(Abb. 114)***, wohl um 1330; Fuß und Deckel vermutlich später.

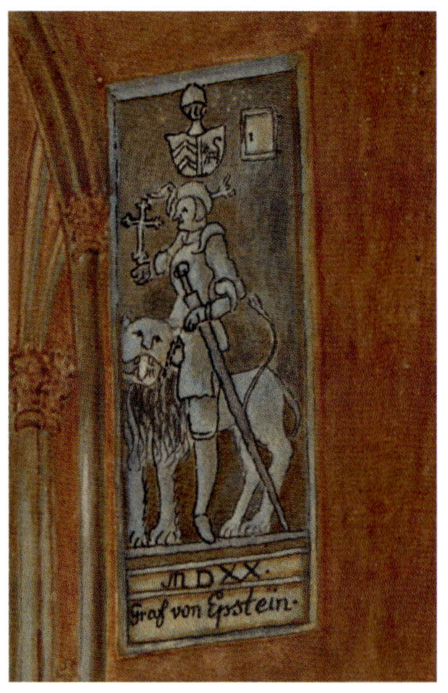

Abb. 111 ▲
Detail aus Taf. 7: Grabdenkmal des Gottfried IX. von Eppstein-Münzenberg

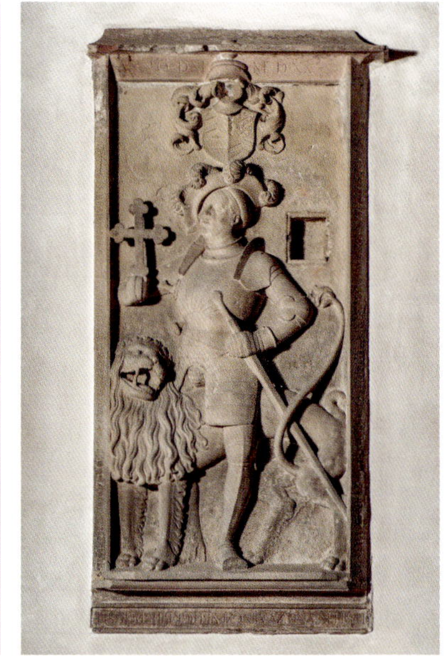

Abb. 112 ▲
Grabdenkmal des Gottfried IX. von Eppstein-Münzenberg ⓬, heute noch vor Ort

⓮ Kruzifix mit begleitenden Passionsdarstellungen

Im ersten Joch des südlichen Seitenschiffes sieht man ein großes Kruzifix, zu dessen Füßen mehrere Kerzenhalter angebracht sind ***(s. Abb. S. 2)***. Es wird flankiert von zwei querrechteckigen Gemälden, von denen das rechte aufgrund des zentralen leeren Kreuzbalkens und eines darunter gelagerten Körpers wohl eine – inhaltlich passende – *Kreuzabnahme* darstellt. Die vielfigurige, um einen Tisch sitzende (?) Gruppe im linken Gemälde könnte vielleicht das *Letzte Abendmahl* thematisieren.

⓯ Männlicher Heiliger

An der Ostseite des rechten Pfeilers der westlichen Vierung auf einem von Putten umspielten Sockel die Skulptur eines männlichen Heiligen mit Kreuz und Buch in den Händen. Diese Attribute sowie die braune Kutte lassen auf einen Franziskanerheiligen schließen, vielleicht sogar auf den hl. Franziskus selbst. In der Nähe – jedoch im Raum nicht klar zu verorten – ein halb verdeckter Baldachinaltar mit einer weiblichen, in Weiß gekleideten

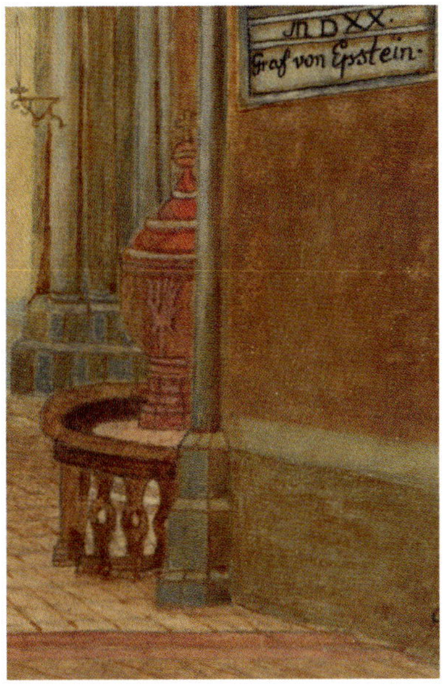

Abb. 113 ▲
Detail aus Taf. 7: Taufstein

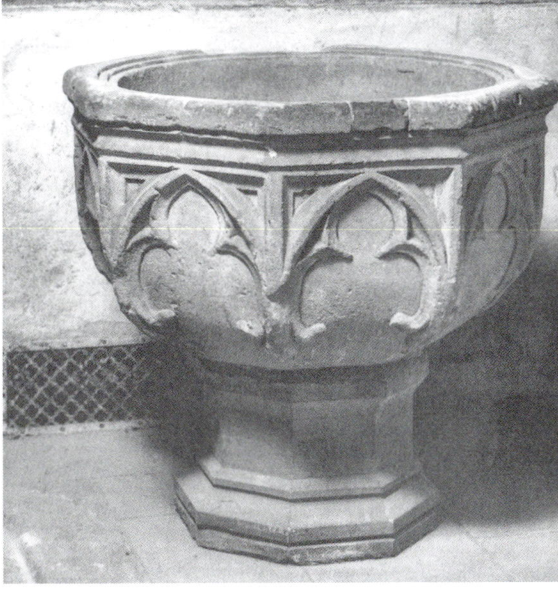

Abb. 114 ▲
Taufstein ⓭, heute noch vor Ort

Heiligenfigur rechts, über die nichts bekannt ist. Gleiches gilt für das Pendant im nördlichen Seitenschiff.

⓰ Gemälde mit Verkündigung Mariae (?)

Im dritten Joch des südlichen Seitenschiffes Gemälde mit stehender (Engels?-) Figur links und kniender, in Weiß gekleideter Figur rechts, darüber wohl Heilig-Geist-Taube. Darunter Eingangsportal zum Kreuzgang.

JOACHIM GLATZ/ WINFRIED WILHELMY

QUELLEN/LITERATUR

■ Hinkel 1990; Glatz 1990; Kern 2017; Kern 2021

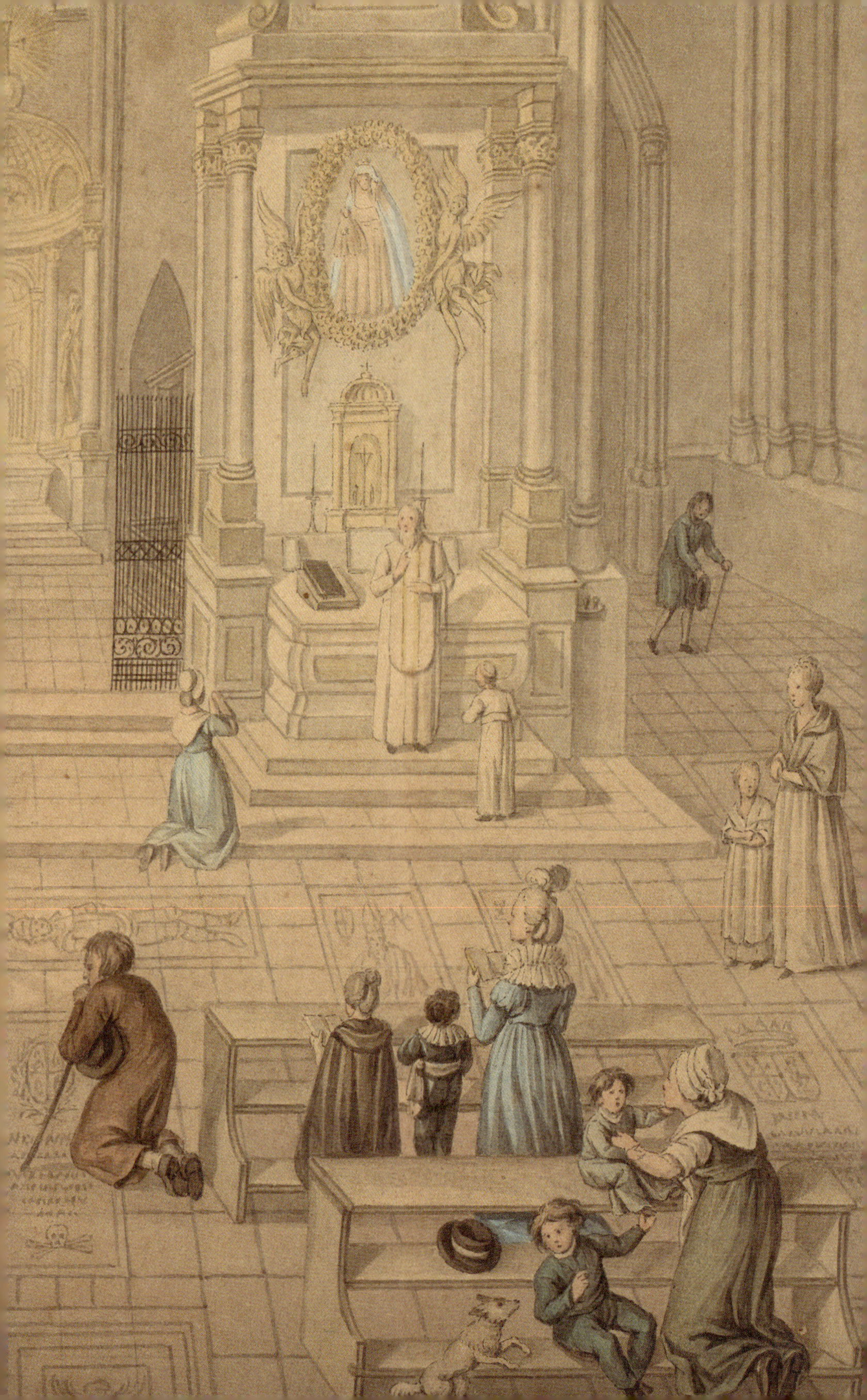

LITERATUR

Ausstellungskataloge (AK)

AK Frankfurt 2024
Raumwunder. Frankfurter Maler entdecken das Kircheninterieur, hgg. von Wolfgang P. Cillessen et al., AK Dommuseum Frankfurt, Regensburg 2024 (im Druck)

AK Mainz 1879
[Friedrich Schneider:] Darstellungen der Stadt Mainz und ihrer Denkmäler, AK Mainz 1879

AK Mainz 1993
Goethe: „Die Belagerung von Mainz 1793", Ursachen und Auswirkungen, hg. von Horst Reber, AK Landesmuseum Mainz 1993

AK Mainz 1995
Mainz – 27. Februar 1995. Zeitzeugen berichten, hg. von Hans-Jürgen Kotzur, AK Bischöfliches Dom- und Diözesanmuseum Mainz 1995

AK Mainz 1998
Arkadien am Mittelrhein. Caspar und Georg Schneider, AK Landesmuseum Mainz, Wiesbaden 1998

AK Mainz 2011
Der verschwundene Dom. Wahrnehmung und Wandel der Mainzer Kathedrale im Lauf der Jahrhunderte, hg. von Hans-Jürgen Kotzur, AK Bischöfliches Dom- und Diözesanmuseum Mainz 2011

AK Mainz 2014
Franz von Kesselstadt 1753–1841. Mainzer Domherr, Diplomat und Dilettant in bewegter Zeit, hg. von Gerhard Kölsch (Publikationen des Bischöflichen Dom- und Diözesanmuseums Mainz 5), AK Bischöfliches Dom- und Diözesanmuseum Mainz 2014

AK Schwerin 2006
Im Licht der Zeit. Niederländische Gemälde aus einer Privatsammlung, AK Staatliches Museum Schwerin 2006

Arens 1958
Fritz Arens: Die Inschriften der Stadt Mainz von frühmittelalterlicher Zeit bis 1650 (Die deutschen Inschriften 2), Stuttgart 1958

Arens 1961
Fritz Arens: Die Kunstdenkmäler der Stadt Mainz, Teil 1: Kirchen St. Agnes bis Hl. Kreuz (Die Kunstdenkmäler von Rheinland-Pfalz 4.1), München 1961

Arens 1967
Fritz Arens: Mainz, St. Quintin. Katholische Pfarrkirche (Kunstführer 863), München 1967

Arens 1975
Fritz Arens: Neue Forschungen und Veränderungen an der Ausstattung des Mainzer Domes, in: Mainzer Zeitschrift 70 (1975), S. 106–140

Arens 1985
Fritz Arens: Mainzer Inschriften von 1651 bis 1800, Bd. 2: Kirchen- und Profaninschriften (Beiträge zur Geschichte der Stadt Mainz 27), Mainz 1985

Bärsch 2024
Jürgen Bärsch: Gottesdienst im Spiegel gemalter Kirchenräume. Liturgiehistorische Beobachtungen zu Frankfurter Kircheninterieurs des 18. Jahrhunderts, in: AK Frankfurt 2024 (im Druck)

Bauer 2005
Alexandra Nina Bauer: Anhaltische Gemäldegalerie Dessau. Die holländischen Gemälde des 17. und 18. Jahrhunderts. Kritischer Bestandskatalog, Bd. 3 (Kataloge der Anhaltischen Gemäldegalerie Dessau 13), Dößel 2005

Baum 1906
Julius Baum: Drei Mainzer Hallenkirchen, in: Studien aus Kunst und Geschichte. Friedrich Schneider zum 70. Geburtstag gewidmet von seinen Freunden und Verehrern, Freiburg 1906, S. 355–370

Abb. 115 ◀
Detail aus Taf.3: Gläubige in der Liebfrauenkirche

Becker 1868
Jakob Becker: Die ältesten Spuren des Christenthums am Mittelrhein, in: Nassauische Annalen IX (1868), S. 133–146

Berger 2006
Thomas Berger (Hg.): Die Herrlichkeit dieses Hauses. St. Peter in Mainz 1756–2006. Einblicke in 250 Jahre Geschichte der ehemaligen Stifts- und späteren Pfarrkirche sowie der Pfarrei St. Peter, Mainz 2006

Bockenheimer 1881
Karl Georg Bockenheimer: Die St. Christophskirche zu Mainz, Mainz 1881

Brühl 1826
Heinrich Brühl: Über die ehemalige Liebfrauen-Kirche. Ein Vortrag zur ausführlichen Erklärung einer im Jahre 1801 nach der Natur gezeichneten Ansicht des Portals dieser Kirche und des hierauf Bezug habenden Geschichtlichen, gehalten den 30ten October 1826 in der Versammlung der Freunde und für Litteratur und Kunst, Mainz 1826

Cilleßen 2023
Wolfgang P. Cilleßen: Morgensterns Melancholie, in: Heidrun Lange-Krach et al. (Hgg.): Das Werk im Zentrum. Kunstgeschichte mit Objekten aus dem Städel Museum und der Liebieghaus Skulpturensammlung. Festschrift für Jochen Sander zum 65. Geburtstag, Berlin 2023, S. 288–297

Cilleßen 2024
Wolfgang P. Cilleßen: Zwischen Gotik und Barock, zwischen Tag und Nacht. Johann Ludwig Ernst Morgenstern und die Frankfurter Kirchenbildersammler, in: AK Frankfurt 2024 (im Druck)

Cilleßen/Damaschke 2024
Wolfgang P. Cilleßen/Anja Damaschke: „Auserordentlicher Fleiß und besondere Nettigkeit". Vom Entwurf zum fertigen Gemälde, in: AK Frankfurt 2024 (im Druck)

Dengel-Wink 1990
Beate Dengel-Wink: Die ehemalige Liebfrauenkirche in Mainz. Ein Beitrag zur Baukunst und Skulptur der Hochgotik am Mittelrhein und in Hessen (Neues Jahrbuch für das Bistum Mainz 1990), Mainz 1990

Dietz-Lenssen 2012
Matthias Dietz-Lenssen: St. Christoph zu Mainz. Capella – Pfarrkirche – Mahnmal, Bodenheim 2012

Forschner 1905
Carl Forschner: Geschichte der Pfarrei und Pfarrkirche St. Quintin in Mainz, Mainz 1905

Fritzen 1958
Hans Fritzen: Der Hochaltar der Pfarrkirche St. Quintin in Mainz und andere Einrichtungsstücke, in: Mainzer Zeitschrift 53 (1958), S. 47–57

Gerson 1942
Horst Gerson: Ausbreitung und Nachwirkung der holländischen Malerei des 17. Jahrhunderts, Haarlem 1942

Gessner 1949
Adolf Gessner: Das Kreuz von St. Quintin, in: Mainzer Kalender 1949, S. 61–67

Glatz 1990
Joachim Glatz: St. Stephan in Mainz. Die historische Ausstattung (Neues Jahrbuch für das Bistum Mainz 1990), Mainz 1990

Glatz/Glatz 2007
Joachim Glatz/Ulrike Glatz: St. Quintin in Mainz (DKV-Kunstführer 639), München 2007

Haak 1984
Bob Haak: The Golden Age. Dutch Painters of the Seventeenth Century, New York 1984

Hedtke 2021
Britta Hedtke: In consistorio ecclesie Moguntine – Zur ursprünglichen Raumfunktion der sogenannten „Memorie" im Mainzer Dom, 2021 eingestellter Volltext unter: https://archiv.ub.uni-heidelberg.de/artdok/7395/ (Zugriff 07.08.2024)

Held 1936
Julius S. Held: Architekturbild, in: Reallexikon zur Deutschen Kunstgeschichte 1 (1936), Sp. 905–918 (online-Version: RDK Labor,

URL: https://www.rdklabor.de/w/?oldid=89647; Zugriff 24.08.2024)

Hellmann 2015
Ulrich Hellmann: Architekt ohne Werk. Das Bauwesen im Kurfürstentum Mainz unter Johann Jakob Laurentius Schneider (1734–1805) (Beiträge zur Geschichte der Stadt Mainz 40), Mainz 2015

Hellmann 2023
Ulrich Hellmann: Lexikon der Maler, Bildhauer, Goldschmiede, Vergolder, Goldschläger, Goldsticker, Kupferstecher, Buchdrucker, Kartenmacher, Juweliere und Diamantenschleifer des 18. Jahrhunderts in Mainz, 3 Teile, Mainz 2023, Volltext online unter Permalink: http://doi.org/10.25358/openscience-9237; http://doi.org/10.25358/openscience-9238; http://doi.org/10.25358/openscience-9239 (Zugriff 20.03.2024)

Hinkel 1990
Helmut Hinkel (Hg.): 1000 Jahre St. Stephan in Mainz. Festschrift (Quellen und Abhandlungen zur mittelrheinischen Kirchengeschichte 63), Mainz 1990

Hinkel/Wilhelmy 2009
Helmut Hinkel/Winfried Wilhelmy: Die Memorie – romantisch, in: Domblätter. Forum des Dombauvereins Mainz e.V. 11 (2009), S. 58–66

Hoch-Gimber 2010
Miriam Hoch-Gimber: Die Mainzer Malerfamilie Hoch. Leben und Werk im Wandel der Zeit – ausgehend vom Barock bis hin zur Romantik, Bd. 1: Text, Bd. 2: CD-Rom mit Wvz, Frankfurt 2010

Howarth 2009
Jeremy Howarth: The Steenwyck Family as Masters of Perspective, Turnhout 2009

Karn 2004
Georg Peter Karn: St. Peter in Mainz (DKV-Kunstführer 619), München 2004

Kautzsch/Neeb 1919
Rudolf Kautzsch/Ernst Neeb: Der Dom zu Mainz (Die Kunstdenkmäler im Freistaat Hessen, Provinz Rheinhessen. Die Kunstdenkmäler der Stadt und des Kreises Mainz 2,1), Darmstadt 1919

Kern 2017
Susanne Kern: Steinernes Mosaik des Todes. Die Inschriften des Stiftes St. Stephan in Mainz, Regensburg 2017

Kern 2021
Susanne Kern: Die ehemalige Stiftskirche St. Stephan in Mainz, Regensburg 2021

Klepper 1874
Wilhelm Klepper: Die St. Peters-Kirche in Mainz, Mainz 1874

Kölsch 2021
Gerhard Kölsch: Johann Valentin Prehn und die Frankfurter Maler des 18. Jahrhunderts, in: Wolfgang P. Cilleßen et al. (Hgg.): Prehn's Bilderparadies. Die einzigartige Gemäldesammlung eines Frankfurter Konditors, Frankfurt 2021, S. 118–245

Kölsch 2024
Gerhard Kölsch: Johann Ludwig Ernst Morgenstern. Das Kircheninterieur und die zeitgenössische Malerei in Frankfurt, in: AK Frankfurt 2024 (im Druck)

Krawietz/Scherf 2016
Peter Krawietz/Ferdinand Scherf: St. Christoph. Verantwortung für eine Mainzer Gedenkstätte. Dokumentation einer Mainzer Bürgerinitiative, hg. von Stefan Schmitz, Bodenheim 2016

Ludwig 2007
Heidrun Ludwig: Die Gemälde des 18. Jahrhunderts im Landesmuseum Mainz, Mainz 2007

Lugt 1938/1987
Frits Lugt: Répertoire des catalogues de ventes publiques intéressant l'art ou la curiosité, 4 Bde., 1938/1987

Lütkenhaus 2024
Hildegard Lütkenhaus: Abbild der Realität oder künstlerische Fantasie? Frankfurter Kircheninnenansichten in der Malerei zwischen 1760 und 1820, in: AK Frankfurt 2024 (im Druck)

Meintzschel 1963
Joachim Meintzschel: Studien zu Maximilian von Welsch (Quellen und Darstellungen zur fränkischen Kunstgeschichte 2), Würzburg 1963

Pelgen 2017
Franz Stephan Pelgen: Chancen zur Erforschung des kurfürstlichen Schlosses. Die Bäckerei der Martinsburg – eine Büste des Grafen Johann Maria Rudolf Waldbott von Bassenheim – ein Mainzer Hofzeremoniell, in: Mainzer Zeitschrift 112 (2017), S. 241–250

Pollmer-Schmidt 2017
Almut Pollmer-Schmidt: Kirchenbilder. Der Kirchenraum in der holländischen Malerei um 1650, Weimar 2017

Pollmer-Schmidt 2024
Almut Pollmer-Schmidt: Konfessionelle Perspektiven. Zur Geschichte des Kircheninterieurs in Deutschland und den Niederlanden, in: AK Frankfurt 2024 (im Druck)

Ribbert 1989/1990
Margret Ribbert: „QUANTA MOGUNTIA FUIT, ISTA RUINA DOCET". Eine wiederaufgefundene Innenansicht der Mainzer Schloßkapelle St. Gangolph, in: Mainzer Zeitschrift 84/85 (1989/1990), S. 105–113

Schaab 1844
Karl Anton Schaab: Geschichte der Stadt Mainz, Bd. 2, Mainz 1844

Schannat 1729
Johann Friedrich Schannat: Historia Fuldensis, Frankfurt 1729

Schmidt 2024
Bernward Schmidt: Herzensangelegenheit oder museumsreif? Der gesellschaftliche Status von Religion um 1800, in: AK Frankfurt 2024 (im Druck)

Schrohe 1912
Heinrich Schrohe: Aufsätze und Nachweise zur Mainzer Kunstgeschichte (Beiträge zur Geschichte der Stadt Mainz 2), Mainz 1912

Schuchert 1939
August Schuchert: Die Mainzer Kirchen und Kapellen (Kleine Führer durch die Mainzer Kirchen, Heft 18: Adolf Gessner: St. Quintin, sowie Heft 21/22: Die Kapellen), Mainz 1939

Schwoch 2008
Juliane Schwoch: Locus Memorie – zum Kapitelsaal des Mainzer Doms, in: Gabriel Dette (Hg.): Magister operis. Beiträge zur mittelalterlichen Architektur Europas. Festgabe für Dethard von Winterfeld zum 70. Geburtstag, Regensburg 2008, S. 79–100

Werlin 1971
Josef Werlin: Wörterbuch der Abkürzungen. 35000 Abkürzungen und was sie bedeuten (Duden-Taschenbücher 11), Mannheim 1971

Wolf 1969
Peter Wolf: St. Peters-Kirche in Mainz, ehemalige Kollegiat-Stiftskirche, seit 1803 katholische Pfarrkirche, Mainz 1969

Zenker 1914
Joseph Zenker (Bearb.): Pantheon. Adressbuch der Kunst- und Antiquitäten-Sammler und -Händler, Bibliotheken, Archive, Museen, Kunst-, Altertums- und Geschichtsvereine, Bücherliebhaber, Numismatiker. Ein Handbuch für das Sammelwesen der ganzen Welt, Esslingen 1914

Zenker 2001
Nina Zenker: Jan van Eyck. Die Madonna in der Kirche (Der Berliner Kunstbrief), Berlin 2001

ABBILDUNGEN

CC-BY-SA 4.0, Historisches Museum Frankfurt, Foto: Horst Ziegenfusz: Abb. 7, 8
Thomas Hutsch Frankfurt: Abb. S. 55–57, 71–73, 89–91, 101–103, 115–117, 133–135, 155–157.
Städel Museum Frankfurt: Abb. 9
H. Fellmann Köln: Abb. 11
Bischöfliches Dom- und Diözesanmuseum Mainz: Abb. 2, 3, 81, 93, 103; Bildakten Stadtmainzer Kirchen: Abb. 45, 85, 87
Luzie Bratner Mainz: Abb. 75
Kirchliche Denkmalpflege Bistum Mainz: Abb. 105
Dom- und Diözesanarchiv Mainz: Abb. 1
GDKE Rheinland-Pfalz – Direktion Landesmuseum Mainz: Abb. 12; Foto: Ursula Rudischer: Abb. 18, 53
GDKE Rheinland-Pfalz – Direktion Landesdenkmalpflege Mainz, Foto: Astrid Garth: Abb. 28, 34; Foto: Heinz Straeter: Abb. 36; Foto: BLDAM, Messbildarchiv: Abb. 71; © Fotoarchiv, Fritz Arens: Abb. 90
Peter Karn Mainz: Abb. 63, 64, 66, 68, 79
Gerhard Kölsch Mainz: Abb. 77
Martinus-Bibliothek, Wissenschaftliche Diözesanbibliothek Mainz: Abb. 58
Stadtarchiv Mainz: Abb. 72
Privatbesitz: Abb. 16; Foto: Marcel Schawe: Abb. 15, 19
Museum am Dom Trier, Foto: Rudi Schneider: Abb. 5, 10

Internetressourcen
https://commons.wikimedia.org/wiki/File:Seven_Sacraments_Rogier.jpg (Zugriff 11.06.2024): Abb. 6
https://commons.wikimedia.org/wiki/File:Antonio_salamanca-La_Piedad.jpg (Antonio Salamanca-Biblioteca Nacional de España, Attribution-ShareAlike 4.0 International; Zugriff 11.06.2024): Abb. 20

Reproduktionen aus
AK Mainz 1995: Abb. 23, 60
Arens 1961: Abb. 22, 26, 30, 32, 35, 39, 41, 47, 51
Berger 2006: Abb. 59, 70
Glatz 1990: Abb. 89, 95–98, 114
Glatz/Glatz 2007: Abb: 49
Kern 2017: Abb. 101, 108, 110, 112

Alle anderen: Bischöfliches Dom- und Diözesanmuseum Mainz, Foto: Marcel Schawe

Wir haben uns bemüht, alle Rechteinhaber von Abbildungen ausfindig zu machen. Sollten dennoch bestehende Rechte nicht berücksichtigt worden sein, so bitten wir um Ihre Kontaktaufnahme.

Abb. 116 ▶
Detail aus Taf. 1: Blick ins südliche Seitenschiff von St. Christoph

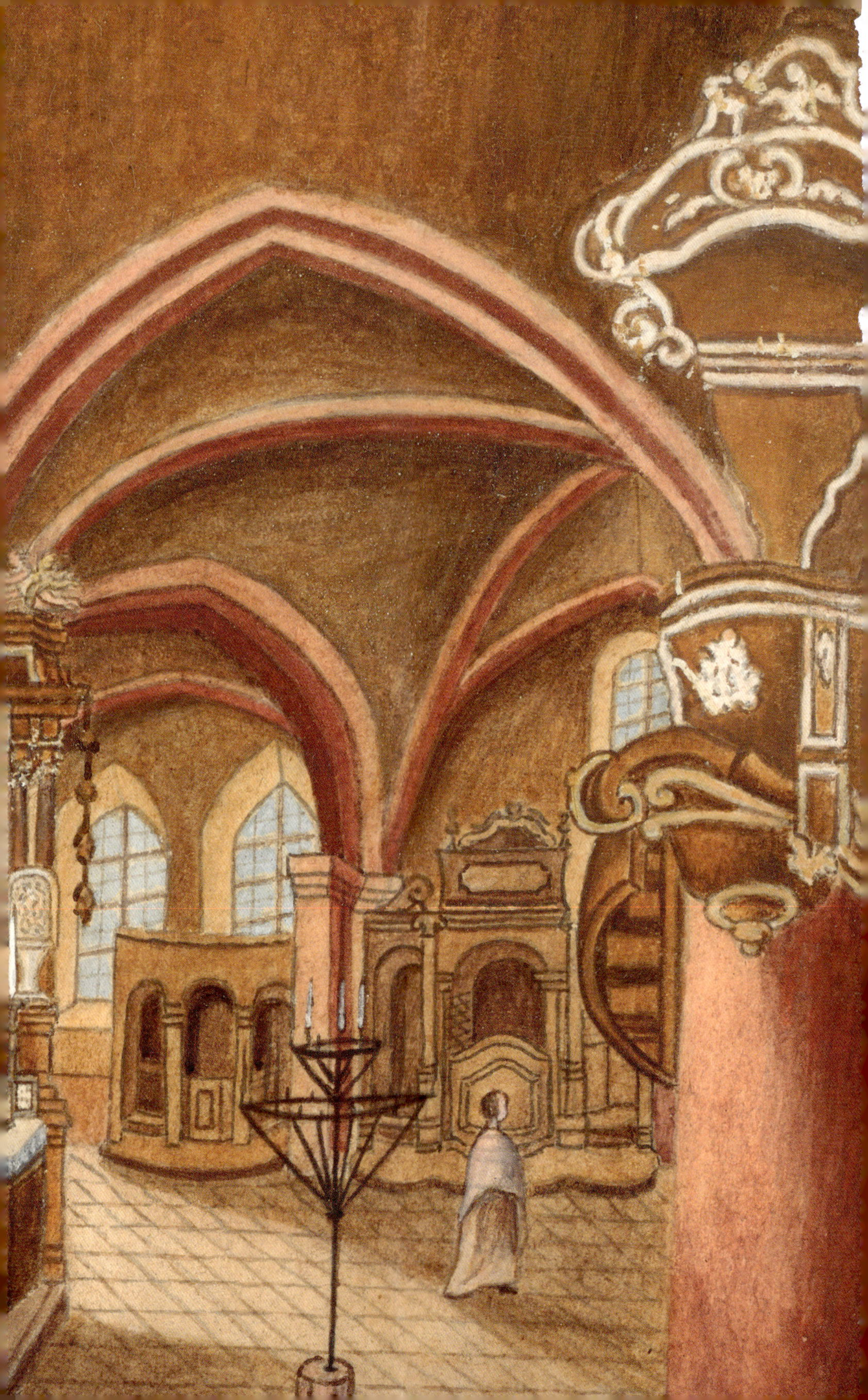